法 律 专 家 案 例 与 实 务 指 导 丛 书

妨害社会管理秩序罪 案例与实务

豆军峰◎编著

清華大學出版社
北 京

内 容 简 介

本书通过解读大量司法实践案例、采取以案说法的方式对妨害社会管理秩序罪各类罪名进行了详细分析,主要包括扰乱公共秩序罪;妨害司法罪;妨害国(边)境管理罪;妨害文物管理罪;危害公共卫生罪;破坏环境资源保护罪;走私、贩卖、运输、制造毒品罪;组织、强迫、引诱、容留、介绍卖淫罪;制作、贩卖、传播淫秽物品罪。书中所选案例紧扣法律条文规定,与现实生活紧密相连,对读者具有很强的参考借鉴价值。

本书适合作为各院校法律相关专业的案例教材,也适合作为广大民众咨询日常法律事务的实用指导书,还适合作为各企事业单位、法律培训机构、法官和律师等法律从业者,以及其他法律爱好者进行法律实践和研究的专业参考书。

图书在版编目(CIP)数据

妨害社会管理秩序罪案例与实务/豆军峰编著.—北京:清华大学出版社,2017
(法律专家案例与实务指导丛书)
ISBN 978-7-302-47266-7

Ⅰ.①妨… Ⅱ.①豆… Ⅲ.①妨害社会管理秩序罪—案例—中国 Ⅳ.①D924.365

中国版本图书馆 CIP 数据核字(2017)第 125972 号

责任编辑:田在儒
封面设计:王跃宇
责任校对:刘　静
责任印制:李红英

出版发行:清华大学出版社
　　　网　　　址:http://www.tup.com.cn,http://www.wqbook.com
　　　地　　　址:北京清华大学学研大厦 A 座　　　　邮　　　编:100084
　　　社　总　机:010-62770175　　　　　　　　　　邮　　　购:010-62786544
　　　投稿与读者服务:010-62776969,c-service@tup.tsinghua.edu.cn
　　　质量反馈:010-62772015,zhiliang@tup.tsinghua.edu.cn
印　刷　者:北京鑫丰华彩印有限公司
装　订　者:三河市溧源装订厂
经　　　销:全国新华书店
开　　　本:185mm×260mm　　印　　张:14.75　　　字　　　数:267 千字
版　　　次:2017 年 9 月第 1 版　　　　　　　　　　印　　　次:2017 年 9 月第 1 次印刷
印　　　数:1～3000
定　　　价:45.00 元

产品编号:074243-01

丛书编委会成员

（以下排名不分先后）

丛书顾问

余升淮　陈旭文　谭绍木　徐少林
钱卫清　叶　青　刘益灯

丛书总主编

熊建新　彭丁带

丛书副总主编

于定勇　李法兵

丛书编委会委员

蒋英林　陈建勇　顾兴斌　朱最新
黄　勇　熊大胜　刘志强　李俊平
刘国根　袁卫国　周　雪　程海俊
卢　珺　陈　玮　何　龙　袁利民
杨济浪　王高明　曾芳芳

丛书策划

彭本辉

为全面推进依法治国做力所能及的工作

——代丛书总序

十八届四中全会是中国共产党历史上的第一次以法治建设为主题的中央全会,会议提出了全面推进依法治国的五大体系:完备的法律规范体系、高效的法治实施体系、严密的法治监督体系、有力的法治保障体系、完善的党内法规体系。同时提出了全面推进依法治国的六大任务:完善以宪法为核心的中国特色社会主义法律体系,加强宪法实施;深入推进依法行政,加快建设法治政府;保证公正司法,提高司法公信力;增强全民法治观念,推进法治社会建设;加强法治工作队伍建设;加强和改进党对全面推进依法治国的领导。

在此大背景下,我们筹划编写了这套"法律专家案例与实务指导丛书",希望能够为法治中国的建设做点力所能及的工作;在法律案例的提炼与分析中提高公民的法律意识,增强公民的法治观念,推进法治社会建设;为法治工作队伍的建设提供一定的支持。

编写法律案例书籍,是一项非常有意义的工作。但是,如何编写出与已有同类书籍相比更具鲜明特色,既能满足法律教学、法律实践需要,又具有普法实用价值的案例书籍,是非常具有挑战性的。本丛书的编写,便是接受此种挑战的一个尝试。我们紧紧围绕现实生活中经常出现的法律纠纷,以案情简介、裁判要点、法条链接、法律分析、对策建议等为主要内容进行编写,以期达到编写目的。现在,各位编写者辛勤劳动的成果就要陆续面世了。在此,作为丛书的总主编,和各位读者说几句感言。

本丛书的编写、组稿工作,既充满了艰辛,也时有喜悦。凡是有过论文或书稿写作经历的人都知道,要品评作品的优劣得失往往比较容易,但是,要自己动手写出像样的文章或书籍,往往需要付出很大的努力,时间、精力等自不必说,最痛苦的恐怕是写作过程中遇到瓶颈时精神上的煎熬。本丛书的作者们大多有过这种炼狱般的经历。但是,在丛书出版之际,作者们无不感受到了收获的喜悦,仿佛看到新生儿呱呱坠地一般。

作为丛书的总主编,我们充分调动各方面资源,组织编写队伍,确定各书主题,制定编写规范。我们知道,编写人员的选择,是本丛书质量和效益的关键。考虑到本丛书所应具有的权威性、实用性和可操作性等特点,我们要求编写人员既要有扎实的理论功底,更要有丰富的法律实践经验。

本丛书的主要目标读者群为各院校法律相关专业学生、具有一定法律意识的普通公民、法律理论及实践工作者以及法律爱好者等。

因为读者群比较广泛,而且读者阅读本丛书的目的可能不同,所以在编写的过程中,编者特别注意案例事实的陈述、法律术语的选择、风险防范方案的针对性等,尽可能让每位读者均能有所收获;语言尽量精练而不晦涩,希望学法者、用法者、执法者和守法者都能够从中受益。

本丛书还具有以下五个特点。

第一,编写队伍专业。丛书各分册的编写成员由公检法工作人员、法律学会研究人员、法律院校教授讲师、律师事务所专业律师、企事业法律顾问等多年从事一线法律实务工作的专业人员组成,并且由权威的顾问委员会和编辑委员会队伍进行把关,确保了丛书内容的专业性和准确性。

第二,案例典型真实。本丛书的案例主要改编自各级司法机关公布的真实案例,经过精挑细选,去除冗余、留其精要,使各案例具有典型代表性和实用参考价值,能给读者带来直观有效的法律实践借鉴指导。

第三,讲解客观简洁。本丛书针对各案例的分析讲解,力求焦点明确、观点客观、语言简洁,注重举一反三地引导,以各个部门法的基本框架为逻辑线索,针对每个部门法中的各个部分设置案例分析、法律规定、对策建议等内容,充分体现现实与法律的结合。

第四,内容实时性强。本丛书特别注重案例与法律的时效性,新近的案例紧密结合现行有效的法律规定,并通过细致分析帮助读者理解法律的规定,以增强读者掌握现行法律并加以运用的能力。

第五,紧扣现实生活。本丛书特别关注现实生活中可能出现、经常出现的法律问题或法律纠纷,希望能够帮助读者了解现实中法律的实际运用情况,为读者提供"假如我碰到了这样的法律问题,我可以怎么办"、"今后我该如何防范类似的法律风险"等有益的启示。

本丛书所涉及的法律部门非常广泛,对编写者的要求也非常高。我们虽精益求精,但博大精深的法学、浩瀚无边的法律领域,加上编写本丛书所希望达到的目的,还是给编写者们带来了巨大的压力。我们衷心希望读者们能够对本丛书提出建议和意见,以便未来的修订工作更有成效,也为我国的法治事业作出应有的贡献。

熊建新　彭丁带

2014 年 11 月

前　言

　　妨害社会管理秩序罪，犯罪主体侵犯的客体是社会管理秩序。社会管理秩序即国家机关依法对社会进行管理而形成的正常的社会秩序。社会秩序是一个含义非常广泛的概念，包括公共秩序、生产秩序、工作秩序、教学科研秩序和人民群众的生活秩序。虽然说此类犯罪很少侵犯个人合法权益，但它却通过扰乱社会管理秩序进而影响更多个人的生产、生活，因而我们有必要认真研究、解读此类犯罪活动。

　　社会在不停地向前发展，人们的物质生活更加丰富多彩，人们的生活习惯也有了极大的改变。但随着社会的不断发展，毒品、赌博、淫秽物品、环境污染等犯罪活动却变本加厉，这严重危及社会管理秩序。社会秩序像空气，人人离不开，时时不可少，只有每个人都能充分认识社会秩序对生活的重要性，才能切实承担一份作为合格公民的责任，严防妨害社会公共管理秩序的犯罪行为发生在自己的身边。本书就构成妨害社会管理秩序罪的各种典型行为逐一举例，以达到防微杜渐的效果。

　　本书结合大量实际案例，对妨害社会管理罪从犯罪构成要件、法院判决原因、此罪与彼罪的界限，以及刑罚等方面进行详细的分析，力求通过案例评析用最简单的语言阐述清楚每个罪名的构成、此罪与彼罪、立案标准等。

　　本书所选案例都是作者通过查阅中国裁判文书网等相关网站，精挑细选的典型案例，结合相关法律规范，具有针对性、示范性和指导性，既可以作为法律行业人士的参考用书，也可用于普通公民了解妨害社会管理秩序罪的犯罪构成及相关法律规定。本书特点为案例真实全面，内容经过层层筛选，比较新颖，作者尽量使所选案例具有典型性、实用性，方便读者举一反三，分析身边的案例。

　　本书案例的讲解从三个方面展开：一是案情简介及控辩主张，其中的案例绝大多数是近些年来在全国各地出现的典型案例，控辩主张主要是当事人以及辩护律师的辩护观点；二是法院判决及理由，主要阐述法院为什么认定构成犯罪，以及刑罚从轻、减轻、免除的理由；三是案例评析，主要从犯罪构成的客观要件、客体要件、主体要件以及此罪与彼罪等方面阐述构成犯罪的原因,然后总结陈述法院判决的正当性。

本书的顺利出版,要特别感谢彭丁带、陈建勇先生的鼓励与悉心指导,感谢律师事务所提供了一个舒适的写作环境,感谢律师事务所其他人员和团队伙伴们的支持及帮助,同时也感谢所有关心和支持本书出版的朋友们。

除封面署名编著者外,草映红、陈春兰、郭阳生、何洁廉、宋欣、孙永超、温敏婷、郑悦、值海娟、钟润柳、朱军平、左春源等也参与了部分编写工作。

由于编著者水平有限,书中尚存在诸多不足之处,真诚希望得到读者的批评指正。电子邮箱:18720990246@163.com。

编著者

2017 年 4 月

目 录

第一章

扰乱公共秩序罪

一、李某某、郭某某、郑某某犯妨害公务罪

案号：（2016）黑 0407 刑初 6 号

案情简介及控辩主张

公诉机关指控，2015 年 12 月 24 日 9 时许，被告人李某某、郭某某、郑某某等百余人在鹤岗市政府门前因拖欠工资上访将道路拦堵，阻碍交通长达 20 多分钟，鹤岗市公安局向阳分局干警被害人贺某（男，53 岁）和其他公安干警在疏导交通维持秩序执行公务时，被告人李某某用右拳头打被害人贺某左肩部一拳，随后被告人郭某某用拳头打贺某脸部一拳，将贺某打伤倒地。经法医鉴定：贺某唇裂伤属轻微伤，膝关节挫伤属轻微伤，伤残等级属无残。在被害人贺某被打后，被告人郑某某在人群中起哄，并对维持秩序的警察进行辱骂，鹤岗市特警支队协警员郭某某对其劝离，被告人郑某某一直对其辱骂，并用右拳头打郭某某左胸一下，随后被告人郑某某被现场其他执勤人员强行带离。

上述事实，三被告人在开庭审理过程中亦无异议，不作辩解。

被告人李某某的辩护人刘某利辩护意见：①被告人因拖欠工资问题，到市政府信访表达，但由于上访人员较多，拦堵道路，阻碍交通，被害人贺某未着警装且未表明自己的身份，李某某没有意识到是警察，才与其发生争执，打了贺某左肩部一拳，没有主观恶性。②李某某仅打了贺某一拳，行为已经实施终了，与被告人郭某某的后续行为没有意思联络，不具有共同故意，不应按照共同犯罪的主犯定罪量刑，同时对郭某某殴打贺某造成的后果，不承担责任。③本案的发生，事出有因，情节显著轻微，应从轻处

罚。④被告人到案后如实供述自己所犯罪行,认罪态度好。⑤被告人系初犯、偶犯。

被告人郭某某的辩护人刘某祥辩护意见:①郭某某到案后,如实供述自己所犯罪行,可以从轻处罚。②被告人当庭自愿认罪,一直配合调查。③郭某某系初犯、偶犯。④本案中被害人如果能按规定着警服,有可能避免本案的发生。

被告人郑某某的辩护人杨某玉辩护意见:①赞同上述二位辩护人的意见。②本案系私有煤矿拖欠工人工资,工人讨薪向市政府请愿、上访引发的行为过激事件,其性质与其他拒执、抗法行为有本质区别。公诉人在公诉意见中也请求从轻量刑,故不应适用《中华人民共和国刑法》(以下简称《刑法》)第二百七十七条第五款从重处罚的量刑情节。③引发本案的原因为不法矿主恶意欠薪,政府人员不及时接待且受害人未按规定着装、未表明身份造成的,被告人主观恶性小,情节显著轻微。

📖 法院判决及其理由

法院认为,被告人李某某、郭某某、郑某某以暴力、威胁方法故意阻碍公安机关工作人员依法执行职务,其行为已构成妨害公务罪,应予惩处。公诉机关指控罪名成立,应予支持。因被害人贺某未按规定着警装,又未明确表明身份,故被告人李某某、郭某某不具有暴力袭击正在依法执行公务的人民警察的从重处罚情节。本案系共同犯罪,三被告人均系主犯,但应根据各被告人在共同犯罪中的地位和作用处予刑罚。鉴于被告人李某某、郭某某、郑某某如实供述罪行,认罪态度较好,有悔罪表现,可对其予以从轻处罚,并对三位辩护人的辩护意见均予以采纳。依照《刑法》第二百七十七条第一款、第二十五条第一款、第二十六条第一款、第六十七条第三款、第七十二条第一款之规定①,判决如下:

(1)被告人李某某犯妨害公务罪,判处有期徒刑9个月,缓刑1年。

(2)被告人郭某某犯妨害公务罪,判处有期徒刑9个月。

(3)被告人郑某某犯妨害公务罪,判处有期徒刑9个月。

📝 案例评析

1. 本罪在客观方面的表现情形

(1)以暴力或者威胁的方法阻碍国家机关工作人员依法执行职务的行为。

首先,依法执行职务,是指国家机关工作人员在国家规定的范围内,运用其合法职权从事公务活动。这种公务活动,不仅包括国家机关工作人员在工作时间或工作单位

---

① 注:因《刑法》历经多次修定(修正),若本书案例涉及法院判决援引的《刑法》条款与现行《刑法》条款不一致,则以该判决作出时有效的《刑法》条款为准。

中所进行的公务活动,而且包括国家工作人员根据有关规定或命令在其他时间或场所内的公务活动。

其次,国家机关工作人员必须是在依法执行职务,即其所进行的管理活动,确实属于其合法职权范围,并且活动的方式符合法律规定的条件。如果国家工作人员超越职权、滥用职权、以权谋私、违法乱纪、侵犯国家和人民群众利益,激起民愤,受到阻碍的不能视为妨害公务。

同时,行为人必须是以暴力或者威胁的方法阻碍执行公务。即手段行为,要求足以阻碍国家机关工作人员执行职务,不要求客观上已经阻碍了国家机关工作人员执行职务。其中的"暴力"是广义的暴力,包括对人、对物行使不法有形力。

(2)以暴力、威胁方法阻碍各级人民代表大会代表执行代表职务。

(3)在自然灾害和突发事件中,以暴力、威胁方法阻碍红十字会工作人员依法履行职责。

(4)故意阻碍国家安全机关、公安机关依法执行国家安全工作任务,未使用暴力、威胁方法,但造成严重后果的。

此种情况是上述暴力、威胁方法以外的手段,如围攻、哄闹,对执行国家安全工作任务的有关国家机关工作人员要求提供方便条件置之不理或拖延不办等而阻碍执行有关国家安全公务。

阻碍执行国家安全工作的人员执行国家安全公务,还必须造成严重的后果,才构成此种行为方式的本罪。所谓严重后果,是指耽误了国家安全工作,放纵了犯罪分子,或者给国家安全造成了严重损害,具体则如致使犯罪嫌疑人逃跑,侦查线索中断,犯罪证据灭失,赃款、赃物被转移等。

2. 主观要件

本罪在主观方面表现为故意,即明知对方是正依法执行职务的国家机关工作人员,而故意对其实施暴力或者威胁,使其不能执行职务。行为人的动机,往往多种多样。

(1)如果国家机关工作人员正在合法执行职务,但行为人误认为是非法的,进而以暴力、胁迫进行阻碍,属于事实认识错误,不成立故意犯罪。

(2)动机错误不影响本罪的成立,可作为情节在量刑时考虑。

(3)依法执行公务的对方(如被逮捕者)实施的一般暴力、胁迫行为,不具有期待可能性,故不成立妨害公务罪。此外,依法执行公务的对方所实施的摆脱、挣脱行为也不属于妨害公务的行为。

本案中,被告人李某某、郭某某、郑某某等百余人在鹤岗市政府门前因拖欠工资上访将道路拦堵,阻碍交通长达20多分钟,鹤岗市公安局向阳分局干警被害人贺某和其他公安干警在疏导交通维持秩序执行公务时,被告人李某某用右拳头打被害人贺某左肩部一拳,随后被告人郭某某用拳头打贺某脸部一拳,将贺某打伤倒地。其行为侵犯了国家的正常管理活动,阻碍国家机关工作人员合法执行职务,依法成立妨害公务罪。

二、郭某某犯冒充军人招摇撞骗罪、招摇撞骗罪

案号:(2014)鄂仙桃刑初字第 00215 号

案情简介及控辩主张

1. 冒充军人招摇撞骗事实

2013 年 9 月 20 日,被告人郭某某在本市某打印部,冒充本市武装部征兵士官,谎称与该打印部老板熟识,要在该店制作征兵横幅。被告人郭某某使用伪造的中国人民解放军广州军区 75122 部队士官证及本市武装部工作证冒充军人,骗取了店员杨某某的信任。被告人郭某某以借用相机到部队拍照为由,骗走杨某某柯达数码相机一部、圣宝龙电动车一辆。经仙桃市物价局价格认证中心鉴定,上述物品价值共计 700 元。

2013 年 12 月 6 日 16 时许,被告人郭某某至本市范某某经营的烟酒副食店,谎称购买和天下香烟,范某某便拿出两条和天下香烟给郭某某,并要郭某某付款。郭某某称自己是广州军区 75122 部队士官,并将伪造的军官证给范某某看,取得范某某的信任后,称需要骑车到银行取钱,范某某信以为真,将两条和天下香烟及电动车交给郭某某,郭某某当即骑车逃离。经仙桃市物价局价格认证中心鉴定,香烟及电动车价值共计 3302 元。

2. 招摇撞骗事实

2013 年 9 月 22 日 15 时许,被告人郭某某至本市某蛋糕店,谎称自己是派出所警察并且与店主是邻居,骗取了在该蛋糕店帮忙的妇女安某某的信任,以借用电动车带朋友过来买蛋糕为由,将安某某的一辆永久牌电动车骗走。经仙桃市物价局价格认证中心鉴定,该电动车价值 819 元。

案发后,公安机关追回被害人杨某某、安某某的财物,并已发还。在本案审理过程中,被告人郭某某的家属赔偿被害人范某某经济损失 3302 元。

被告人郭某某对起诉书指控的事实无异议。

法院判决及其理由

被告人郭某某冒充军人招摇撞骗,其行为已构成冒充军人招摇撞骗罪;被告人郭某某冒充人民警察招摇撞骗,其行为已构成招摇撞骗罪,均应负刑事责任。公诉机关起诉指控被告人郭某某冒充军人招摇撞骗罪的罪名成立。被告人郭某某如实供述自己

的罪行,有悔罪表现,可从轻处罚。被告人郭某某犯数罪,应数罪并罚。关于公诉机关指控被告人郭某某诈骗朱某某、王某某财物 2285 元,经查,郭某某虚构事实,先后骗取朱某某、王某某 2285 元财物,但其在行骗过程中未冒充军人身份,故不构成冒充军人招摇撞骗罪,其骗取财物数额未达到数额较大,亦不构成诈骗罪。依照《刑法》第三百七十二条、第二百七十九条、第六十七条第三款、第六十九条第一款之规定,判决如下:

被告人郭某某犯冒充军人招摇撞骗罪,判处有期徒刑 1 年零 7 个月;犯招摇撞骗罪,判处有期徒刑 10 个月。两罪并罚,决定执行有期徒刑 2 年。

案例评析

冒充国家机关工作人员的行为主要包括两种情况:①非国家机关工作人员冒充国家机关人员(离职的国家机关工作人员冒充在职的国家机关人员)。②此种国家机关人员冒充彼种国家机关工作人员,如行政机关工作人员冒充司法机关工作人员,职务低的国家机关工作人员冒充职务高的国家机关工作人员。

招摇撞骗,是指以假冒的身份进行炫耀、欺骗(不要求骗取某种利益)。

(1) 以下情形不成立犯罪:假冒国家机关工作人员给他人好处的,单纯声称自己是国家机关工作人员的,或为与对方恋爱或者结婚,仅向对方声称自己是国家机关工作人员的。

(2) 如果冒充国家机关工作人员骗取数额较大、巨大或者特别巨大财物的,是招摇撞骗罪与诈骗罪的想象竞合犯,则择一重罪处罚。

(3) 如果属于冒充军警人员抢劫的,属于《刑法》第二百六十三条规定的抢劫罪的加重情形。

(4) 如果冒充军人招摇撞骗的,属于《刑法》第三百七十二条规定的冒充军人招摇撞骗罪。

(5) 招摇撞骗罪的从重处罚情节。冒充人民警察招摇撞骗的,成立招摇撞骗罪,从重处罚。

被告人郭某某使用伪造的中国人民解放军广州军区 75122 部队士官证及本市武装部工作证冒充军人,骗取了店员杨某某的信任。被告人郭某某以借用相机到部队拍照为由,骗走杨某某柯达数码相机一部,圣宝龙电动车一辆。后被告人郭某某称自己是广州军区 75122 部队士官,并将伪造的军官证给范某某看,取得范某某的信任后,将两条和天下香烟及电动车交给郭某某,郭某某当即骑车逃离。构成冒充军人招摇撞骗罪。

被告人郭某某至本市某蛋糕店,谎称自己是派出所警察并且与店主是邻居,骗取了在该蛋糕店帮忙的妇女安某某的信任,以借用电动车带朋友过来买蛋糕为由,将安某某的一辆永久牌电动车骗走。符合非国家机关工作人员冒充国家机关人员行为,构成招摇撞骗罪。

三、张某某犯伪造、变造、买卖国家机关公文、证件、印章罪

案号：(2016)豫 0482 刑初 255 号

案情简介及控辩主张

2013 年 10 月 25 日，被告人张某某以其妻子周某某名下某市某区龙门大道 436 号 6 幢×××室的房屋所有权证和其本人名下的祥瑞洗煤厂、磊鑫石料厂相关证件为抵押，向魏某借款 200 万元。

后张某某归还魏某借款 150 万元，并以让银行看一下为由将周某某名下房屋所有权证从魏某处借出。2014 年 4 月 9 日，张某某以该房屋所有权证作抵押向中国邮政储蓄银行股份有限公司汝州支行贷款 47 万元。因魏某催要该房屋所有权证，张某某遂通过电话联系到禹州市一名做假证件的人，以 200 元的价格购买两本假房屋所有权证。一本为依照周某某名下某市某区龙门大道 436 号 6 幢×××室的房屋所有权证伪造的假房屋所有权证，另一本为依照张某某之前在某市京水花园北栋二层西户购买的一套房产的地址伪造的假房屋所有权证。张某某先后将这两本假房屋所有权证抵押于魏某处，替换掉祥瑞洗煤厂、磊鑫石料厂相关证件。

后因张某某未按时归还剩余 50 万元欠款及利息，魏某遂就张某某向其提供的两本房屋所有权证向房管部门查询，查询结果显示该两本房屋所有权证为假证。

案发后，张某某已归还魏某 50 万元欠款本息，魏某出具了谅解书，对被告人张某某表示谅解。

上述事实，被告人张某某在开庭审理过程中并无异议，并表示认罪、悔罪，且有被告人张某某的供述，证人魏某、王某的证言，鉴定意见及相关物证、书证等证据在案证实，足以认定查明的事实。

法院判决及其理由

被告人张某某明知是伪造的国家机关证件而予以购买，其行为已构成买卖国家机关证件罪。公诉机关指控的罪名成立，法院予以支持。被告人张某某在归案后和庭审中认罪态度较好，确有悔罪表现；且已经归还用购买的假房屋所有权证做抵押借魏某的款项，魏某已经出具了谅解书，对被告人张某某表示谅解。结合被告人张某某犯罪的事实、性质、情节及对社会的危害程度等具体情况，对其可酌情从轻处罚，并依法适用缓刑。经合议庭评议，审判委员会讨论决定，依照《刑法》第二百八十条第一款，第

六十一条,第七十二条第一款,第七十三条第二、三款之规定,判决如下:

被告人张某某犯买卖国家机关证件罪,判处有期徒刑 10 个月,缓刑 1 年。

案例评析

本罪在客观方面表现为伪造、变造、买卖国家机关公文、证件、印章的行为。所谓伪造,是指无权制作者制作假的公文、证件或印章,既包括根本不存在某一公文、证件或印章而非法制作出一种假的公文、证件和印章,又包括在存在某一公文、证件或印章的情况下模仿其特征而复印、伪造另一假的公文、证件或印章。既包括非国家机关工作人员的伪造或制作,又包括国家机关工作人员未经批准而擅自制造。另外,模仿有权签发公文、证件的负责人的手迹签发公文、证件的,亦应以伪造论处。

变造,指对真实的公文、证件或印章利用涂改、擦消、拼接等方法进行加工,改变其非本质内容的行为;如果改变本质部分,则属于伪造。

买卖,即对国家机关公文、证件或者印章实行有偿转让,包括购买和销售两种行为。至于买卖的公文、证件或印章,既可以是真实的,也可以是伪造或者变造的。

此外,《刑法》第二百八十条第二款是伪造公司、企业、事业单位、人民团体印章罪。对于伪造高等院校印章制作学历、学位证书的行为,应当以伪造事业单位印章罪定罪处罚。明知是伪造高等院校印章制作的学历、学位证明而贩卖的,以伪造事业单位印章罪的共犯论处(以通谋为前提)。第三款是伪造、变造、买卖身份证件罪的特殊法条,即《刑法》将居民身份证、护照、社会保障卡、驾驶证等依法可以用于证明身份的证件从一般国家机关证件中独立出来,规定了独立的罪名。

对于罪数问题,伪造、变造、买卖国家机关的公文、证件、印章后,又利用该公文、证件、印章实施其他犯罪(如诈骗罪)的,一般认为属于牵连犯,从一重罪论处,不实行数罪并罚。

四、高某犯使用虚假身份证件罪

案号:(2016)内 0624 刑初 281 号

案情简介及控辩主张

2016 年 4 月,被告人高某利用本人照片及其个人信息在网上办理虚假驾驶证一本,准驾车型为 A2。2016 年 06 月 28 日 17 时 30 分许,被告人高某驾驶牌照为晋 H378××号东方牌重型半挂牵引车及宁 B59××号重型箱式半挂车组成的半挂列车行驶至 G18 荣乌高速公路沙井收费站出口(1614 公里)处时,被执勤民警现场查获。

针对上述事实公诉机关提供了相关证据证实,并认为,被告人高某使用虚假的机动车驾驶证,其行为触犯了《刑法》第二百八十条之一,犯罪事实清楚,证据确实、充分,应当以使用虚假身份证件罪追究其刑事责任。

上述事实,被告人高某在开庭审理过程中亦无异议,并有物证、受案登记表、立案决定书、行政处罚决定书、扣押笔录及清单、驾驶证查询结果、车辆查询单、证人证言、视听资料等证据证实,足以认定。

法院判决及其理由

被告人高某在依照国家规定应当提供身份证明的活动中,使用虚假的驾驶证,情节严重,其行为已构成使用虚假身份证件罪,应依法惩处。案发后,被告人如实供述了自己的罪行,可依法从轻处罚。鄂托克旗人民检察院指控的犯罪事实清楚,适用法律正确。依照《刑法》第二百八十条之一、第六十七条第三款、第五十二条之规定,判决如下:

(1) 被告人高某犯使用虚假身份证件罪,判处拘役 1 个月,并处罚金 5000 元。

(2) 在案扣押的伪造驾驶证,依法予以没收。

案例评析

本罪为 2015 年 8 月 29 日全国人大常委会《中华人民共和国刑法修正案(九)》第二十三条所增加的新罪名。《刑法》第二百八十条之一规定:"在依照国家规定应当提供身份证明的活动中,使用伪造、变造的或者盗用他人的居民身份证、护照、社会保障卡、驾驶证等依法可以用于证明身份的证件,情节严重的,处拘役或者管制,并处或者单处罚金。"

"在依照国家规定应当提供真实身份的活动中",这一用语意味着本罪的保护法益是居民身份证、护照、驾驶证等证件的身份真实性,因为身份的真实性是塑造完整的社会公共信用的前提。这里需要注意的是,如果行为人伪造了身份证,身份证上的信息是其本人真实的身份信息,此时,如果行为人使用该身份证的,依然成立本罪。虽然行为人没有侵害身份证的身份真实性,但是伪造行为本身存在违法性。因为在社会生活中,每人都要遵守法律所确立的安定的社会秩序,其中包括公民在使用身份证时应当使用国家机关制作、颁发的身份证,而不能使用非法制作的身份证。如果行为人明知该身份证不是国家机关制作、颁发的,而仍然使用,即便上面记载的信息是其本人的真实信息,也不能排除使用本身的违法性,因为使用本身破坏了国家公安机关对身份证的管理秩序,是法律所禁止的。

本罪的主体为一般主体,即年满16周岁具有刑事责任能力的自然人。本罪的主观方面是故意,而且只能是直接故意。即行为人明知是伪造、变造的居民身份证、护照、驾驶证等虚假身份证件或产生危害社会的结果,而希望该结果发生。

本罪在客观方面表现为在依照国家规定应当提供真实身份的活动中,使用伪造、变造的居民身份证、护照、驾驶证等虚假身份证件的行为。

本罪的犯罪对象是居民身份证、护照、驾驶证等虚假身份证件。此处,应当注意对"虚假身份证件"的理解,《中华人民共和国刑法修正案(九)》采用了列举加兜底的立法模式,在身份证、护照、驾驶证后又用了"等依法可以用于证明身份的证件"进行概括性规定,目的在于尽量保证刑事法网周全。因此,笔者认为,对"依法可以用于证明身份的证件"应当做限制解释,即仅限于记载的个人信息量和社会公信力与居民身份证、护照、驾驶证相当的证件。因为这类证件不仅记载了大量公民个人信息,而且能够决定公民能否实施具有重大社会意义的行为,具有很强的社会公信力。因此,在依照国家规定的应当提供真实身份的活动中,一旦使用伪造、变造的居民身份证、护照、驾驶证等,一般而言都会给相信此证件效力的一方造成不同程度的损失,从而损害他们对这类证件公信力的信赖和对国家机关管理活动的质疑。对此严重危害社会的行为,当然有启动刑罚的必要性。但如果将"依法可以用于证明身份的证件"的范围理解过宽,可能存在刑法打击范围不当扩大的问题。

应当提供真实身份的活动,是指在具有社会重要意义或者直接与行为人的权利义务密切相关的活动,行为人在这些活动中需要提供相应的证件以证明其身份具有该活动或者享有某权利的资格。例如国家组织的司法考试、向银行申请贷款等。

"情节严重"属于综合性要素,需要结合案件事实综合判断,同时应当注意《刑法》第十三条但书的规定,情节显著轻微危害不大的,不认为是犯罪。

本案中,被告人明知驾驶证作为个人身份证明文件,其利用本人照片及其个人信息在网上办理虚假驾驶证一本,准驾车型为 A2,给相信此证件效力的一方造成不同程度的损失,从而损害他们对这类证件公信力的信赖和对国家机关管理活动的质疑。对此严重危害社会的行为,有启动刑罚的必要性。

五、覃某宝等人犯聚众斗殴罪

案号:(2015)渝高法刑终字第 00142 号

案情简介及控辩主张

2013 年 10 月 16 日下午,被害人舒某某(男,殁年 26 岁)因对被告人黄某某在重庆市璧山区某某农家乐开设赌场不满,邀约被告人韩某、王某凡等人到黄某某开设的赌场滋事,拿走黄某某 3000 余元现金,并持砍刀损毁赌场牌桌、砍伤工作人员李某某。当晚,黄某某与舒某某商定,舒某某于次日归还拿走的钱并赔偿医疗费用。次日,舒某某未如约偿还,黄某某与舒某某约定在璧山区青杠街道顾地公司附近解决纠纷。黄某某邀约钟某某,并借来一把自制枪支,指使被告人朱某某借来一辆轿车,通过被告人马某某等邀约了被告人覃某宝、王某、何某、龙某某、周某、张某某、戴某等人。当晚 21 时许,上述人员各持一把黄某某事前购置的砍刀分乘黄某某驾驶的渝 A779××本田轿车和覃某宝驾驶的渝 CV99××马自达轿车前往约定地点。舒某某与其邀约的上诉人朱某、王某凡、韩某、曹某等 10 人分别持砍刀来到顾地公司附近等候。当黄某某一方抵达现场时,舒某某、王某凡、韩某、朱某等人持刀砍砸黄某某驾驶的渝 A779××本田轿车,曹某驾驶渝 C2F3××雅阁轿车拦截渝 A779××本田轿车。黄某某驾车冲离现场。舒某某等人转而持刀砍砸覃某宝驾驶的渝 CV99××马自达轿车,曹某驾车朝渝 CV99××马自达轿车冲撞拦截。覃某宝驾车强行通过,将舒某某撞倒并碾压后驶离现场。黄某某误认为覃某宝驾驶的渝 CV99××马自达轿车是舒某某一方车辆,指使马某某持自制枪支射击渝 CV99××马自达轿车。案发后,曹某打电话报警称舒某某被车撞倒,在接受公安民警调查时隐瞒了聚众斗殴以及其驾车冲撞对方的事实。舒某某经送医院抢救无效死亡。经法医检验鉴定:舒某某系颅脑损伤合并失血死亡。王某经覃某宝、黄某某、马某某劝说,于 2013 年 10 月 18 日到公安机关给覃某宝顶罪,自称驾驶渝 CV99××轿车遭遇抢劫,其驾车逃离时撞伤了他人。

上诉人覃某宝及其辩护人提出:覃某宝没有实施斗殴行为,一审判决定性故意杀人罪有误,应定交通肇事罪,原审量刑过重,请求对覃某宝从轻处罚。

上诉人黄某某及其辩护人提出,覃某宝没有撞人的故意,其行为不应定性为故意杀人,应认定为紧急避险或交通肇事;覃某宝的行为属于实行过限,黄某某不应为覃某宝的行为承担责任,请求二审法院依法改判。

上诉人马某某及其辩护人提出,一审判决量刑过重,请求对马某某从轻处罚。

上诉人朱某、王某凡、韩某提出,一审判决量刑过重,请求从轻处罚。

上诉人曹某及其辩护人提出,曹某的行为构成自首,一审判决量刑过重,请求对曹某从轻处罚。

重庆市人民检察院认为,原判决认定事实和适用法律正确,量刑适当,审判程序合法。上诉人及其辩护人的上诉、辩护意见均不成立。建议法院依法驳回上诉,维持原判。

法院判决及其理由

二审法院维持原判,认为被告人黄某某、覃某宝在聚众斗殴中致人死亡,其行为已构成故意杀人罪;被告人马某某、朱某建、朱某、王某凡、韩某、曹某等人积极参加持械聚众斗殴,其行为已构成聚众斗殴罪;被告人王某为帮助覃某宝逃避刑事处罚,向公安机关做假证明包庇覃某宝,其行为构成包庇罪,情节严重。王某凡、韩某自动投案,如实供述犯罪事实,系自首,依法可予从轻处罚。马某某、朱某建、朱某到案后坦白认罪,依法可予从轻处罚。王某庭审中能如实供述主要犯罪事实,可酌情从轻处罚。鉴于曹某作案后拨打电话报警,自动投案,庭审中能供认其主要犯罪事实,可酌情从轻处罚。马某某、朱某建积极赔偿被害人亲属经济损失并取得谅解,有悔罪表现,均予从轻处罚。王某、曹某给付舒某某亲属钱款可视为具有一定悔罪表现,酌情从轻处罚。黄某某、朱某均因故意犯罪被判处有期徒刑,刑满释放后5年内再犯应当判处有期徒刑以上刑罚之罪,系累犯,依法应从重处罚。依照《刑法》第二百九十二条,第二百三十二条,第三百一十条第一款,第二十五条第一款,第六十七条第一款、第三款,第六十五条第一款,第四十八条第一款,第五十七条第一款,第七十二条第一款的规定,判决如下:

(1) 被告人覃某宝犯故意杀人罪,判处死刑,缓期2年执行,剥夺政治权利终身。

(2) 被告人黄某某犯故意杀人罪,判处无期徒刑,剥夺政治权利终身。

(3) 被告人马某某犯聚众斗殴罪,判处有期徒刑3年零6个月。

(4) 被告人朱某建犯聚众斗殴罪,判处有期徒刑3年,缓刑4年。

(5) 被告人王某犯包庇罪,判处有期徒刑3年,缓刑4年。

(6) 被告人朱某犯聚众斗殴罪,判处有期徒刑3年零6个月。

(7) 被告人王某凡犯聚众斗殴罪,判处有期徒刑3年。

(8) 被告人韩某犯聚众斗殴罪,判处有期徒刑3年。

(9) 被告人曹某犯聚众斗殴罪,判处有期徒刑3年。

案例评析

《刑法》第二百九十二条规定:"聚众斗殴的,对首要分子和其他积极参加的,处三年以下有期徒刑、拘役或者管制;有下列情形之一的,对首要分子和其他积极参加的,处三年以上十年以下有期徒刑。

(一) 多次聚众斗殴的;

(二) 聚众斗殴人数多,规模大,社会影响恶劣的;

（三）在公共场所或者交通要道聚众斗殴，造成社会秩序严重混乱的；

（四）持械聚众斗殴的。

聚众斗殴，致人重伤、死亡的，依照本法第二百三十四条、第二百三十二条的规定定罪处罚。"

《刑法》关于聚众斗殴的一般规定：

（1）"聚众斗殴"属于必要的共犯。其中"聚众"是对斗殴方式的要求，即要求多人以上参与，但不要求双方都是三人以上；所以两人之间斗殴，不成立本罪。

① 其中斗殴包括双方斗殴或者多方斗殴。

② 斗殴各方的行为都不具有正当性，各方都以伤害对方的意思并承诺对方给自己导致伤害的意思实施斗殴行为，故"斗殴无防卫"。但是，双方约定赤手空拳斗殴，但当一方突然使用具有重大杀伤力的凶器时，另一方可以进行正当防卫。

（2）聚众斗殴罪的主体是，凡年满16周岁且具备刑事责任能力的自然人均能构成聚众斗殴罪。但并非所有参加聚众斗殴者均构成聚众斗殴罪。只有聚众斗殴的首要分子和其他积极参加者，才能构成聚众斗殴罪主体。所谓首要分子，是指在聚众斗殴中起组织、策划、指挥作用的犯罪分子；所谓其他积极参加者，是指除首要分子以外的在聚众斗殴中起重要作用的犯罪分子。对于一般参加者，依照《刑法》第二百三十四条、第二百三十二条的规定定罪处罚。

该条属于法律拟制，而非注意规定。

（1）行为人在斗殴过程中无杀人故意，但只要客观上致人重伤、死亡的，就成立故意伤害罪、故意杀人罪。"人"包括对方成员与本方成员。

（2）由于《刑法》第二百九十二条仅处罚首要分子和积极参加者，所以一般的参加者或旁观者的行为导致他人重伤、死亡的，不适用该规定，而应根据其行为所符合的犯罪构成认定犯罪。

（3）如果杀人之外的斗殴行为还构成聚众斗殴罪的，则应当数罪并罚。

（4）如果行为人的行为成立偶然防卫，则不适用该规定，应当按照偶然防卫的处理原则处理。

本案中，舒某某与其邀约的朱某、王某凡、韩某、曹某等10人分别持砍刀来到顾地公司附近等候。当黄某某一方抵达现场时，舒某某、王某凡、韩某、朱某等人持刀砍砸黄某某驾驶的渝 A779×× 本田轿车。曹某驾驶渝 C2F3×× 雅阁轿车拦截渝 A779×× 本田轿车。覃某宝在聚众斗殴中驾车将舒某某撞倒并碾压后驶离现场，致使舒某某死亡，构成故意杀人罪既遂。黄某某作为本次聚众斗殴的首要分子，应当为覃某宝的行为承担责任，故黄某某成立故意杀人罪。其他人属于本次聚众斗殴的积极参加者，构成聚众斗殴罪。

六、尹某甲犯参加黑社会性质组织罪

案号：(2014)永刑初字第55号

案情简介及控辩主张

自2006年以来，被告人尹某甲参加以史某某(另案处理)为首的黑社会性质犯罪组织，该组织以从事故意伤害、贩卖毒品、开设赌场等违法犯罪活动来获取经济利益，为了在当地产生影响力，经常以暴力、威胁等手段进行有组织的违法犯罪活动。

2006年6月，史某某团伙人员被龙某甲等人打伤。6月29日，史某某邀集沈某、尹某乙、高某某、刘某甲等人商议报复。在发现被害人龙某甲等人行踪后，尹某乙带上一支六连发转盘枪，纠集尹某丙、尹某丁、贺某乙驾车跟踪，沈某驾车纠集黄某某等人、刘某甲驾车纠集吴某某等人、高某某纠集被告人尹某甲等人均朝高桥楼方向追去。在高桥楼派出所地段，尹某乙等人驾车合围被害人黄某某、龙某甲等人驾驶的车辆，尹某乙下车持枪威胁黄某某等人，尹某丙、贺某乙分别持马刀、锁具砍砸被害人驾驶汽车的玻璃，黄某某、尹某甲、龙某某持刀将被害人砍伤。经鉴定，被害人黄某某、龙某甲、刘某乙的伤情为轻伤甲级，田某某的伤情为轻伤乙级；尹某乙所持枪支具有杀伤力。

2008年10月，贺某甲在永新县城某花园小区附近一居民房开设赌场聚众赌博，史某某以及团伙成员即被告人尹某甲打电话给赌场人员称要到赌场参股但被拒绝。10月上旬的一天，尹某甲伙同龙某乙、陈某甲骑摩托车到贺某甲的赌场附近意图闹事，被赌场上做事的人赶走。10月15日下午，尹某甲和龙某乙、陈某甲各持一支枪来到贺某甲开设的赌场，对着赌场上的人群连发数枪后驾车逃离，导致路过群众陈某乙及赌场人员贺某甲、江某某受伤。事后，史某某将2000元钱交给尹某甲作为逃跑经费。经鉴定，陈某乙的伤情为重伤乙级，江某某的伤情为轻伤甲级，贺某甲的伤情为轻伤乙级；现场提取的四枚弹壳经鉴定系三支不同的猎枪所击发。

被告人尹某甲对起诉书上的两起犯罪事实无异议，自愿认罪。其辩解："这两起罪事实已判刑，我已接受了改造，出狱后也没有再犯罪；当时判刑时没有定参加黑社会组织罪，也不认识史某某，只是听说有这么个人，高桥楼的故意伤害案是跟着别人去的。某花园的故意伤害案是赌场上的人打了我们，我们才去报复的，请求法院从轻从宽处理。"

辩护人朱某华认为：被告人尹某甲在不知情的情况下卷入该黑社会性质组织，其主观上是因被社会的其他人员纠集、蒙蔽而出于哥们义气参与的违法犯罪，没有认可自己是该组织的人，跟史某某为首的黑社会性质组织并没有任何直接的联系，没有归属于这个组织的意愿，没有利用该组织的名义获取任何收益。客观上之前实施的违法犯罪活动都被追究了刑事责任，刑满释放后已获得改造，表示洗心革面，重新做人。本着教育为主、惩罚为辅的原则，建议法庭判处被告人尹某甲有期徒刑一年以下或拘役。

法院判决及其理由

被告人尹某甲目无国法，参加黑社会性质组织，其行为已构成参加黑社会性质组织罪。公诉机关指控的罪名成立，法院予以确认。被告人尹某甲辩解其没有参加黑社会组织罪，也不认识史某某，其辩护人认为被告人没有认可自己是该组织的人，跟史某某为首的黑社会性质组织并没有任何直接的联系，没有归属于这个组织的意愿，没有利用该组织的名义获取任何收益。经查，被告人尹某甲在 2006 年 10 月 24 日供述："我们团伙里老大是史某某，老二是沈某、尹某乙、高某某、刘某甲，接下来就是'先里'、'后里'、张某某、黄某某，再下一级就是我们这一层人员。"同案犯史某某供认 2008 年认识尹某甲，尹某甲持枪打伤他人逃跑时，资助了 2000 元，并派尹某丙到监狱给尹某甲等人送钱；证据足以证实被告人尹某甲不仅认识史某某，并已参加了该组织的犯罪活动；故被告人尹某甲及其辩护人的辩护意见不予采纳。公诉人的意见和辩护人的量刑建议符合本案事实和法律，可以采纳。据此，依照《刑法》第二百九十四条第一款之规定，判决如下：

被告人尹某甲犯参加黑社会性质组织罪，判处有期徒刑一年，并处罚金 5000 元。

案例评析

组织、领导、参加黑社会组织罪的主体包括组织、领导者，积极参加者，一般参加者；但不能适用总则关于共犯人的处罚原则，因为分则条文已经为其创设了不同的法定刑。

组织、领导、参加黑社会性质组织罪的客体是黑社会性质组织。这里的黑社会性质组织，根据 2011 年 2 月 25 日全国人大常委会《中华人民共和国刑法修正案（八）》第二百九十四条的规定，黑社会性质的组织应当同时具备以下特征：①形成较稳定的犯罪组织，人数较多，有明确的组织者、领导者，骨干成员基本固定。②有组织地通过违法犯罪活动或者其他手段获取经济利益，具有一定的经济实力，以支持该组织的活动。

③以暴力、威胁或者其他手段,有组织地多次进行违法犯罪活动,为非作恶,欺压、残害群众。④通过实施违法犯罪活动,或者利用国家工作人员的包庇或者纵容,称霸一方,在一定区域或者行业内,形成非法控制或者重大影响,严重破坏经济、社会生活秩序。

领导黑社会性质组织是指在黑社会性质组织中处于领导地位,对组织的犯罪活动进行谋划、决策、指挥、协调的行为,以及协调处理组织内部重大问题等行为。

组织黑社会性质组织行为与领导黑社会性质组织的区别在于,前者的行为内容一般只涉及组织内部事务,其性质是组建、完善、扩大黑社会性质组织;而后者的行为内容主要涉及组织所实施的犯罪行为,其行为性质是策划、指挥、协调黑社会性质组织的犯罪行为。

积极参加黑社会性质组织与参加黑社会性质组织的区别如下。

积极参加和参加是参加黑社会性质组织行为的两种方式,由于《刑法》对黑社会性质组织的积极参加者和其他参加者规定的法定刑不同,因此在司法实践中,区分积极参加和参加十分必要。积极参加与参加黑社会性质组织的区别在于行为人主观心理态度的差别。对于积极参加和参加的理解,应当包括以下两个方面的内容:

(1)行为人对加入黑社会性质组织的主观心理态度。

(2)行为人参加黑社会性质组织的违法犯罪活动的主观心理态度。

积极参加者不仅对于加入黑社会性质组织的态度是积极主动的,而且在参加黑社会性质组织的违法犯罪活动时,其态度也是积极主动的。这种积极主动的态度可以通过其加入黑社会性质组织和参加该组织活动的行为表现体现出来。

本罪的处罚原则是:

(1)积极参加者应当相当于在犯罪集团中首要分子(犯罪集团的组织者、领导者)以外的在集团犯罪中起主要作用的主犯,因此,积极参加者不仅应当以积极的态度加入黑社会性质组织,而且应当在黑社会性质组织的犯罪活动中起主要作用,即应当是黑社会性质组织所实施的具体犯罪的主犯。

(2)一般参加者是黑社会性质组织中的一般成员,他不仅在加入黑社会性质组织时的态度不是积极主动的,而且在参加黑社会性质组织的犯罪活动时,也只是起次要或者辅助作用的从犯。应当注意的是,如果一般参加者仅仅加入了黑社会性质组织,但并未实施其他违法犯罪活动的,按照最高人民法院《关于审理黑社会性质组织犯罪的案件具体应用法律若干问题的解释》第三条第二款的规定,可不以犯罪论处。

(3)在司法实践中,行为人在黑社会性质组织中角色定位并不是一成不变的,往往存在着互相转换的问题。

由于组织、领导、参加黑社会性质组织罪是选择性罪名,如果行为人只实施了几种行为方式之一的,只以相应的罪名论处。在几种行为方式相互转换的情况下,由于行为人至少跨越了两种以上的行为方式,而这几种行为方式的性质、内容又有所不同,因此,应当按照行为人所具体实施的行为方式确定罪名。

犯本罪,同时又有其他犯罪行为(例如故意伤害、贩卖毒品、强迫卖淫等),数罪并罚。

七、龙某某犯包庇、纵容黑社会性质组织罪

案号:(2012)吉刑初字第 18 号

案情简介及控辩主张

2008 年 2 月 17 日,湖南 ZW 化工股份有限公司纠集几十名社会闲散人员,携带枪支、刀具与花垣县 XN 公司在花垣县排吾乡聚众斗殴。2008 年 2 月 19 日,为推脱责任、歪曲事实真相、逃避法律处罚,隆某某、艾某某、刘某、龙某某在花垣县大观园茶楼内商议决定,指使一些未参与聚众斗殴事件的人去公安机关作伪证,并形成以下几点共谋:①此次上山的目的是为了阻止 XN 公司发矿,不能讲是摆场合去的。②安排上山的人员都是 ZW 公司经警队的人,不能讲是社会上的闲散人员。③要向公安机关说上山后就被对方用炸药炸了,不能讲先砸对方铲车的事。④不能讲上山的人携带了枪支。商议完之后组织张某等人来到花垣县大观园茶楼内,指使他们按照预定的作证要求向花垣县公安局作伪证。当天下午,上述人员在花垣县公安局按照要求做了虚假证言,期间龙某某还亲自为艾某某取了材料,没有记录他们事先预谋、有社会上的人员参加、带有枪支、先砸对方铲车、开枪等情况。最终导致所取的证据都有利于邓某某团伙,致使 XN 公司参与聚众斗殴的人员被以"爆炸罪"追究刑事责任,而参与此次聚众斗殴的邓某某团伙成员均未受到打击处理。

被告人龙某某及其辩护人对公诉机关指控的事实无异议,但龙某某辩称:"我虽然参与了起诉书指控的聚众斗殴事前商议,但我本意是阻止 XN 公司发矿,赌博是在朋友生日及春节期间在特定人员范围内进行的,不同于社会上的聚众赌博。"

辩护人辩称:被告人主观斗殴故意及客观斗殴行为均不明显,不构成聚众斗殴罪,即使有斗殴行为也被包庇、纵容黑社会性质组织罪所吸收。

法院判决及其理由

法院认为,被告人龙某某身为人民警察,包庇、纵容黑社会性质组织进行违法犯罪

活动,其行为触犯刑律构成了包庇、纵容黑社会性质组织罪。公诉机关指控被告人龙某某犯包庇、纵容黑社会性质组织罪的事实清楚,证据确实充分,指控的罪名成立。被告人在聚众斗殴犯罪行为发生后的包庇、纵容行为,如果其非公安干警,没有查禁犯罪的职责,此行为则为不可罚事后行为,但其本身具有查禁犯罪的职责,其与其他参与聚众斗殴的人员商议如何逃避法律处罚,特别是其作为公安民警在对参与聚众斗殴的嫌疑人艾某某取材料时故意不记录事前商议等情节,其行为侵害了公安民警具有查禁犯罪职责这一新的法益,符合包庇、纵容黑社会性质组织罪的四个构成要件,成立本罪。综上所述,根据《刑法》第十二条,1997年修订的《刑法》第二百九十四条第四款,第二百九十二条第一款第二、四项,第三百零三条第一款,第二十五条第一款,第二十七条,第六十七条第三款,第六十九条,《刑事诉讼法》第七十四条,《最高人民法院关于在裁判文书中如何表述修正前后刑法条文的批复》第一条第一、二项之规定,经法院审判委员会讨论决定,判决如下:

被告人龙某某犯包庇、纵容黑社会性质组织罪判处有期徒刑1年,与其他犯罪数罪并罚。

案例评析

(1)本罪的主体必须是"国家机关工作人员"(注意不是"国家工作人员"),但又不是黑社会性质组织的成员。

(2)其中"包庇"行为既可能表现为包庇黑社会性质组织本身,也可能表现为包庇黑社会性质组织的组织者、领导者与参加者。而且包庇行为必须是利用职务上的便利。其中"纵容"行为包括对黑社会性质组织的存续、发展予以纵容的行为。

(3)有查禁犯罪活动职责的国家机关工作人员,向犯罪分子通风报信、提供便利,帮助犯罪分子逃避处罚的,成立帮助犯罪分子逃避处罚罪。

(4)本罪侵犯的客体是复杂客体,其中主要客体是正常的社会秩序,次要客体是国家机关的正常管理活动。国家机关工作人员包庇、纵容黑社会性质组织及其违法犯罪活动的行为,是对正常的社会秩序构成严重威胁和危害的行为。

本罪系行为犯,原则上只要行为人实施了包庇黑社会性质的组织,或者纵容黑社会性质的组织进行违法犯罪活动的行为,即可构成本罪,而不论其情节轻重,危害结果如何。如果行为人的行为,情节显著轻微危害不大的,仍应依刑法总则的有关规定,以不认定为犯罪为宜。

(5)本罪与玩忽职守罪在诸多方面均存在相似之处,表现在:①二者都侵害了国家机关正常的管理活动。②二者在客观方面都有可能表现为给黑社会性质组织制造生存发展机会,或者给黑社会性质组织进行违法犯罪活动提供可乘之机的行为。③二者的主体都是特殊主体,即都要求是国家机关工作人员。其主要区别在于:①犯罪客体不同。前者侵犯的是复杂客体,其中主要客体是正常的社会秩序,次要客体是国家机关的正常管理活动,后者侵犯的则是单一客体,即仅是对国家机关正常管理活动的侵害。②客观方面要件不同。首先,前者之行为方式仅能表现为包庇黑社会性质的组织或者纵容黑社会性质组织进行违法犯罪活动的行为;后者则包括一切不履行或者不正确履行职务的玩忽职守行为。其次,前者系行为犯,只要有包庇、纵容行为,即可构成犯罪;后者系结果犯,在有玩忽职守的行为的同时,尚需发生造成公共财产、国家和人民利益重大损失的危害结果方可构成犯罪。③主观方面表现不同。前者是故意犯罪,后者是过失犯罪。

(6)本罪与包庇罪的界限,两罪在客观方面存在相同之处,即都实施了"包庇"行为。其主要区别如下:①犯罪客体不同。前者侵犯的主要是正常的社会秩序,后者侵犯的则是司法机关惩治犯罪的正常活动。②犯罪客观方面要件不同。前者表现为包庇黑社会性质的组织,或者纵容黑社会性质的组织进行违法犯罪活动的行为,后者则表现为作假证明包庇犯罪人的行为。二者虽都有"包庇",但含义不尽相同。在方式上,前者之包庇要广于后者,即不只限作假证明一种,还包括其他一切妨害有关机关查办、惩处、打击黑社会性质的组织的行为,在包庇对象上,前罪之包庇又要窄于后者,即仅限于黑社会性质的组织,不及其他犯罪组织或犯罪人,此外,后者之包庇必须系事后之帮助行为。③犯罪主体不同。前者的主体是特殊主体,即只有国家机关工作人员才可构成,后者则是一般主体,任何具有刑事责任能力的自然人均可成为其主体。

八、华某某、顾某某等人犯赌博罪

案号:(2016)浙 0109 刑初 199 号

📖 案情简介及控辩主张

1. 被告人虞某甲负责组织的赌博事实

2015 年 8 月左右,被告人虞某甲伙同他人,以营利为目的,纠集项某、叶某、华某某等人,在杭州市萧山区闻堰街道某村被告人孙某某家中聚众赌博 2 场,被告人赵某某帮助抽头,抽头获利共计 17 000 余元。

2015 年 8 月左右,被告人虞某甲伙同他人,以营利为目的,纠集项某、叶某、华某某等人,在杭州市萧山区闻堰街道某路被告人劳某的办公室聚众赌博 2 次,抽头获利

8000 余元。

2. 被告人华某某、韩某平单独或结伙组织的赌博事实

（1）2015 年 9、10 月期间，被告人华某某以营利为目的，纠集沈某、金某甲、叶某等人，在杭州市滨江区浦沿街道被告人虞某乙家聚众赌博 3 次，在杭州市滨江区被告人来某甲家聚众赌博 1 次，在杭州市滨江区浦沿街道虞某某（另案处理）家聚众赌博 1 次，每次抽头获利 10 000 余元，共计抽头获利 50 000 余元。

（2）2015 年 9、10 月期间，被告人华某某、韩某平结伙他人，以营利为目的，纠集沈某、项某、叶某等人，在杭州市滨江区某某饭店旁一农民房及陈某某家中，聚众赌博 3 次，其中农民房由被告人章某提供，陈某某家的场地由被告人张某提供，每次抽头获利 10 000 余元，共计抽头获利 30 000 余元。

（3）2015 年 9、10 月的一天，被告人韩某平与张某伟结伙，以营利为目的，纠集项某、叶某、沈某等人，在杭州市滨江区某棋牌室内，聚众赌博 2 次，每次抽头获利 10 000 余元，共计抽头获利 20 000 余元。

上述 10 场赌博中，被告人韩某娣参与抽头 9 场，涉案金额为 90 000 元；被告人赵某某参与抽头 5 场，涉案金额为 50 000 元；被告人汤某接送参赌人员 7 场，涉案金额 70 000 元。

3. 被告人顾某某、来某甲、王某甲组织的赌博事实

2015 年 10 月 28 日至 11 月 3 日，被告人顾某某、来某甲、王某甲结伙，事先约定三人按 3.4∶5∶1.6 的比例分成，纠集邹某、项某、沈某等人，在杭州市滨江区某小区被告人王某乙家中、春波小区、长江西苑（被告人叶某的妹妹叶某某家）、被告人叶某家中，以扑克牌小九点的方式赌博 7 场。其中被告人来某甲、顾某某抽头，被告人王某甲及赵某某（另案处理）放资，共计抽头、放资获利 75 000 余元。

上述 7 场赌博中，被告人汤某接送参赌人员 3 场，涉案金额 30 000 余元；被告人张某望风 5 场，涉案金额 54 000 余元。

案发后，被告人王某乙自动投案，并如实供述上述赌博事实；被告人张某退出赃款 2100 元，被告人叶某退出赃款 3000 元，被告人章某退出赃款 1000 元，被告人虞某乙退出赃款 1500 元，被告人孙某某退出赃款 1000 元，被告人王某乙退赃 800 元，被告人劳某退出赃款 1500 元；法院审理期间，被告人虞某甲退出赃款 12 500 元。

被告人赵某某的辩护人提出被告人赵某某系从犯，有坦白情节，提请法庭对被告人赵某某从轻处罚。

被告人王某甲的辩护人提出被告人王某甲在共同犯罪中作用相对较小，有坦白情节，提请法庭对被告人王某甲从轻处罚。

📖 法院判决及其理由

被告人华某某、顾某某、韩某平、来某甲、韩某娣、赵某某、王某甲、汤某、虞某甲、张某、叶某、章某、虞某乙、孙某某、劳某、王某乙交叉结伙或结伙他人，以营利为目的，聚众赌博，从中非法获利，其行为均已构成赌博罪，系共同犯罪。公诉机关指控罪名成立。被告人华某某、顾某某、韩某平、来某甲、王某甲、虞某甲在共同犯罪中起主要作用，系主犯，应当按照其参与的全部犯罪处罚；被告人韩某娣、赵某某、汤某、张某、叶某、章某、虞某乙、孙某某、劳某、王某乙在共同犯罪中起次要作用，系从犯，应当从轻处罚。被告人华某某、顾某某、韩某平、韩某娣、赵某某在有期徒刑执行完毕以后，5年以内又犯应当判处有期徒刑以上刑罚之罪，系累犯，应当从重处罚。被告人来某甲、王某甲、汤某、虞某甲、叶某、章某、虞某乙、劳某、王某乙有前科劣迹，应酌情从重处罚。被告人王某乙自动投案并如实供述自己的罪行，系自首，可以从轻处罚。被告人华某某、韩某平、来某甲、王某甲、虞某甲、赵某某、韩某娣、汤某、张某、虞某乙、叶某、孙某某、劳某、章某归案后如实供述自己的罪行，可以从轻处罚。采纳相关辩护人据此提出的辩护意见。依照《刑法》第三百零三条第一款，第二十五条第一款，第二十六条第一款、第四款，第二十七条，第六十五条第一款，第六十七条第一款、第三款，第七十二条第一款、第三款，第七十三条第一款、第三款，第五十二条，第五十三条，第六十四条及《最高人民法院最高人民检察院关于办理赌博刑事案件具体应用法律若干问题的解释》第一条之规定，判决如下：

(1) 被告人华某某、顾某某犯赌博罪，判处有期徒刑1年，并处罚金12 000元。

(2) 被告人韩某平、来某甲犯赌博罪，判处有期徒刑10个月，并处罚金10 000元。

(3) 被告人韩某娣犯赌博罪，判处有期徒刑9个月，并处罚金7000元。

(4) 被告人赵某某犯赌博罪，判处有期徒刑8个月，并处罚金6000元。

(5) 被告人王某甲犯赌博罪，判处有期徒刑7个月，并处罚金7000元。

(6) 被告人汤某犯赌博罪，判处有期徒刑7个月，并处罚金5000元。

(7) 被告人虞某甲犯赌博罪，判处拘役5个月，缓刑6个月，并处罚金5000元。

(8) 被告人张某犯赌博罪，判处拘役5个月，缓刑6个月，并处罚金4000元。

(9) 被告人叶某犯赌博罪，判处拘役4个月，并处罚金3000元。

(10) 被告人章某犯赌博罪，判处拘役3个月，并处罚金2000元。

(11) 被告人虞某乙犯赌博罪，判处拘役3个月，缓刑5个月，并处罚金3000元。

(12) 被告人孙某某犯赌博罪，判处拘役2个月，缓刑3个月，并处罚金2000元。

(13) 被告人劳某犯赌博罪，判处拘役2个月，缓刑3个月，并处罚金2000元。

（14）被告人王某乙犯赌博罪，判处拘役 2 个月，缓刑 2 个月，并处罚金 1000 元。

（15）被告人虞某甲、张某、叶某、章某、虞某乙、孙某某、劳某、王某乙退出的非法所得 23 400 元及扣押在案的被告人顾某某、来某甲、韩某娣、王某甲、叶某涉案赃款 58 570 元均予以没收，上缴国库；尚未追回的被告人犯罪所得赃款，继续予以追缴。

案例评析

赌博罪就是指以营利为目的，聚众赌博，开设赌场或者以赌博为业的行为。犯赌博罪的，处 3 年以下有期徒刑、拘役或者管制，并处罚金。

1. 立案标准

对于赌博案（《刑法》第三百零三条第一款，根据最高人民检察院、公安部《关于公安机关管辖的刑事案件立案追诉标准的规定（一）》第四十三条规定）以营利为目的，聚众赌博，涉嫌下列情形之一的，应予立案追诉：

（1）组织三人以上赌博，抽头渔利数额累计 5000 元以上的。

（2）组织三人以上赌博，赌资数额累计 5 万元以上。

（3）组织三人以上赌博，参赌人数累计 20 人以上的。

（4）组织中华人民共和国公民 10 人以上赴境外赌博，从中收取回扣、介绍费的。

（5）其他聚众赌博应予追究刑事责任的情形。

以营利为目的，以赌博为业的，应予立案追诉。本案明显是属于公安机关立案追诉的。

2. 客体要件

本罪侵犯的客体是社会主义的社会风尚。赌博不仅危害社会秩序，影响生产、工作和生活，而且往往是诱发其他犯罪的温床，对社会危害很大，应予严厉打击。

3. 客观要件

本罪在客观方面表现为聚众赌博或者以赌博为业的行为。所谓聚众赌博，是指组织、招引多人进行赌博，本人从中抽头渔利。这种人俗称"赌头"，赌头本人不一定直接参加赌博。所谓以赌博为业，是指嗜赌成性，一贯赌博，以赌博所得为其生活来源，这种人俗称"赌棍"，只要具备聚众赌博或以赌博为业的其中一种行为，即符合赌博罪的客观要件。

4. 主体要件

本罪主体为一般主体，凡达到法定刑事责任年龄且具备刑事责任能力的自然人均能构成本罪。

5．主观要件

本罪在主观方面表现为故意，并且以营利为目的。即行为人聚众赌博或者一贯参加赌博，是为了获取钱财，而不是为了消遣、娱乐。以营利为目的并不是说行为人一定要赢得钱财，只要是为了获取钱财，即使实际上未能赢得钱财甚至输了钱，也不影响行为人具备赌博罪的主观要件。

6．量刑标准

根据《刑法》第三百零三条规定，以营利为目的，聚众赌博、开设赌场或者以赌博为业的，处三年以下有期徒刑、拘役或者管制，并处罚金。

此外，根据最高人民法院、最高人民检察院《关于办理赌博刑事案件具体应用法律若干问题的解释》第五条规定："实施赌博犯罪，有下列情形之一的，依照刑法第三百零三条的规定从重处罚：

（一）具有国家工作人员身份的；

（二）组织国家工作人员赴境外赌博的；

（三）组织未成年人参与赌博，或者开设赌场吸引未成年人参与赌博的。"

设置圈套引诱他人赌博，使用欺骗方法获取钱财。胜负并不取决于偶然的，不属于赌博，而是诈骗罪行为；如果该行为人的其他赌博行为已构成赌博罪，则应将赌博罪与诈骗罪实行并罚。

九、王某、李某犯开设赌场罪

案号：（2016）赣 1102 刑初 243 号

案情简介及控辩主张

上饶市江某信息科技有限公司成立于 2015 年 12 月 10 日，公司登记的法定代表人为代某良，实际上由名叫苏某甲的男子负责。该公司以经营软件开发和网络维护等为名，实则主要从事名为 YH 赌博网站的经营和推广。上饶市江某信息科技有限公司以 YH 总代理商的身份，主要通过招聘年轻女孩为业务员的方式，由各业务员以不同的下级代理的身份，分别引诱不同顾客参与网络赌博并投注。各业务员的主要计酬方式为底薪加提成制，提成比率以各业务员发展赌客的数量和赌客在网站的实际投注额为依据确定。该公司的总代理网站不直接接受投注，所有投注均通过各分级代理负责的分级网站进行。公司平时主要由被告人王某、李某共同管理，其中，被告人李某主要负责招聘业务员，被告人王某负责对业务员进行引诱他人参与赌博的培训。至案发时,该公司共发展下级代理业务员舒某、吴某乙、周某、陈某甲、兰某、邹某等近 20 人,公司网站接受他人投注累计额近 7 万元。

被告人王某、李某均对指控的犯罪事实不持异议并当庭认罪。

被告人王某的辩护人戴某斌的辩护意见:①对指控被告人王某犯开设赌场罪不持异议。②客服人员与江某公司系劳动关系,而非上下级代理关系。③客服人员所有工号并没有直接或者间接地接受顾客的投注,顾客的投注是由其自行在澳门银河上进行的。④被告人王某从其作用、地位、范围完全符合从犯的构成要件。⑤被告人王某的从轻情节如下,自愿认罪,主观恶性较小,具有坦白情节,违法时间短、没有造成严重的后果,社会危害性不大;因本次违法行为并没有获取高额的收益。⑥被告人王某家庭生活困难,系初犯,对该违法行为缺乏足够的认识,恳请法庭从轻处罚,并适用缓刑。

被告人李某的辩护人叶某、董某巍的辩护意见如下:①对指控被告人李某犯开设赌场罪不持异议。②接受投注存疑,接受投注的是 YH 赌博网站,而非江某公司、被告人王某及被告人李某、17 名客服人员。③被告人王某及被告人李某与所招聘的 17 名客服人员均为江某公司的职员,公诉人对该事实予以认可,即被告人王某及被告人李某与 17 名客服人员不存在上下级代理关系。④被告人李某具有如下量刑情节,具有坦白情节;无前科劣迹;犯罪时间短,未获非法利益;其犯罪行为情节较轻且李某儿子年幼需要照顾,请法庭考虑对李某适用缓刑。

法院判决及其理由

被告人王某、李某明知上饶市江某信息科技有限公司是 YH 赌博网站的总代理,以招聘业务员的名义发展下级代理,由下级代理引诱赌客在其代理网站注册会员、充值,参与赌博,其行为触犯了刑法,情节严重,构成开设赌场罪。公诉机关指控的罪名成立,法院予以支持。在共同犯罪中,被告人王某、李某分工合作,其中被告人李某主要负责招聘业务员,被告人王某负责对业务员进行引诱他人参与赌博的培训。二被告人均起主要作用,系主犯,故被告人王某的辩护人辩称被告人王某系从犯,该辩称理由法院不予采纳。被告人王某、李某明知上饶市江某信息科技有限公司是 YH 赌博网站的总代理,以招聘业务员的名义发展下级代理,再由下级代理提供网站接受赌客充值投注,其行为符合开设赌场罪的为赌博网站招募下级代理,由下级代理接受投注的情节严重行为,故被告人王某、李某的辩护人辩称王某、李某招聘的业务员,与上饶市江某信息科技有限公司系劳动合同关系,而非上下级代理关系,该辩称理由,法院不予采纳。被告人王某、李某被抓获归案后,如实供述自己罪行,依法具备可以从轻处罚情节。依照《刑法》第三百零三条第二款,第二十五条第一款,第二十六条第一款、第四款,第六十七条第三款,第七十二条第一款,第七十三条第二款、第三款之规定,判决如下:

(1)被告人王某犯开设赌场罪,判处有期徒刑 3 年,缓刑 4 年,并处罚金人民币 3 万元。

(2)被告人李某犯开设赌场罪,判处有期徒刑 3 年,缓刑 4 年,并处罚金人民币 3 万元。

案例评析

开设赌场罪是指客观上是否具有聚众赌博、开设赌场、以赌博为业的行为。开设赌场的主要方式有:①以营利为目的,以行为人为中心,在行为人支配下设立、承包、租赁专门用于赌博的场所。提供赌博用具让他人赌博的,其场所公开与否并不影响犯罪构成。②以营利为目的,在计算机网络上建立赌博网站,或者为赌博网站担任代理,接受投注的。

开设行为既包括开设临时性赌场,也包括开设长期性的赌场。明知他人开设赌场,而为其提供资金、计算机网络、通信、费用结算等直接帮助的,以开设赌场罪的共犯论处。

聚众赌博与开设赌场均有为赌博提供场所、赌具等物质便利条件的行为,两者的区别如下。

(1)聚众赌博的规模一般较小,赌头通常利用自己的人际关系在小范围内组织他人参赌,聚众赌博行为中其成员相对固定,同时赌头也参与赌博;开设赌场具有一定的规模,参赌的人员众多。内部有严密的组织和明确的分工,有赌场服务人员在赌场内负责收费、记账、发牌或洗牌,有专人望风,参赌人员由赌徒介绍或熟人带路,才能进入赌场参赌。

(2)聚众赌博一般具有临时性、短暂性的特点,组织参赌人员在一次赌博结束后,下一次赌博又需再次组织;开设赌场具有持续性和稳定性特点,只要在其经营时段内,赌博人员来到赌场均能进行赌博活动。

(3)赌具的提供,聚众赌博中的赌具有时由召集者提供,有时由参赌者自带;开设赌场中的赌具一般由赌场提供。

(4)聚众赌博的赌博方式一般由参赌人员临时确定;开设赌场的赌博方式具有多样性,一般由经营者事先设定,提供筹码,有时还有一定的赌博规程。

被告人王某、李某明知上饶市江某信息科技有限公司是 YH 赌博网站的总代理,以招聘业务员的名义发展下级代理,由下级代理引诱赌客在其代理网站注册会员、充值,参与赌博,其行为触犯了刑法,情节严重,构成开设赌场罪。

十、杜某金犯非法获取国家秘密罪

案号:(2015)普刑初字第74号

案情简介及控辩主张

被告人杜某金为在2014年6月15日贵州省普安县事业单位招考中被录取,与陈某宇(另案处理)联系并商谋在考试中作弊,杜某金帮陈某宇介绍考生,并根据陈某宇的安排携带作弊器材进入考场,将试卷扫描传输出来,陈某宇等人免费为杜某金提供作弊器材及考试答案。2014年6月12日、14日,陈某宇与梁某帅、侯某剑、郭某、何某龙(均另案处理)先后来到普安县县城组织开展作弊事宜,包括杜某金联系的孙某鹏等数十位考生与陈某宇签订了作弊协议,约定考生被相关单位录取后需向陈某宇等人支付报酬3万元至5万元不等,陈某宇等人提供作弊器材。2014年6月15日(考试当天),杜某金以考生身份携带微型照相机、无线传输设备等作弊器材进入普安县盘水镇某考场内,将试卷扫描传输出来,陈某宇通过网络"枪手",获取答案后,再将答案传输给携带作弊器材的考生。

被告人杜某金对指控事实提出"没有获取20%的费用的好处,只是免费获得考试作弊器材和答案"的辩解;同时提出"系初犯;是在陈某宇等人的授意下犯罪的;如实供述犯罪事实,自愿认罪,望从轻处罚"的辩护意见。

法院判决及其理由

被告人杜某金在贵州省普安县事业单位招考中,携带微型照相机、无线电通信等设备进入考场,用微型照相机扫描试卷并利用无线电通信设备将试卷发送出考场外的方式窃取考试试题,其非法获取国家秘密的行为已触犯《刑法》第二百八十二条第一款的规定,构成非法获取国家秘密罪。普安县人民检察院指控被告人杜某金犯非法获取国家秘密罪的指控事实清楚,证据确实充分,指控罪名成立,应予确认。在犯罪中,杜某金起次要作用,系从犯,依法应当从轻或者减轻处罚;杜某金归案后如实供述犯罪事实,认罪、悔罪,具有坦白情节,依法可从轻处罚。根据杜某金的犯罪性质、情节及案发后的悔罪表现,法院决定对其从轻处罚。杜某金所提"系初犯;是在陈某宇等人的授意下犯罪的；如实供述犯罪事实，自愿认罪，望从轻处罚"的辩护意见，经查，该辩解意见与案件事实及法律规定相符，法院予以采纳。普安县人民检察院的量刑建议与本案事实及法律规定相符，量刑建议适当，法院予以采纳。依照《中华人民共和国刑法》第二百八十二条第一款，第二十五条第一款，第二十七条，第六十七条第三款，第四十五条，第四十七条，第六十一条，第六十二条的规定，判决如下：

被告人杜某金犯非法获取国家秘密罪，判处有期徒刑 1 年。

案例评析

（1）本罪侵犯的客体是国家对国家秘密的管理制度。一切国家秘密都关系到国家的安全和人民的利益，而非法获取国家秘密直接破坏了国家对国家秘密的管理制度，严重威胁到国家的安全与人民的利益，因此刑法对此严加禁止。本罪的犯罪对象是国家秘密。按其重要性程度，国家秘密被分为绝密、机密和秘密三个等级，只要行为人非法获取三种国家秘密中任一种秘密，都足以构成本罪。

（2）本罪在客观方面表现为行为人以窃取、刺探、收买方法，非法获取国家秘密。行为人只要实施上述三种行为之一的，即可成立本罪，但对既窃取，又刺探、收买国家秘密的，也只能以本罪一罪论处。

（3）本罪的主体是一般主体，即已满16周岁并具刑事责任能力的自然人均可成为本罪主体。

（4）本罪在主观方面是故意，即行为人明知是国家秘密，且自己不应知悉该国家秘密，但仍故意非法获取。行为人出于何种目的实施该行为不影响本罪的构成，但如果行为人是为了将非法获取的国家秘密提供给境外的机构、组织或者人员，则不构成本罪，而成立为境外窃取、刺探、收买、非法提供国家秘密、情报罪。

（5）故意泄露国家秘密罪是指国家机关工作人员或者非国家机关工作人员违反保守国家秘密法，故意使国家秘密被不应知悉者知悉，或者故意使国家秘密超出了限定的接触范围，情节严重的行为。

涉嫌下列情形之一的，应予立案：①泄露绝密级国家秘密 1 项（件）以上的。②泄露机密级国家秘密 2 项（件）以上的。③泄露秘密级国家秘密 3 项（件）以上的。④向非境外机构、组织、人员泄露国家秘密，造成或者可能造成危害社会稳定、经济发展、国防安全或者其他严重危害后果的。⑤通过口头、书面或者网络等方式向公众散布、传播国家秘密的。⑥利用职权指使或者强迫他人违反国家保守秘密法的规定泄露国家秘密的。⑦以牟取私利为目的泄露国家秘密的。⑧其他情节严重的情形。

十一、王某甲犯非法侵入计算机信息系统罪

案号：（2016）豫 1623 刑初 278 号

案情简介及控辩主张

2015 年 7 月，被告人王某甲与乔某乙、王某丙预谋查询中国人民银行"征信查询系统"信息获利，后王某甲趁中国人民银行某县支行调研信息部主任郑某生查询征信时，偷偷记下了郑某生登录"征信查询系统"的账号和密码。被告人王某甲通过本人办公室的计算机登录成功后，伙同乔某乙、王某丙等人携带计算机，先后在中国人民银行淮阳县支行、中国人民银行商水县支行，通过网线、无线路由器链接中国人民银行内网，登录"征信查询系统"进行征信信息查询。

另查明，通过商水县支行 PBC×××××-user002（郑某生用户名）异常查询 1169 条（此 1169 条查询均为 3 次以上查询），根据《国家发展和改革委员会关于中国人民银行征信中心服务收费等有关问题的批复》个人柜台查询自身信用报告每年前 2 次免费；查询 3 次以上的，每次收取 25 元的规定。此事件造成中国人民银行商水县支行 29 225 元的查询费用未能收取。

法院判决及其理由

被告人王某甲违反国家规定，侵入国家事务领域的计算机系统，其行为已构成非法侵入计算机信息系统罪，公诉机关指控被告人王某甲犯非法侵入计算机信息系统罪罪名成立。被告人王某甲如实供述自己的罪行，系坦白，可以对其从轻处罚。对被告人王某甲判处缓刑对所居住的社区没有重大不良的影响。依照《中华人民共和国刑法》第二百八十五条第一款、第七十二条、第七十三条之规定，判决如下：

被告人王某甲犯非法侵入计算机信息系统罪，判处有期徒刑 6 个月，缓刑 1 年。

案例评析

根据《刑法》第二百八十五条的规定，违反国家规定，故意侵入国家事务、国防建设、尖端科学技领域的计算机信息系统的，应当立案。

本罪是行为犯，只要行为人违反国家规定，故意实施了侵入国家事务、国防建设、尖端科学技术领域计算机信息系统的行为，原则上就构成犯罪，应当立案追究。

本罪的设立是出于对国家事务、国防建设、尖端科学技术领域的计算机信息系统

安全的特殊保护。只有侵入这些领域的计算机信息系统,才构成犯罪。对侵入其他领域的计算机信息系统的,不以本罪论。虽然本罪是行为犯,但是对于情节显著轻微危害不大的,可以不以犯罪论处。

本案中,被告人王某侵入中国人民银行网络,侵犯了对于国家事务领域的计算机信息系统的特殊保护,应当予以立案追究。

十二、张某甲犯破坏计算机信息系统罪

案号:二审(2016)赣 09 刑终 171 号

案情简介及控辩主张

2015 年 10 月 10 日下午,被告人张某甲使用××黑客软件扫描到宜春市图书馆的服务器 IP,并获取了管理员账户和密码。然后,被告人张某甲通过自己的笔记本电脑系统自带的远程控制软件,输入宜春市图书馆 IP,用非法获得的管理员账号、密码登录该图书馆服务器,入侵后,被告人张某甲用管理员权限新建了一个名为 LJH 的账户,并改用新建账户登录,随后被告人张某甲将××黑客.rar 复制到该账户下的服务器桌面上,解压缩后运行该软件用来扫描其他服务器。

2015 年 10 月 11 日 14 时许,被告人张某甲再次通过 LJH 账户登录宜春市图书馆的服务器,通过网络下载并安装了 360 杀毒软件,使用 360 杀毒软件清理了之前运行××黑客软件时感染的病毒,同时也清除了大量系统文件,并于 15 时 27 分重启了服务器。之后,被告人张某甲又将另一黑客软件×××.rar 复制到 LJH 账户下的服务器桌面上,解压缩后运行该软件用来扫描其他服务器。

宜春市图书馆自动化集成系统在服务器重启后需人工加载多个程序才能正常使用,被告人张某甲在重启服务器后并未加载任何程序,且删除了大量系统文件,导致宜春市图书馆服务器连接的 21 台计算机和设备无法正常工作。

法院判决及其理由

原审法院认为:被告人张某甲违反国家规定,对计算机信息系统功能进行删除、干扰,造成计算机信息系统不能正常运行,后果严重,其行为构成破坏计算机信息系统罪。公诉机关指控的事实和罪名成立,法院予以支持。被告人张某甲当庭自愿认罪,可酌情从轻处罚,适当减少刑罚量。依照《刑法》第二百八十六条第一款的规定,判决:被告人张某甲犯破坏计算机信息系统罪,判处有期徒刑 9 个月。

二审法院认为,上诉人张某甲违反国家规定,实施对计算机信息系统功能删除、干扰等行为,造成计算机信息系统不能正常运行,后果严重,其行为构成破坏计算机信息系统罪。张某甲自愿认罪,酌情从轻处罚。原审判决根据张某甲犯罪的事实、犯罪的性质、情节和对于社会的危害程度在法定刑幅度量刑适当,故上诉人张某甲提出原审判决量刑过重的理由不能成立,法院不予采纳。原审判决认定事实清楚,证据确凿充分,定性准确,量刑适当,审判程序合法。依照《中华人民共和国刑事诉讼法》第二百二十五条第一款第(一)项之规定,裁定如下:

驳回上诉,维持原判。

案例评析

1. 本罪的概念及基本构成

根据2000年12月28日第九届全国人民代表大会常务委员会第十九次会议通过的《关于维护互联网安全的决定》第一条第(二)、(三)项,故意制作、传播计算机病毒等破坏性程序,攻击计算机系统及通信网络致使其遭受损害,以及违反国家规定,擅自中断计算机网路或者服务,造成计算机网路或者通信系统不能正常运行的,依照刑法的有关规定追究刑事责任。

本罪的构成要件:

(1)客体特征。破坏计算机信息系统罪侵犯的客体是国家对计算机信息系统的管理秩序,本罪的犯罪对象是计算机软件、信息数据和应用程序,即通过技术手段,非暴力地破坏计算机信息系统,从而影响计算机信息系统的正常运行。

(2)客观特征。本罪包括三种表现形式:①违反国家规定,对计算机信息系统功能进行删除、修改、增加、干扰,造成计算机信息系统不能正常运行,后果严重的行为。②违法国家规定,对计算机信息系统中存储、处理或者传输的数据和应用程序进行删除、修改、增加的操作,后果严重的行为。③制作、传播计算机病毒等破坏性程序,影响计算机系统的正常运行,后果严重的行为。

(3)主体特征。本罪的主体是一般主体。

(4)主观特征。破坏计算机信息系统罪的主观方面是故意,即行为人明知会破坏计算机信息系统安全,仍然实施破坏系统功能、程序以及编写、传播病毒的行为,并且希望或放任这种危害后果的发生。过失不构成本罪。

2. 对"后果严重"如何认定

本罪是实害犯,其重要构成要件之一就是"造成严重后果",没有发生严重后果的,不能认定为犯罪。据此,本罪不存在预备犯、未遂犯和中止犯三种犯罪未完成形态。

因为在没有发生严重后果的情况下,认定行为人主观方面的罪过形式存在一定的难度,容易将技术水平不高或操作失误的行为作为犯罪来处理,可能会扩大打击面。

但是何谓后果严重,尚未有司法解释作出明确界定。不少学者从刑法理论联系司法实践分析,认为主要是指如下情形:①致使计算机信息系统功能部分或全部遭到破坏的。②修复被破坏的系统功能耗资较大、耗时较长。③严重影响工作、生产、经营,给被害单位和个人造成较大经济损失,等。

本案中,被告人张某明知他的行为会破坏计算机信息系统安全,仍然实施破坏系统功能、程序以及编写、传播病毒的行为,并且希望或放任这种危害后果的发生,最后通过技术手段,导致宜春市图书馆计算机系统大量文件被删除,服务器连接的 21 台计算机和设备无法正常工作。修复被破坏的系统功能耗资较大、耗时教长,后果严重,构成本罪。

十三、蔡某勇犯非法利用信息网络罪

案号:(2016)浙 0703 刑初 314 号

📖 案情简介及控辩主张

2016 年 4 月 20 日上午,被告人蔡某勇受"王某"(身份不详)指使,雇用李某驾驶的浙 B××××号小型轿车,携带"伪基站"设备,在金华市金东区塘雅镇、曹宅镇地域内向不特定多数人发送带有虚假链接的诈骗短信。"伪基站"设备显示发送信息 1 万余条。经查,该设备在上述时段共造成周边 3561 个移动用户短暂出现通信中断。经浙江省金华无线电监测站检测,该"伪基站"设备发射频率为 945MHz,为中国移动通信公司使用频率。

案发后,作案工具"伪基站"设备 1 套及金色华为手机、金色三星手机、银色诺基亚手机各 1 只,被公安机关扣押。

📖 法院判决及其理由

被告人蔡某勇伙同他人,使用"伪基站"设备,利用信息网络为实施诈骗活动发送信息,情节严重,其行为已构成非法利用信息网络罪,系共同犯罪,依法应当追究刑事责任。被告人蔡某勇因前罪被判处有期徒刑,在刑罚执行完毕后 5 年内又犯应当判处有期徒刑以上刑罚之罪,系累犯,依法应当从重处罚。公诉机关指控的事实清楚,罪名成立,适用法律正确,法院依法予以支持。被告人蔡某勇当庭自愿认罪,法院酌情从轻处罚。供犯罪所用的作案工具依法予以没收。综合本案犯罪手段、社会影响、造成的后果等情节,依照《中华人民共和国刑法》第二百八十七条之一第一款、第二十五条第一款、第六十五条第一款、第五十二条、第五十三条、第六十四条之规定,判决如下:

(1)被告人蔡某勇犯非法利用信息网络罪,判处有期徒刑 10 个月,并处罚金人民币 5000 元。

(2)扣押在案的"伪基站"设备 1 套,手机 3 只由扣押机关予以没收。

案例评析

非法利用信息网络罪,是指利用信息网络设立用于实施诈骗、传授犯罪方法、制作或者销售违禁物品、管制物品等违法犯罪活动的网站、通信群组,或发布有关制作或者销售毒品、枪支、淫秽物品等违禁物品、管制物品或者其他违法犯罪信息,或为实施诈骗等违法犯罪活动发布信息,情节严重的行为。本罪是《刑法修正案》(九)第二十九条新增加的罪名。

(1)主体。本罪主体为一般主体。即年满 16 周岁具有刑事责任能力的自然人,单位也可构成本罪。

(2)主观方面。本罪在主观方面只能由故意构成,过失不构成本罪。

(3)客体。本罪侵犯的客体是有关国家网络安全的管理制度。

(4)客观方面。本罪客观方面表现在利用电子信息传输的通道实施违法犯罪活动,情节严重的行为。主要表现在三个方面:①设立用于实施诈骗、传授犯罪方法、制作或者销售违禁物品、管制物品等违法犯罪活动的网站、通信群组的;②发布有关制作或者销售毒品、枪支、淫秽物品等违禁物品、管制物品或者其他违法犯罪信息的;③为实施诈骗等违法犯罪活动发布信息的。

传授犯罪方法是指利用网络故意向他人传授实施犯罪的具体经验和技能的行为。违禁物品是指国家规定限制生产、购买、运输和持有的枪支弹药、刀具、爆炸物品、剧毒化学品、窃听窃照专用器材、迷药、毒品等。管制物品是指国家禁止携带或出售的一切危害公共安全的非法物品。

本罪是结果犯,需要达到"情节严重"才构成本罪,何为"情节严重",有待于法律或司法解释作出明确的规定。犯本罪同时又构成其他犯罪的(例如诈骗罪、传授犯罪方法罪、贩卖毒品罪、传播淫秽物品牟利罪),属于想象竞合犯,择一重罪处罚。

在本案中,被告人蔡某勇伙同他人,使用"伪基站"设备,利用信息网络为实施诈骗活动发送信息,符合本罪客观方面的构成要件,同时,该行为造成周边 3561 个移动用户短暂出现通信中断,可以认定为情节严重,可以非法利用信息网络罪定罪处罚。

十四、任某某、王某某犯聚众扰乱社会秩序罪

案号：（2016）晋 0925 刑初 9 号

案情简介及控辩主张

被告人任某某与王某某均为宁武县新堡乡某村人。因煤矿整合前原煤矿承诺给某村村民发放白面、大米、电费。2014 年 10 月 30 日至 11 月 5 日，吕某娃（已病逝）组织某村村民以向山西汾西某煤业有限公司昌元煤矿索要白面、大米、电费、炭、污染费为由，到昌元煤矿火区和塌陷区综合治理项目部二工区、三工区出口处阻拦运煤车辆通行，开始村民集体堵路，因天气寒冷，拦路村民便在路中间生起旺火、搭起帐篷。11 月 4 日拦路村民分作 4 个组轮流日夜值守，后新堡乡政府让某村村支书吕某生协调，昌元煤矿项目部支付村委 4 万元。11 月 5 日，拦路村民撤离现场，任某某与王某某向吕某生领取 4 万元，任某某按照记录向参与拦路的村民发放。被告人任某某在拦路过程中，参与 7 日，并参与拦路人员分组和负责登记夜间参与人员，组织发放因堵路向矿方索要的 4 万元。被告人王某某在拦路过程中，参与 7 日，并参与部分拦路人员分组和登记。经忻州市物价局价格认证中心鉴定，山西汾西某煤业火区、塌陷区综合治理项目部（二工区、三工区）的施工车辆、机械因停运停工损失价值为 8 975 400 元。

被告人任某某的辩护人提出的辩护意见：①因无山西汾西某煤业有限公司昌元煤矿火区和塌陷区综合治理工商登记和审批文件时间效力证明，并且施工承包合同为自然人签订，故山西汾西某煤业有限公司昌元煤矿火区和塌陷区综合治理不合法。②因施工承包合同发包方应为山西汾西某煤业有限公司，承包方应为有资质的法人机构，但该合同主体双方为自然人，故施工承包合同为无效合同。③鉴定书缺鉴定人张某的鉴定师印章，鉴定书未区分直接损失和间接损失，鉴定依据的停运车辆无相应证据证实，且鉴定依据的停运车辆与设计批复确定的数量差距太大。④任某某因吕某娃的胁迫参与堵路。⑤任某某登记出勤和发放"辛苦费"是受村支书吕某生委派，属事后行为。⑥汾西某煤业有限公司有严重过错，村民索要拖欠炭、白面等款物手段过激，应减轻处罚。

法院判决及其理由

被告人任某某、王某某在山西汾西某煤业有限公司昌元煤矿火区和塌陷区综合治理项目部二工区、三工区积极参与阻拦施工车辆和机械施工，致使山西汾西某煤业有

限公司昌元煤矿火区和塌陷区综合治理项目部工作无法进行,给企业造成严重损失,任某某、王某某之行为构成聚众扰乱社会秩序罪。对辩护人提出的第一点辩护意见,因山西汾西某煤业有限公司昌元煤矿火区和塌陷区综合治理经省市县三级批准同意,故对此辩护意见不予支持。对辩护人提出的第二点辩护意见,因该合同的民事法律效力与本案认定事实无关,故不予支持。对辩护人提出的第三点辩护意见,因鉴定书附有鉴定人员相关资质证明,且鉴定需要专业知识而被告人未申请重新鉴定,故对此辩护意见不予支持。对辩护人提出的第四、五、六点辩护意见,因与查明事实和相关证据不符,故不予支持。据此,依照《刑法》第二百九十条之规定,判决如下:

(1) 被告人任某某犯聚众扰乱社会秩序罪,判处有期徒刑 1 年。

(2) 被告人王某某犯聚众扰乱社会秩序罪,判处有期徒刑 10 个月。

案例评析

聚众扰乱社会秩序罪,是指聚众扰乱社会秩序,情节严重,致工作、生产、营业和教学、科研、医疗无法进行,造成严重损失的行为。

(1) 本罪的主体是一般主体。但并非一切聚众扰乱社会秩序的人都能构成本罪,构成本罪的只能是扰乱社会秩序的首要分子和其他积极参加者。所谓首要分子,即在扰乱社会秩序犯罪中起组织、策划、指挥作用的犯罪分子。所谓其他积极参加者,是指除首要分子以外的在犯罪活动中起主要作用的犯罪分子。对于一般参加者,只能追究其行政责任,不是本罪主体。

(2) 本罪在主观方面只能由故意构成。行为人往往企图通过这种扰乱活动,制造事端,给机关、单位与团体施加压力,以实现自己的某种无理要求或者借机发泄不满情绪。由于本罪是聚众性犯罪,因而进行扰乱活动必须基于众多行为人的共同故意。这种共同故意并不要求行为人之间的故意联系十分紧密,只要行为人明确自己以及他人是在实施扰乱国家机关、企事业单位与人民团体的工作秩序的行为即可,并不要求各行为人的犯罪目的或犯罪动机完全一样。

(3) 本罪的立案标准。行为人有聚众扰乱社会秩序的行为,是构成本罪的关键。此处必须同时符合两点:①有扰乱社会秩序的行为,即干扰和破坏党政机关、企事业单位或人民团体正常的工作、生产、营业和教学、科研秩序。②扰乱社会秩序的行为必须是以聚众的方式实施的,即纠集三人以上有组织、有计划地进行扰乱。至于扰乱过程中是否使用暴力,不影响本罪的成立。

聚众扰乱社会秩序,必须是情节严重,致使工作、生产、营业和教学、科研无法进行,造成严重损失,方能构成本罪。情节严重,实践中一般可从扰乱时间的长短、聚众人数多少、扰乱的对象的性质和侵害后果是否严重等予以认定。

(4) 本罪与聚众冲击国家机关罪的界限。聚众冲击国家机关的行为原本属于扰乱社会秩序的行为的一种,本法鉴于国家机关正常活动对于维护社会稳定的重要性,将其单独规定为一罪。两罪的犯罪客体不同。本罪客体是企事业单位、社会团体的正常活动秩序。聚众冲击国家机关罪的客体是国家机关的正常活动;两罪的犯罪对象不同,聚众冲击国家机关的犯罪对象仅限于各级各类国家机关,本罪的犯罪对象是国家机关以外的其他企事业单位、社会团体。

本案中,被告人任某某与王某某积极参与阻拦施工车辆和机械施工,致使山西汾西某煤业有限公司昌元煤矿火区和塌陷区综合治理项目部工作无法进行,给企业造成严重损失,影响企业正常的工作、生产、营业。任某某、王某某属于扰乱社会秩序的首要分子和其他积极参加者,理应受到刑事处罚。法院在判决中对于辩护人辩护意见的采纳情况的阐述也并无不当,即使合同无效,也属于民事纠纷,与本案的刑事并无关系。

十五、马某甲、周某某、马某乙犯聚众冲击国家机关罪

案号:(2016)豫 1102 刑初 7 号

案情简介及控辩主张

2012 年 7 月 7 日 17 时许,漯河市公安局干河陈分局大学路社区警务大队民警杨某、肖某在处理王某某涉嫌寻衅滋事一案时,王某某亲属被告人马某甲、周某某、马某乙等数十人赶到大学路警务大队。期间,民警杨某、肖某等人为防止村民影响办公,锁住了大学路警务大队铁门。后马某甲、周某某以民警殴打王某某为由,鼓动村民强行撞开大学路警务大队铁门。马某甲、周某某、马某乙等人冲进值班室,对民警杨某、肖某进行推搡、殴打致轻微伤。后以到漯河市公安局说理为由将杨某拖拽至马某乙的面包车上,强行将杨某拉至漯河市公安局。

2015 年 1 月 6 日,马某甲、周某某、马某乙到漯河市公安局干河陈分局投案。

三被告人均对指控的事实无异议,当庭自愿认罪。

法院判决及其理由

被告人马某甲、周某某、马某乙聚众冲击国家机关,致使国家机关工作无法进行,其行为均已构成聚众冲击国家机关罪。公诉机关指控罪名成立,法院予以支持。马某甲、周某某、马某乙自动投案,如实供述犯罪事实,系自首,依法可以从轻处罚。三被告人积极赔偿二被害人损失,并取得二被害人的谅解,可酌情从轻处罚。三被告人确有

悔罪表现,可以适用缓刑。经法院审判委员会讨论决定,依照《刑法》第二百九十条第二款、第六十七条第一款、第七十二条第一款之规定,判决如下:

(1) 被告人马某甲犯聚众冲击国家机关罪,判处有期徒刑 1 年,宣告缓刑 1 年。

(2) 被告人周某某犯聚众冲击国家机关罪,判处有期徒刑 1 年,宣告缓刑 1 年。

(3) 被告人马某乙犯聚众冲击国家机关罪,判处有期徒刑 1 年,宣告缓刑 1 年。

案例评析

聚众冲击是指在首要分子纠集下,多人强行冲闯国家机关门禁,另外,行为人聚众冲击的是国家机关而不是一般的社会组织,根据《刑法》第二百九十条的规定,聚众冲击企事业单位、社会团体的,构成聚众扰乱社会秩序罪。对于数个国家机关在同一处所办公,行为人聚众冲击其中之一而致其他国家机关无法工作,造成严重损失的,符合一罪特征,但应将其他机关遭受损失的情况作为量刑情节予以考虑,行为人出于一个概括的故意,连续冲击数个国家机关的,应以连续犯处断,即只定一罪,但行为人造成的损失量刑时要予以考虑。

客观方面必须因聚众冲击国家机关致使国家机关无法正常工作,造成严重损失。损失包括有形的财产利益损失和无形的政治利益、社会公共利益损失两方面。财产利益损失是指因行为人的行为直接造成国家机关所有或管理使用中的财产的毁损灭失加行为人捣毁的办公设备等,或者因国家机关无法工作而使具体管理事项的相对人蒙受的物质利益损失。

组织、带头聚众冲击国家机关的首要分子和积极参加者才构成本罪,其他参与者则不构成犯罪。

本罪与妨害公务罪的界限。区别主要在于行为对象和行为方式不同,聚众冲击国家机关罪的对象是国家机关,限于聚众冲击的方式;而妨害公务罪的对象是正在依法执行职务的国家机关工作人员,不限于聚众的方式。从实质上讲,聚众冲击国家机关罪妨害的是国家机关的工作秩序,而妨碍公务罪所针对的是国家机关工作人员的具体职务活动。

十六、刘某发犯聚众扰乱交通秩序罪

案号:(2016)藏 0201 刑初 15 号

案情简介及控辩主张

被告人刘某发以工头身份与其工人邹某某、罗某乙、粟某某、青某某、茶某甲、茶某乙、罗某甲、崔某某一同在西藏日喀则市桑珠孜区江当乡某村"国家电网基础工程"建设施工期间,与湖南省某电力建设有限公司及其负责人彭某某因发放民工工资一事产生纠纷,之后在2015年9月2日该工程项目部以及相关单位专程派工作人员欲通过协商途径解决此事,但未果,于是,当天双方协商并确定在第二天下午17时之前结算工人工资。就在2015年9月3日早晨9时30分许,被告人刘某发及其工人等待公司负责人前来结算工资,可彭某某称所报工资表与实际不符,要核对工人实际出工天数,当核对完2~3人时被告人刘某发上前阻止继续核对,并要求先结算自己所得工资后,方能结算、发放其他民工工资,对此,双方再次发生激烈争执,再也无法达成一致协议。于是,当晚被告人刘某发组织、怂恿其工人青某某、茶某甲、茶某乙、罗某甲、崔某某、罗某乙、邹某某、粟某某等人走上318国道江当乡人民政府门口段,采取手牵手站立方式一字排开形成人墙等极端方式无理阻拦过往车辆,并且不听现场执法人员劝阻,导致交通堵塞时间长达近1个小时,致使双向几十辆过往车辆在此被迫滞留,造成318国道江当乡人民政府段交通秩序严重混乱。

被告人刘某发对公诉机关指控的犯罪事实、罪名供认不讳,未作辩解。其辩护人提出对公诉机关指控的罪名没有异议。

辩护人提出以下辩护意见:①被告人刘某发与湖南省某电力建设有限公司及其老板彭某某在江当乡某村工程上的民工工资问题产生纠纷时未能妥善解决问题,事出有因。②被告人刘某发自本案侦查直至法庭审理对于自己的犯罪行为坦白认罪,在抓捕过程中就地伏法,没有阻碍、抗拒。③之前无犯罪记录,系初犯。④其与妻子已经离异,父母年事已高,刘某发一旦判决入狱,仅5岁的儿子无人抚养,建议法庭对被告人刘某发予以从轻或者减轻处罚,并判处缓刑。

📖 法院判决及其理由

被告人刘某发作为进藏施工人员,其与工人在西藏日喀则市桑珠孜区江当乡某村"国家电网基础工程"建设施工期间与湖南省某电力建设有限责任公司及其负责人彭某某之间因发放民工工资一事产生纠纷,本应通过合法途径解决问题,但其向相关单位及个人施加压力以达到尽快解决讨薪目的,竟组织、怂恿其工人积极参与其中并聚众堵塞交通、破坏交通秩序,不听现场执法人员劝阻,致使318国道江当乡人民政府门口段交通秩序严重混乱,其行为触犯了刑律,已构成聚众扰乱交通秩序罪。应处以五年以下有期徒刑、管制或者拘役。公诉机关指控的罪名成立,法院予以支持。其辩护人提出的被告人认罪态度好,引发本案事出有因,系初犯,对其从轻处罚的辩护意见符合本案事实,法院予以采纳,但对其不能适用缓刑。鉴于,被告人刘某发当庭自愿认

罪,悔罪表现较好,并考虑其目前的家庭状况,法院对其酌情从轻处罚。依照《刑法》第二百九十一条之规定,判决如下:

被告人刘某发犯聚众扰乱交通秩序罪,判处有期徒刑 9 个月。

案例评析

根据《刑法》第二百九十一条之规定,聚众扰乱交通秩序罪是指聚众堵塞交通或者破坏交通秩序,抗拒阻碍国家治安管理工作人员依法执行职务,情节严重的行为。可见,只有相关扰乱行为达到"情节严重"的程度才能构成该罪,且由于该罪属于聚众型犯罪,仅处罚起组织、策划、指挥作用的首要分子,所以如何理解本罪中的"首要分子"直接关系到本罪的适用。

1. 关于聚众扰乱交通秩序罪中"首要分子"的司法认定

聚众型犯罪是在首要分子的纠集下实施的一种犯罪类型,参与聚众型犯罪活动的人员可以分为三类,即除了首要分子外,还包括积极参与者和一般参与者。

根据《刑法》第九十七条之规定,聚众犯罪中的首要分子是指在犯罪中"起组织、策划、指挥作用的犯罪分子"。"组织",是指采用拉帮结派、煽动教唆等方式使他人产生冲动、狂热情绪,并借此将其纠集在一起。"策划"是指在聚众犯罪活动具体实施之前,对犯罪时间地点确定犯罪采取的手段、各参与人员的分工等犯罪方案进行谋划的活动。"指挥"则是在犯罪实施之前和实施过程中统率调度、协调指使,其在聚众犯罪中处于核心地位。"组织、策划、指挥"为选择性要件,只需具备其中之一即可认定为"首要分子"。

就本案而言,扰乱交通秩序的犯意发起者为被告人刘某发,其组织、怂恿其工人积极参与其中并聚众堵塞交通、破坏交通秩序,应当认定为"组织者"。故刘某发应当认定为本案聚众犯罪中的"首要分子",符合聚众扰乱交通秩序罪的主体特征。

2. 关于聚众扰乱交通秩序罪中"情节严重"的司法认定

根据《刑法》第二百九十一条规定,聚众扰乱交通秩序罪的客观要件中包含两类行为:①聚众堵塞交通或者破坏交通秩序,即纠集多人堵塞交通道路使往来车辆、行人不能顺利通过,或者故意以其他方法破坏正常的交通秩序,妨碍车辆、行人通行安全和便利。②抗拒、阻碍国家治安管理工作人员依法执行职务,即抗拒、阻碍依法执行治安管理职务的警察或其他国家机关工作人员依法维护交通秩序的行为。上述两种行为必须同时具备,方可构成犯罪。

"情节严重"是一种概括性的定罪情节。由于立法以及相关司法解释对"情节严重"的认定标准未作出明确规定,司法实践中办案人员往往是通过对犯罪主体、主观恶性、侵害客体、客观行为等内容的综合分析,判断个案中的情节是否足以严重到应受刑事处罚的违法性程度。在聚众扰乱交通秩序案件中,比较通行的做法是,对具有交通堵塞严重、持续时间长、聚集人数多、社会影响恶劣、公私财产损失大、发生人员伤亡等情形的,都可以认定为聚众扰乱交通秩序罪中的"情节严重"。当然,具体个案中还应当根据个案的特殊情况进行个性化和综合性的分析。

本案中,被告人刘某发等人采取手牵手站立方式一字排开形成人墙等极端方式无理阻拦过往车辆,并且抗拒、阻碍依法执行治安管理职务的警察依法维护交通秩序,导致交通堵塞时间长达近 1 个小时,致使双向几十辆过往车辆在此被迫滞留,造成 318 国道江当乡人民政府段交通秩序严重混乱,可以认定为情节严重,应当受到刑事处罚。

十七、王某甲犯编造、故意传播虚假恐怖信息罪

案号:(2016)鲁 02 刑终 240 号

案情简介及控辩主张

2014 年 2 月至 2015 年 4 月 1 日期间,被告人王某甲以其上访诉求的问题得不到满意答复为由,多次给信阳某派出所袁某的手机发短信称要"报复社会""到公安局附近学校、托儿所杀人"等信息,并拨打青岛市政务热线称要报复社会,从 3 月 21 日起最少杀 10 个人,致使青岛市公安局黄岛分局珠山派出所协同珠山教育办、辖区汇文小学(原人民路小学)、珠山小学、双珠幼儿园、精华幼儿园等,采取上学、放学时间增派警力加强安保,相关学校加强安保巡逻等措施,确保孩子的人身安全。

2015 年 4 月 1 日上午,被告人王某甲再次给袁某发信息称要报复社会,要讨个公道。信阳边防派出所遂安排民警对王某甲跟踪监视,发现王某甲在青岛市公安局黄岛分局及汇文小学附近转悠,并到汇文小学对面的"隆鑫交电"店内以削苹果为由欲购买刀具。中午 12 时许,王某甲再给袁某发信息称"我去黄岛杀人可以吧?""我现在去报复社会杀人……"等。12 时 50 分左右,王某甲在黄岛区第二中医医院附近乘坐出租车,去向不明。信阳边防派出所遂将此情况汇报青岛市公安局黄岛分局指挥中心,指挥中心紧急指令城区各派出所安排警力对各辖区学校、幼儿园进行安全保卫并全力查找王某甲,后在汇文小学西侧将其抓获。

法院判决及其理由

原审法院认为,被告人王某甲编造恐怖信息,严重扰乱社会秩序,其行为构成编造

虚假恐怖信息罪。被告人王某甲具有坦白情节,系初犯,依法从轻处罚。依据《刑法》第二百九十一条之一、第六十七条第三款、第四十五条、第四十七条,《最高人民法院关于审理编造、故意传播虚假恐怖信息刑事案件适用法律若干问题的解释》第一条、第二条第(五)项之规定,以编造虚假恐怖信息罪,判处被告人王某甲有期徒刑一年零六个月。

二审请求情况:

上诉人王某甲的上诉理由是,原审判决量刑过重。辩护人的主要辩护意见是,一审判决认定上诉人王某甲犯编造虚假恐怖信息罪确有错误,适用法律不当,上诉人王某甲无罪。

二审审理查明上诉人王某甲犯编造虚假恐怖信息罪的事实和证据与一审一致。

原审判决认定上诉人王某甲犯编造虚假恐怖信息罪的事实清楚,证据确实、充分,定性准确,量刑适当,审判程序合法。关于辩护人所提一审判决认定上诉人王某甲犯编造虚假恐怖信息罪确有错误,适用法律不当,上诉人王某甲无罪的辩护意见,经查,上诉人王某甲因其上访诉求得不到满意答复,多次给青岛市公安局黄岛分局信阳边防派出所袁某发短信称要"报复社会""到公安局附近学校、托儿所杀人"等信息,并拨打青岛市政务热线称要报复社会,最少杀 10 个人,致使青岛市公安局黄岛分局下属 6 个派出所出动 20 余部警车、60 余名警力,对辖区相关小学、幼儿园加强安保巡逻。上诉人王某甲的行为造成了相关小学、幼儿园老师、学生家长的恐慌,致使公安机关采取紧急应对措施,严重扰乱了社会秩序,其行为构成编造虚假恐怖信息罪。原审判决定性准确,适用法律正确。对该辩护意见不予采纳。关于上诉人王某甲所提原审判决量刑过重的上诉理由,经查,《刑法》第二百九十一条之一规定,编造虚假恐怖信息的,处五年以下有期徒刑、拘役或者管制。原审法院根据其犯罪的事实、性质、情节、对社会的危害程度及坦白、初犯等情节,判处其有期徒刑一年零六个月,量刑适当。对该上诉理由不予采纳。依照《中华人民共和国刑事诉讼法》第二百二十五条第一款第(一)项之规定,判决如下:

驳回上诉,维持原判。

案例评析

本罪侵犯的客体是正常的社会秩序,《刑法》第二百九十一条之一对"恐怖信息"只是一种列举性规定,并不意味恐怖信息仅限于"爆炸威胁、生化威胁、放射威胁"这三类信息。只要能使人产生恐惧并在一定范围内引起公众恐慌,严重扰乱社会秩序的虚假信息,都应属于恐怖信息的范畴。

编造爆炸威胁、生化威胁、放射威胁等恐怖信息,或者明知是编造的恐怖信息而故意传播,严重扰乱社会秩序的,应当立案。

编造的虚假恐怖信息,必须经过传播出去,让公众知道,才能制造恐怖气氛,引起恐怖,进而扰乱社会秩序。只有编造行为,如果未传播出去,则不能构成本罪。但是,构成本罪,并不要求行为人既有编造行为,又有传播行为。

本案中,被告人王某甲多次给派出所袁某发短信称要"报复社会杀人"等信息,致使多个派出所出动 20 余部警车、60 余名警力,对辖区相关小学、幼儿园加强安保巡逻。王某甲的行为造成了相关小学、幼儿园老师、学生家长的恐慌,致使公安机关采取紧急应对措施,严重扰乱了社会秩序,构成本罪。

十八、杨某、马某等人犯寻衅滋事罪

案号:(2016)赣 0702 刑初 198 号

案情简介及控辩主张

2016 年 3 月 18 日 0 时许,在赣州市章贡区水南镇娱乐城某歌厅楼下,因乘坐电梯,被告人杨某等人与郑某甲等人发生冲突。之后,被告人杨某伙同被告人马某、邦某、新某追打被害人丁某、熊某、郑某甲、郑某乙、袁某。被告人杨某还殴打被害人朱某甲。当公安民警章某带领协警赖某、邹某、朱某乙等人到达现场后,立即表明身份。但被告人杨某、马某、邦某、新某拒不听从警察的劝阻和制止,继续殴打被害人郑某乙,并与现场民警发生冲突,推搡、殴打民警,抢夺警棍。在此过程中,被告人杨某持扁担击打被害人郑某乙头部,并在现场叫嚣。之后,赣州市公安局章贡分局水南派出所调集警力增援,将被告人杨某、马某、邦某、新某抓获归案。经法医检验,被害人朱某乙、邹某、赖某、周某、郑某乙、郑某甲、丁某、袁某的伤情均为轻微伤。

被告人杨某在法庭上提出的辩解意见:他只殴打了被害人周某,没有殴打警察和其他被害人。

被告人马某、邦某、新某在法庭上提出的辩解意见:他们没有殴打被害人和警察。

辩护人在法庭上提出的辩护意见:①四名被告人没有暴力袭击依法执行职务的警察。②被害人丁某、熊某、郑某甲等人挑起事端,存在过错。

法院判决及其理由

被告人杨某、马某、邦某、新某结伙随意殴打他人,且暴力袭击依法执行职务的人民警察,情节恶劣,其行为均已构成寻衅滋事罪,应依法惩处。公诉机关指控被告人杨某、马某、邦某、新某犯寻衅滋事罪的罪名成立。

关于辩护人在法庭上提出的被害人存在过错的辩解意见。现有证据既不能证明郑某乙、丁某、熊某等被害人挑起事端,也不能证明本案被害人对被告人杨某、马某等人造成人身或财产损害。法院对这一辩护意见,不予采纳。

公诉机关在法庭上提出对本案被告人在二年以上四年以下有期徒刑幅度内的量刑意见恰当,法院予以采纳。

据此,法院为维护社会管理秩序,依照《刑法》第二百九十三条第一款、第二十五条第一款之规定,判决如下:

(1) 被告人杨某犯寻衅滋事罪,判处有期徒刑 2 年零 6 个月。

(2) 被告人马某犯寻衅滋事罪,判处有期徒刑 2 年。

(3) 被告人邦某犯寻衅滋事罪,判处有期徒刑 2 年。

(4) 被告人新某犯寻衅滋事罪,判处有期徒刑 2 年。

案例评析

本罪为 2011 年 2 月 25 日全国人大常委会《中华人民共和国刑法修正案(八)》第四十二条所修订。本次修订增设了第二款,将本罪的法定最高刑提高至十年有期徒刑,并在原第一条第(二)项中增加了"恐吓他人"的规定。

刑法将寻衅滋事罪的客观表现形式规定为四种:①随意殴打他人,情节恶劣的。②追逐、拦截、辱骂、恐吓他人,情节恶劣的。③强拿硬要或者任意损毁、占用公私财物,情节严重的。④在公共场所起哄闹事,造成公共场所秩序严重混乱的。

在结伙寻衅滋事中,"组织、领导犯罪集团进行犯罪活动的或者在共同犯罪中起主要作用的,是主犯。主犯应当按照其参与的或者组织、指挥的全部犯罪处罚"。可见,主犯应对在他指挥下的犯罪及其后果承担全部责任,但对超出他的指挥范围的犯罪,一般不能要求其承担责任。

本罪与聚众扰乱社会秩序罪、聚众扰乱公共场所秩序罪的界限,三者都是破坏公共秩序的犯罪,但存在明显区别。

(1) 犯罪动机不同。寻衅滋事罪是为了满足耍威风、取乐等不正常的精神刺激或其他不健康的心理需要;后两者的犯罪动机是为了实现个人的某种不合理要求,用聚众闹事的形式,扰乱机关、团体、单位的正常秩序,或者扰乱公共场所秩序或交通秩序,对有关单位、机关、团体乃至政府施加压力。

(2) 犯罪形式不同。寻衅滋事罪不要求聚众,后两者必须是多人以聚众形式出现。

（3）客观方面不同。寻衅滋事罪在客观方面表现为随意殴打他人，情节恶劣的行为，或者追逐、拦截、辱骂、恐吓他人，情节恶劣的行为，或者强拿硬要或者任意毁损、占用公私财物，情节严重的行为，或者在公共场所起哄闹事，造成公共场所秩序严重混乱的行为；后两者在客观方面表现为聚众冲击国家机关、企事业单位、人民团体或者扰乱公共场所秩序、交通秩序，情节严重的行为。

（4）犯罪主体不同。寻衅滋事罪的所有参与者都要以本罪追究刑事责任；后两者只追究首要分子和积极参加者的刑事责任。

成立本罪有"情节恶劣"的要求。情节是否恶劣，应围绕法益受侵害或者威胁的程度作出判断。例如，随意殴打行为造成轻微伤或者轻伤的，随意殴打他人手段恶劣、残忍的，随意使用凶器殴打他人的；纠集多人随意殴打他人的，多次随意殴打他人或者一次随意殴打多人的，随意殴打残疾人、儿童等弱势群体的，均宜认定为情节恶劣。但须注意的是，不能将殴打他人的"随意性"本身评价为情节恶劣；只有当殴打行为同时具备随意性与恶劣性时，才能以寻衅滋事罪论处。

本案中，被告人杨某、马某、邦某、新某结伙随意殴打他人，符合寻衅滋事罪的客观表现形式中的第一款，随意殴打他人，同时，造成被害人朱某乙、邹某、赖某、周某、郑某乙、郑某甲、丁某、袁某轻微伤，符合情节恶劣的要求，综上，被告人杨某、马某、邦某、新某构成寻衅滋事罪。

十九、胡某犯传授犯罪方法罪

案号：（2016）冀 1121 刑初 155 号

案情简介及控辩主张

被告人胡某于 2013 年 6 月 9 日至 2014 年 6 月 8 日，与某网站地方频道签订共建合作协议，代理《社会与法》栏目的广告业务。后其产生利用该栏目的影响力，招揽他人假冒该栏目新闻工作者敲诈有污染问题的小企业、小作坊的想法，后经人介绍与陈某甲（已判刑）相识。其先后为陈某甲办理了某法务网虚假工作证及某网站地方频道虚假新闻工作证，向陈某甲传授如何敲诈有污染问题的企业主的方法，并带领陈某甲实地演练。陈某甲学会后，便按约定向胡某每 3 个月交纳"份子钱"1 万元，共交纳 2 次，合计人民币 2 万元。陈某甲则利用上述所学方法，多次参与敲诈勒索作案。2013 年 5 月，陈某甲曾参与对正定县两家企业的敲诈，获人民币 700 元。后陈某甲纠集魏某(已判刑)充当司机,陈某丙及陈某乙(均已判刑)假冒实习生共同实施作案:2013年11月至2014年3月,先后对枣强县恩察镇及枣强镇、盐山县国庄开发区、南皮县吴家坊开发区境内的几家企业,采取上述所学方法实施敲诈勒索作案9次,涉案金额人民币16 950元。

案发后,被告人胡某于2015年9月21日自动到枣强县公安局投案,并如实供述了自己的犯罪事实。在本案审理期间,其交出全部违法所得人民币2万元。

被告人胡某对起诉书指控的犯罪事实供认不讳。

法院判决及其理由

被告人胡某以语言等方式,将实施犯罪的具体经验、技能传授给他人,其行为已构成传授犯罪方法罪。公诉机关指控罪名成立。鉴于其具有自首情节,依法可从轻处罚;其在本案审理期间交出违法所得,又可酌情予以从轻处罚。依照《刑法》第二百九十五条,第六十七条第一款,第七十二条第一款,第七十三条第二、三款之规定,判决如下:

被告人胡某犯传授犯罪方法罪,判处有期徒刑1年零3个月,缓刑2年。

案例评析

本条为2011年2月25日全国人大常委会《中华人民共和国刑法修正案(八)》第四十四条所修订。废除本条的死刑是本次修订的引人注目之处。

(1)传授犯罪方法罪不同于教唆犯罪:①侵犯的法益性质不同,前者侵犯的是社会管理秩序,后者依所教唆的犯罪性质而定。②客观行为不同,前者是向他人传授犯罪方法,后者是使他人产生犯罪决意。③故意内容不同,前者是对传授犯罪方法具有故意,后者是对教唆的犯罪具有故意。④成立共同犯罪的情况不同,传授犯罪方法罪的,即使被传授的人按照所传授的方法实施了犯罪,二者也不成立共犯;如果被教唆的人犯被教唆的罪,则二者成立共犯。⑤定罪量刑的根据不同,传授方法罪是独立的罪名,具有独立的法定刑,而教唆犯罪不是独立的罪名,没有独立的法定刑。

(2)对同一犯罪内容同时实施教唆行为与传授犯罪方法的行为,或者用传授犯罪方法的手段使他人产生犯罪决意的,属于想象竞合犯,从一重罪处罚。

(3)本罪的客观方面表现为实施了传授犯罪方法的行为,即以语言、文字、动作或者其他方式方法将实施犯罪的具体经验、技能传授给他人的行为,行为人构成本罪,所传授的必须是犯罪方法。这里的犯罪方法,是指犯罪的经验与技能,包括手段、步骤、反侦查方法等,如果所传授的只是一般的违法方法,则不构成本罪。

传授犯罪方法罪属于举动犯,不存在既遂未遂之分。凡有了传授犯罪方法的行为,哪怕是刚刚着手,只要结合全案不属于情节显著轻微,就应按既遂追究,并不存在未遂问题。至于是否全部完成行为人所计划的传授行为,可以作为影响案件社会危害性和量刑的一个因素。

二十、刘某某、范某某犯聚众淫乱罪

案号:(2015)沙刑初字第 258 号

案情简介及控辩主张

2010 年 9 月 7 日,被告人刘某某通过 QQ 联系后,伙同网友任某某(男)和某两女(身份均未核实)在大连市西岗区胜利路某甲酒店一房间内进行淫乱活动。

2012 年 6 月 20 日,被告人刘某某通过 QQ 聊天方式,纠集网友郭某某(女)、范某某,在大连市沙河口区西南路某乙酒店房间内进行淫乱活动。

2013 年 8 月 16 日,被告人刘某某以上述同样方式,再次纠集郭某某、范某某,在大连市甘井子区华东路某丙酒店房间内进行淫乱活动。

2014 年 1 月 4 日,被告人刘某某通过 QQ 联系后,伙同范某某、某男、某两女(身份均未核实)在大连市西岗区长春路某乙酒店房间内进行淫乱活动。

2014 年 4 月 3 日,被告人刘某某通过 QQ 联系后,伙同任某某、于某某(男),欲在大连市沙河口区五一路某丙酒店房间内,与姜某(女)、刘某某(女)、李某(女)进行淫乱活动,因三名女性拒绝而未得逞。

2015 年 1 月 16 日,大连市公安局纪委责令出入境管理局将被告人刘某某送到大连市西岗区静海山庄大连市公安局纪委办案地点,到案后被告人刘某某如实供述上述犯罪事实。

上述事实,被告人刘某某、范某某在开庭审理过程中亦无异议,且有证人郭某某、任某某等人的证言笔录、辨认笔录、案件来源、抓捕经过等证据证实,足以认定。

法院判决及其理由

被告人刘某某、范某某多次参加聚众淫乱活动,其行为侵犯了社会公共秩序和社会风化,构成聚众淫乱罪,应予刑罚处罚。二被告人系共同犯罪,均如实供述犯罪事实;被告人刘某某部分犯罪系未遂,有自首情节,以上情节在量刑时予以综合考虑。被告人刘某某的辩护人提出,被告人系自首,无前科劣迹,有一节犯罪事实系犯罪未遂的辩护意见,有事实和法律依据,法院予以采信;其辩护人还提出,公诉机关起诉指控第

一、四节犯罪事实共同淫乱的对象没有查证,证据有瑕疵,经查,被告人对上述两节犯罪事实如实供述,且有证人证言以及入住酒店开房记录证实,足以认定上述两节犯罪事实,故对辩护人的辩护意见,法院不予采信。综上,依照《中华人民共和国刑法》第三百零一条第一款,第二十五条第一款,第七十二条第一款,第七十三条第一、三款,第二十三条,第六十七条第一、三款之规定,判决如下:

(1) 被告人刘某某犯聚众淫乱罪,判处有期徒刑6个月。

(2) 被告人范某某犯聚众淫乱罪,判处拘役6个月,缓刑6个月。

案例评析

(1) 在客观方面,聚众是指由首要分子故意发动、纠集特定或不特定多数人于一定时间聚集于同一地点。聚众的"众"应至少是三人以上(包含三人),但并非特指三人以上的犯罪人员。如果仅有两人,不能构成本罪。

淫乱,主要是指违反道德规范的性交行为,但除此之外,还应包括其他刺激、兴奋、满足性欲的行为,如聚众从事手淫、口淫、鸡奸等行为。而对于这种行为并不限于异性之间。行为人聚众从事这种淫乱行为的,也构成本罪,可见从理论上本罪的众人并不必然以同时含有男女二性为必要。淫乱行为一般具备如下特征:①须是足以引起一般人的羞耻感情的行为。②须是足以刺激或满足性欲的行为。③须为违反善良性道德观念的行为。

(2) 本罪的主体为一般主体,凡年满16周岁且具备刑事责任能力的自然人均能构成本罪。但构成本罪的仅限于聚众淫乱的首要分子和多次参加者,所谓首要分子,是指召集、唆使、首倡聚众淫乱活动的人;所谓多次参加者,指首要分子以外的参加聚众淫乱活动至少达3次以上的人。其他偶尔参加聚众淫乱活动的,应依《治安管理处罚法》的规定追究责任,不以犯罪论处。

(3) 本罪侵犯的客体是公共秩序。所谓公共秩序,就是通过一定的社会结构中人们必须共同遵守的生活规则来维护的公共生活有条不紊的状态。聚众淫乱犯罪,是一种违反社会公共生活中的交往规则,败坏社会风俗习惯的行为,它从这个方面破坏了公共秩序,也可以说它破坏了公共秩序中的交往秩序。

本案中,被告人刘某某、范某某多次通过QQ聊天或者其他方式组织或参与三人以上的聚众淫乱,虽然有些证据有瑕疵,但通过其他的开房记录,被告人供述等证据,足以排除其他合理怀疑,所以,对辩护人提出的"公诉机关起诉指控第一、四节犯罪事实共同淫乱的对象没有查证,证据有瑕疵"理由不予采信并无不当。综上,被告人的行为侵犯了社会公共秩序和社会风化,构成聚众淫乱罪,应予刑罚处罚。

二十一、黎某甲、黎某乙犯盗窃尸体罪

案号：（2016）桂 04 刑终 122 号

案情简介及控辩主张

原判认定：2006 年，黎某淼、黎某祯、黎某远等人将装有其父亲黎某华骸骨的"金斗"（即骨坛）"寄岩"（意思是临时存放）在被告人黎某甲、黎某乙的祖屋后面的山坎里。直至 2014 年，黎某淼等人没有另选地址安葬其父亲。因黎某甲的家族人相继出事，黎某甲、黎某乙及其家族人认为是黎某淼等人将"金斗""寄岩"在其祖屋后面引起的，便不允许继续将"金斗""寄岩"在其祖屋后面。2014 年 1 月初，黎某甲的家族人便前往黎某祯的单位，要求黎某祯迁移"金斗"，但黎某祯等人并没有迁移"金斗"。为了阻止黎某淼等人继续将"金斗""寄岩"在黎某甲祖屋后面，2014 年 1 月 20 日凌晨，黎某甲将该"寄岩"的"金斗"挖出来，并用箩筐装着，放置在原来"寄岩"位置不远处。黎某淼等家人知道后，将"金斗"放回原处。同月 28 日，黎某甲再次将"金斗"挖出后，叫黎某乙帮忙将"金斗"抬走并收藏起来。后经岑溪市有关部门的多次调解，黎某甲、黎某乙才于同年 3 月 25 日将"金斗"交还给黎某淼的家人。

二审经审理查明事实与一审认定的事实一致。

上诉人黎某淼对其父亲黎某华的"金斗"两次被盗挖的事实没有异议，但认为：①其父亲黎某华的骸骨是大葬在被上诉人祖屋后面的山坎里的，而不是"寄岩"；②原判认定黎某甲、黎某乙"犯罪情节轻微"是错误的，应给予黎某甲、黎某乙刑事处罚；③原判判令赔偿数额过低。据上，请求二审法院改判黎某甲、黎某乙共同赔偿其经济损失人民币 16 430 元。

上诉人黎某甲对其两次挖起黎某华的"金斗"的事实没有异议，但认为其行为不构成犯罪，亦不应赔偿被上诉人黎某淼的经济损失，请求二审法院撤销原判，依法宣告其无罪。

上诉人黎某乙对其在 2014 年 1 月 28 日帮忙将黎某华的"金斗"抬走的事实没有异议，但认为其行为不构成犯罪，亦不应赔偿被上诉人黎某淼的经济损失，请求二审法院撤销原判，依法宣告其无罪。

法院判决及其理由

原判认为，被告人黎某甲、黎某乙秘密窃取他人尸骨，违反社会风尚和公共秩序，

二人的行为已构成盗窃尸体罪。在盗窃尸体共同犯罪中,黎某甲是起主要作用的主犯,黎某乙是起辅助作用的从犯;黎某甲、黎某乙在归案后至庭审中均如实供述其主要犯罪事实;黎某甲作案时已满 75 周岁。原判综合考虑本案的起因、犯罪事实、性质及量刑情节等,决定对二被告人免予刑事处罚。附带民事诉讼部分,原判考虑到原告另选址安葬其父亲必然会产生经济损失的事实,及参照岑溪市、藤县两地政府关于迁坟的补偿标准及地方工价、物资价格等,酌情判令由二被告人支付给原告人的经济损失共计人民币 4000 元。原判依照《刑法》第三百零二条,第二十五条第一款,第二十六条第一、四款,第二十七条,第十七条之一,第六十七条第三款,第三十七条,《中华人民共和国侵权责任法》第四条第一款、第八条、第十九条之规定,判处被告人黎某甲、黎某乙犯盗窃尸体罪,免予刑事处罚;被告人黎某甲、黎某乙共同支付给原告黎某淼经济损失人民币 4000 元;驳回附带民事诉讼原告人黎某淼的其他诉讼请求。

二审法院认为,原审被告人黎某甲、黎某乙秘密窃取他人尸骨,破坏了社会公序良俗,妨害了社会管理秩序,二人的行为已触犯刑律,构成盗窃尸体罪。在盗窃尸骨共同犯罪中,黎某甲负责挖掘"金斗",并将"金斗"抬走予以藏匿,是起主要作用的主犯;黎某乙仅负责帮忙抬走"金斗",是起辅助作用的从犯。二人在归案后均如实供述其主要犯罪事实,依法可以从轻处罚。黎某甲在犯罪时已满 75 周岁,依法可以从轻或减轻处罚。综上,法院对各上诉人提出的意见均不予采纳,对梧州市人民检察院的意见依法予以采纳。原判认定事实清楚,证据确实、充分,定性准确,适用法律正确,审判程序合法,附带民事部分判赔得当。劝告双方当事人既要尊重当地的殡葬风俗传统,又要科学改善人居环境,更要积极倡导文明新风,培育和谐村邻关系,共同建设美好家园。法院依照《中华人民共和国刑事诉讼法》第二百二十五条第一款第(一)项之规定,判决如下:

驳回上诉,维持原判。

案例评析

规定本罪的《刑法》第三百零二条于 2015 年 8 月 29 日由全国人大常委会通过的《刑法修正案(九)》第三十四条所修改,增加了"故意毁坏尸体、尸骨、骨灰"的规定;原法条为"盗窃、侮辱尸体的,处三年以下有期徒刑、拘役或者管制"。

(1)本罪主体为一般主体。凡年满 16 周岁且具备刑事责任能力的自然人均能构成本罪。但需要注意盗窃尸体、尸骨、骨灰的主体,是死者亲属以外的人;而侮辱、故意毁坏尸体、尸骨、骨灰的主体,可以是死者的近亲属。

(2)尸体、尸骨、骨灰属于行为对象,不包括孕妇腹中的死亡胎儿。

（3）本罪在客观方面表现为盗窃、侮辱、故意毁坏尸体、尸骨、骨灰的行为。

所谓盗窃尸体，是指行为人以非法占有为目的，秘密窃取尸体的行为，即采取为他人所不知晓的方法将尸体置于行为人自己实际控制支配之下，从而使他人丧失对尸体的占有。

（4）侮辱尸体，是直接对尸体施加凌辱等各种行为方式的概括，并不以公然为必要，可以是暴力行为，也可以是非暴力行为。具体而言，一般包括以下几种行为方式：①毁损，即对于尸体予以物理上或者化学性的损伤或破坏。既包括对整具尸体的毁损或者破坏，也包括对尸体一部分的损坏。从时间要求上，行为人必须于被害人死亡后对其尸体加以损坏，否则如果被害人尚未死亡，其损坏行为构成杀人行为的一部分，不能以本罪论处。②猥亵尸体，即对尸体加以污秽侮辱或者有轻蔑的行为。③以刺激遗属感情的方法处理或者不法处理尸体。这种行为方式伤害了死者亲友的感情，有伤社会风化。④采用悖逆传统葬俗或宗教葬习的方法来掩埋、处理尸体。如果行为人明知掩埋处理尸体有违民风习俗，有伤民族感情而故意加以为之，显属侮辱尸体行为。例如不殓以棺、将尸体抬放河中、沉尸海港、将尸体弃置人迹罕至的沼坑、将尸体直立埋葬等。上述行为如果为当地少数民族习俗所允许的除外。因此对这类行为方式的认定应因不同民族的不同习俗而异。⑤其他形式的侮辱尸体的行为，如抛弃尸体、葬后无故挖开棺木、敞露尸体乃至其他形式的玷污尸体、出卖尸体、非法使用尸体的行为。

（5）其他注意事项：①以书面、文字等方式侮辱死者名誉的，不成立本罪。②依法对尸体进行解剖、检查等行为，死者家属或者其他有处理权限的人依照风俗习惯处理尸体的行为，不成立本罪。③根据《刑法》第二百三十四条之一第三款的规定，违背本人生前意愿摘取其尸体器官，或者本人生前未表示同意，违反国家规定，违背其近亲属意愿摘取其尸体器官的，依照《刑法》第三百零二条的规定（即盗窃、侮辱、故意毁坏尸体、尸骨、骨灰罪）定罪处罚。④误将女性活人当作女尸而实施"奸尸"行为的，属于抽象的事实认识错误，按照主客观相统一的原则，认定为侮辱尸体罪既遂；反之，误将女尸当作活人实施奸淫行为的，也属于抽象的事实认识错误，只成立侮辱尸体罪既遂。

本案中，被告人黎某甲、黎某乙秘密窃取他人尸骨，破坏了社会公序良俗，妨害了社会管理秩序，二人的行为已构成盗窃尸体罪。另根据《刑法》第十七条规定："已满七十五周岁的故意犯罪的，可以从轻或者减轻处罚。"第二十七条："在共同犯罪中起次要或者辅助作用的，是从犯。对于从犯，应当从轻、减轻处罚或者免除处罚。"所以法院对二人免除处罚是根据整个案情综合考虑作出的，尽量维护公平正义。

二十二、朱某侠犯利用迷信致人死亡罪

案号：（2015）宿中刑终字第00121号

案情简介及控辩主张

原审法院认定，邓某戊患有精神分裂症，长期治疗未能治愈，其父母邓某甲、张某找到被告人朱某侠，由被告人朱某侠给邓某戊治病。在苏某的见证下，双方达成协议。2014年3月下旬，邓某甲、张某按照被告人朱某侠提供的迷信治疗方法将邓某戊捆绑起来，用桃树枝抽打邓某戊；给邓某戊喂食碱面水，用万年青和七粒粳稻烧水给邓某戊喝。邓某戊数日未进食，仅食用少许水果、牛奶，后邓某戊死亡。经鉴定，邓某戊系长时间未进食进水导致重度水电解质紊乱合并广泛性软组织挫伤引发挤压综合征、创伤性休克死亡。被告人朱某侠于2014年4月2日主动到公安机关投案，归案后如实供述主要犯罪事实。

上诉人朱某侠上诉称：①其未让邓某甲打被害人邓某戊，亦未让邓某甲给邓某戊喂食碱面水或禁食、禁水。②被害人邓某戊的死亡与其无因果关系，鉴定意见依据不足，不能作为定案证据。

上诉人朱某侠的辩护人提出，原审判决认定上诉人朱某侠犯利用迷信致人死亡罪的事实不清，证据不足，适用法律错误，建议二审法院改判上诉人无罪。

宿迁市人民检察院阅卷意见认为，原审判决认定事实清楚，适用法律准确，量刑适当，建议驳回上诉，维持原判。

二审法院经审理查明，原审法院认定2014年3月，上诉人朱某侠采用迷信方法为邓某甲、张某夫妇之子邓某戊治疗精神分裂症，期间，要求邓、张夫妇对邓某戊进行捆绑，用桃树枝抽打，喝碱面水并禁食、禁水数日，致邓某戊死亡的事实，有上诉人供述、证人证言、现场勘验检查笔录、现场照片、鉴定意见、手机通话记录及公安机关出具的发破案经过、到案经过等证据证实，上述证据来源合法且能够相互印证，且上诉人朱某侠在一审期间对其主要犯罪事实亦予以供认，足以认定。

关于上诉人朱某侠提出其未让邓某甲打被害人邓某戊，亦未让邓某甲给邓某戊喂食碱面水或禁食、禁水的上诉理由，经查，证人邓某甲证言证实上诉人朱某侠为其子邓某戊治疗精神分裂症期间，称邓某戊是魔鬼上身，让其将邓某戊捆绑起来便抓住了魔鬼，用桃树枝打邓某戊身体以驱鬼，并给邓某戊连喝三天碱面水以把毒吐出来，数日后让其给邓某戊喝七粒粳稻和万年青煮的水,并称除此外的其他任何东西不能给邓某戊食用,否则将毒死邓某戊,后致邓某戊死亡,该证言与证人张某、苏某、邓某丙、陈某甲等人证言和其他现场勘验检查证据能够相互印证,且上诉人朱某侠在侦查阶段及一审审理期间亦供述了上述主要事实,上述证据足以认定上诉人朱某侠让邓某甲对被害人邓某戊进行捆绑、殴打、喝碱面水、禁食数日的事实。上诉人朱某侠提出的该上诉理由与事实不符合,不予采纳。

📖 法院判决及其理由

原审法院认为,被告人朱某侠利用迷信蒙骗他人,致人死亡,其行为已构成利用迷信致人死亡罪。被告人朱某侠犯罪以后自动投案,如实供述主要犯罪事实,系自首,依法予以从轻处罚。依照《刑法》第三百条第二款、第六十七条第一款之规定,以被告人朱某侠犯利用迷信致人死亡罪,判处有期徒刑3年零6个月。

法院认为,上诉人朱某侠利用迷信蒙骗他人,致人死亡,其行为已构成利用迷信致人死亡罪。

关于上诉人朱某侠提出被害人邓某戊的死亡与其无因果关系,鉴定意见依据不足,不能作为定案证据的上诉理由,经查,公安机关出具的鉴定意见证实被害人邓某戊系因长时间未进食进水,导致重度水电解质紊乱合并广泛性软组织挫伤,引发挤压综合征、创伤性休克死亡,出具该鉴定意见的鉴定机构及鉴定人员具有相应鉴定资质,鉴定程序合法,鉴定过程及鉴定方法符合相关专业的规范要求,鉴定意见能够与在案的其他证据相互印证,足以证明上诉人实施的行为与被害人死亡结果之间具有直接因果关系,鉴定意见具有证明效力,应当作为定案证据予以采信。上诉人朱某侠所提该上诉理由不能成立,不予采纳。

关于辩护人提出原审判决认定的事实不清,证据不足,适用法律错误,建议二审法院改判上诉人无罪的辩护意见,经查,根据在卷的上诉人供述、证人证言、鉴定意见、现场勘验检查笔录、书证等证据,足以认定上诉人朱某侠利用迷信手段蒙骗他人并致一人死亡的事实,上诉人的行为符合利用迷信致人死亡罪的犯罪构成,本案事实清楚,证据确实、充分。原审法院根据上诉人朱某侠触犯的罪名以及其具有自首情节,适用《刑法》第三百条第二款、第六十七条第一款的规定对上诉人朱某侠定罪、量刑,适用法律正确。辩护人提出的上述辩护意见无事实和法律依据,不予采纳。

综上,原审判决认定的事实清楚,证据确实充分,审判程序合法,定性准确,量刑适当,江苏省宿迁市人民检察院的阅卷意见应予采纳。据此,依照《中华人民共和国刑事

诉讼法》第二百二十五条第一款第(一)项之规定,判决如下:

驳回上诉,维持原判。

案例评析

组织、利用会道门、邪教组织、利用迷信致人死亡罪,是指组织和利用会道门、邪教组织或者利用迷信制造、散布迷信邪说,蒙骗其成员或者其他人实施绝食、自残、自虐等行为,或者阻止病人进行正常治疗,致人死亡的行为。

(1) 本罪侵犯的客体是社会管理秩序。会道门、邪教组织、迷信活动都是不受宪法、法律保护的,组织和利用会道门、邪教组织或者利用迷信蒙骗他人,造成他人死亡,严重破坏稳定和谐的社会关系,干扰了正常的社会秩序。本罪的成立必须以致他人死亡结果的存在为必要条件,但本罪侵犯的客体并不是他人的生命权利。这是因为,行为人实施组织和利用会道门、邪教组织或者利用迷信蒙骗他人,其并不追求死亡结果的发生。如单纯地蒙骗他人致人死亡的不以本罪论,正是由于行为人运用了组织和利用会道门、邪教组织或利用迷信这一特定方式,其行为直接侵犯了社会管理秩序,而非他人的生命权利。

(2) 本罪的客观方面表现为,组织和利用会道门、邪教组织或者利用迷信制造、散布迷信邪说,蒙骗其成员或者其他人实施绝食、自残、自虐等行为,或者阻止病人进行正常治疗,导致死亡结果发生的行为。

蒙骗,即欺骗,指用虚假的言语或行为来编造不存在的事实,掩盖、曲解客观现象,从而使人产生对事物及其本质或事物规律的不正确或不正常的认识,与一般的欺骗行为不同的是行为人采取了组织和利用会道门、邪教组织或者利用迷信这一特殊方式,通常表现为宣传"世界末日"、战争、灾难,或死后可以升天等。本罪中,既要行为人有蒙骗他人的行为,同时又要有行为人蒙骗的对象被蒙骗了的事实。蒙骗的方式,既可以是语言文字,也可以是行动,例如,进行所谓"跳魔舞"的邪教仪式造成他人精神压抑而自杀,即属用行动而为的蒙骗方式。

致人死亡的后果,是指受行为人蒙骗的人受到会道门、邪教组织或迷信的蒙骗,进行绝食、自溺、自焚、服毒、自缢等自杀性行为,或受行为人蒙骗的人受到蒙骗后采取杀害其他人的行为。或者行为人在采用蒙骗的行动方式中,直接地非故意地进行了可能导致他人死亡的行为,造成死亡的后果。

具备本罪的客观方面必须同时有上述两个方面。行为人采取组织和利用会道门、邪教组织或者利用迷信蒙骗他人,他人因而被蒙骗是危害行为造成的直接结果,而致人死亡的后果是危害行为造成的间接结果。因而,行为人的危害行为与致人死亡的结果是一种间接的因果关系,但正因为有了致人死亡结果的发生,才使行为人的危害行为具有了可罚性,致人死亡的后果是本罪成立的必要条件。

情节特别严重,是本罪的加重量刑情节。根据《最高人民法院、最高人民检察院关于办理组织和利用邪教组织犯罪案件具体应用法律若干问题的解释》(1999 年 10 月 9 日最高人民法院审判委员会第 1079 次会议、1999 年 10 月 8 日最高人民检察院检察委员会第九届第 47 次会议通过)的规定,具有下列情形之一的,属于"情节特别严重":①造成 3 人以上死亡的。②造成死亡人数不满 3 人,但造成多人重伤的。③曾因邪教活动受过刑事或者行政处罚,又组织和利用邪教组织蒙骗他人,致人死亡的。④造成其他特别严重后果的。

(3) 本罪的主体为一般主体,即任何年满 16 周岁具有刑事责任能力的自然人,实践中,多是会道门的道首、头目、邪教组织的教主,以及神汉、巫婆等。会道门、邪教组织中的一般分子也可能成为本罪的主体。本罪的主体具有明显的职业化特征,也就是说行为人从事迷信活动或组织和利用会道门、邪教组织具有长期性、固定性的特点。

(4) 本罪的主观方面是过失。行为人蒙骗他人是故意的,即其希望或放任被蒙骗的对象产生错误的认识,而对造成的死亡后果是过失的,本罪中,行为人对死亡后果的发生是怀着过失的心理。首先行为人对其他人死亡的后果的出现不是积极追求的,这和教唆使他人产生杀害其他人或引起他人自杀的意图不同,否则不应以本罪论处。其次,行为人对其他人的死亡与否也不存在放任,因为他对自己的行为可能造成他人被蒙骗是明知,但可能引起他人死亡与否则是不明知的。最后,有时行为人对他人死亡的结果是没有预见的。

(5) 本罪与故意杀人罪的界限。故意杀人罪,是指故意非法剥夺他人生命的行为,其侵犯的客体是他人的生命权利,主观方面是故意,这都与本罪不同。本罪一般是利用迷信愚弄他人自杀、接受怪异的生活方式、迷信的治疗方法等而导致死亡。如果利用迷信,或者组织和利用会道门、邪教组织唆使信徒杀害其他信徒或者其他人的,或者故意引起他人自杀的意图的,应以故意杀人罪论处。

本案中,被告人朱某侠利用迷信蒙骗他人,造成邓某戊死亡,严重破坏稳定和谐的社会关系,干扰了正常的社会秩序。被告人朱某侠在采用蒙骗的行动方式中,直接地非故意地进行了可能导致他人死亡的行为,造成邓某戊死亡的后果,成立利用迷信致人死亡罪。

二十三、李某犯非法生产、销售间谍专用器材罪

案号：（2015）宿中刑终字第 00122 号

案情简介及控辩主张

原审法院认定，2012 年以来，被告人李某在没有获取国家相关部门许可的情况下，非法向杜某（网名"西格"）出售 400 套"掌上电子书"、10 部"数传电台"。经国家特种器材技术中心鉴定认定，该器材具备通过无线加密发射、隐蔽获取考试答案的功能，属于"暗藏式窃听专用器材"，具有专用间谍器材的技术特征和功能。被告人李某于 2014 年 3 月 5 日被公安机关抓获归案。

二审法院经审理查明，原审法院认定上诉人李某 2012 年以来非法向杜某出售 400 套"掌上电子书"及 10 部"数传电台"，经国家特种器材技术鉴定中心认定，该器材具有专用间谍器材的技术特征和功能的事实，有上诉人供述、证人证言、搜查笔录、扣押物品清单及照片、辨认笔录及照片、鉴定意见及公安机关出具的发破案经过、抓获经过等证据证实，上述证据来源合法且能够相互印证，具有证明效力，法院予以确认。

关于上诉人李某上诉称鉴定意见没有鉴定人员签名，不具有法律效力的上诉理由及其辩护人提出鉴定意见系依据已失去法律效力的原《中华人民共和国国家安全法》（以下简称《国家安全法》）及《中华人民共和国国家安全法实施细则》（以下简称《国家安全法实施细则》）认定涉案器材属于间谍专用器材，且鉴定程序不合法，鉴定结论不能作为定案证据的辩护意见，经查，《反间谍法》于 2014 年 11 月 1 日公布并施行，该法虽规定原《国家安全法》同时废止，但是仍规定任何个人和组织都不得非法持有、使用间谍活动特殊需要的专用间谍器材，并规定专用间谍器材由国务院国家安全主管部门依照国家有关规定确认。本案中，江苏省特种器材技术鉴定中心及国家特种器材技术鉴定中心均获得相应授权，具有相关鉴定资质，其对涉案器材的认定意见具体、明确，并加盖了鉴定单位的印章，具有法律效力，可以作为定案的证据，故上诉人李某及其辩护人所提相关上诉理由及辩护意见，法院不予采纳。

上诉人李某上诉称，鉴定意见没有鉴定人员签名，不具有法律效力。

上诉人李某的辩护人提出：①鉴定意见系依据已失去法律效力的原《国家安全法》及《国家安全法实施细则》认定涉案器材属于间谍专用器材，且鉴定程序不合法，鉴定结论不能作为定案证据。②上诉人李某销售的涉案器材并未用于间谍活动，上诉人李

某不构成非法销售间谍专用器材罪。③原审法院量刑过重。

法院判决及其理由

原审法院认为,被告人李某非法销售间谍专用器材,其行为已构成非法销售间谍专用器材罪。依照《刑法》第二百八十三条之规定,以被告人李某犯非法销售间谍专用器材罪,判处有期徒刑1年零7个月。

二审法院认为,上诉人李某非法销售间谍专用器材,其行为已构成非法销售间谍专用器材罪。

关于辩护人提出上诉人李某销售的涉案器材并未用于间谍活动,上诉人李某不构成非法销售间谍专用器材罪的辩护意见,经查,未经有关主管部门批准擅自销售专用间谍器材的,即构成非法销售间谍专用器材罪,涉案器材是否实际用于间谍活动不影响本罪的认定,故辩护人所提该辩护意见无法律依据,不予采纳。关于辩护人还提出原审法院对上诉人李某量刑过重的辩护意见,经查,原审法院根据上诉人李某非法销售的间谍专用器材的数量及认罪态度等情节,在法定刑幅度内判处其有期徒刑1年零7个月,量刑并无不当,辩护人所提该辩护意见亦无事实及法律依据,不予采纳。

综上,原审判决认定的事实清楚,证据确实、充分,审判程序合法,定性准确,量刑适当,江苏省宿迁市人民检察院的出庭意见应予采纳。据此,依照《中华人民共和国刑事诉讼法》第二百二十五条第一款第(一)项之规定,判决如下:

驳回上诉,维持原判。

案例评析

根据《刑法》第二百八十三条的规定,本罪的犯罪对象是国家予以特别管理的窃听、窃照等专用间谍器材,窃听、窃照等专用器材是用来秘密侦听、拍摄侦查对象的言语、行动的工具,其余如空发式收发报机、密码本、密写工具、电子监听、截收器材等是用来进行秘密联络、破译密码、截密的工具。具体包括:①暗藏式窃听、窃照器材。②突发式收发报机、一次性密码本、密写工具。③用于获取情报的电子监听、截收器材。④其他专用间谍器材。

"非法生产"是指未经批准,运用各种手段加工、制作窃听、窃照等专用间谍器材的行为,实践中常用的手段有自行设计加工,如设计加工窃听装置;自行编制,如编制一次性密码本;组装,如购买电子元器件组装窃听装置;改装,如把一般民用电子设备改装成电子截听设备等,不论行为人采取何种手段,只要从无到有地制造出窃听、窃照等专用间谍器材或者把普通民用设备经过改造变为窃听、窃照等专用间谍器材,就构成非法生产窃听、窃照等专用间谍器材,只要行为人生产的产品属于国家安全部确认的专用间谍器材,即使其产品质量、性能低于合法生产的专用间谍器材,也不影响本罪的成立。

"非法销售"是指未经批准擅自经营专用间谍器材或者向没有法定使用许可手续的单位或个人出售专用间谍器材的行为。为了出售而走私、购买专用间谍器材的,以"非法销售"论。但如果走私专用间谍器材达到走私罪标准的(偷逃应缴税额在 50 000 元以上),应作为牵连犯比较两罪分别可能判处的刑罚,从一重处断。

本案中,被告人李某在未经有关国家机关批准的情况下,擅自销售间谍专用器材,构成本罪。辩护人提出鉴定意见系依据已失去法律效力的原《国家安全法》及《国家安全法实施细则》认定涉案器材属于间谍专用器材,鉴定结论不能作为定案证据的辩护意见。虽然《国家安全法》在《反间谍法》2014 年 11 月 1 日公布并施行时同时废止,但是《反间谍法》仍规定任何个人和组织都不得非法持有、使用间谍活动特殊需要的专用间谍器材,并规定专用间谍器材由国务院国家安全主管部门依照国家有关规定确认。所以法院的判决理由适当,判决正确。

二十四、周某犯组织考试作弊罪

案号:(2016)鄂 2801 刑初 275 号

案情简介及控辩主张

2015 年 11 月,被告人周某与欲参加 2016 年全国硕士研究生考试的洪某、翁某联系后,帮助二人在恩施考点报名,并承诺找人帮忙替考。后周某联系杜某(另案处理)找人替考,杜某遂联系了唐某、朱某(均另案处理)具体实施替考。2015 年 12 月 24 日、25 日,周某携带其购买的作弊设备与田某、彭某、范某(均另案处理)、杜某、唐某、朱某先后来到恩施。2015 年 12 月 26 日、12 月 27 日,在全国硕士研究生统一招生考试期间,唐某携带作弊设备进入恩施职业技术学院 106 教室 92 考场 4 号座位为洪某替考,朱某携带作弊设备进入恩施职业技术学院 320 教室 79 考场 9 号座位为翁某替考,彭某、范某在恩施市学院路某某酒店 3028 房间通过无线电信号发射器材向唐某、朱某发送周某提供的考试答案。12 月 27 日 16 时许,负责招生考试保障工作的湖北省无线电管理委员会办公室恩施州管理处工作人员在进行考场无线电监测时发现该作弊信号,并在某某酒店截获彭某、范某、唐某,后移交至恩施市公安局。

2016 年 1 月 13 日,周某主动到恩施市公安局投案,并如实供述了其犯罪事实。

其辩护人对公诉机关指控的罪名及事实无异议。但认为本案系《中华人民共和国刑法修正案（九）》增加的新罪名案件，法律普及有限，且犯罪情节轻微，未造成严重后果。另周某具有自首情节，认罪悔罪，且系初犯、偶犯，建议从宽处理。

法院判决及其理由

被告人周某在法律规定的国家考试中组织作弊，其行为侵犯了国家对考试组织的管理秩序和他人公平参与考试的权利，已构成组织考试作弊罪。公诉机关指控的罪名成立，法院予以确认，被告人周某应当承担刑事责任。被告人周某主动投案，并如实供述了其犯罪事实，系自首，法院依法对其从轻处罚。被告人周某系初犯、偶犯，归案后确有悔罪表现，且未造成严重后果，法院酌情对其从轻处罚。辩护人提出的上述相应辩护意见成立，法院予以采纳。本案虽系《中华人民共和国刑法修正案（九）》增加的新罪名案件，但本案被告人周某具有研究生学历，应该明知其行为会损害国家的考试管理秩序及他人公平参与考试的权利，但仍希望这种结果的发生。故其辩护人认为法律普及有限，应从轻处罚的辩护意见，法院不予采纳。依照《刑法》第二百八十四条之一第一款、第六十七条第一款、第四十七条之规定，判决如下：

被告人周某犯组织考试作弊罪，判处有期徒刑 7 个月，并处罚金人民币 3000 元。

案例评析

组织考试作弊罪是《中华人民共和国刑法修正案（九）》新设罪名。《刑法》第二百八十四条之一第一款规定："在法律规定的国家考试中，组织作弊的，处三年以下有期徒刑或者拘役，并处或者单处罚金；情节严重的，处三年以上七年以下有期徒刑，并处罚金。"

本罪的主体为一般主体，年满 16 周岁，具备刑事责任能力的自然人都能成为本罪的主体。本罪仅处罚组织考生作弊的组织者，不处罚参与作弊的考生。

本罪的客观方面表现为在法律规定的国家考试中组织作弊的行为。所谓"法律规定的考试"，是指由国家所颁布的法律中所规定的，由国家相关主管部门确定实施，由经批准的实施考试的机构承办，面向社会公众，统一进行的各种考试，包括中考、高考、研究生入学考试等学业考试，计算机等级考试、全国英语等级考试等社会证书类考试，司法职业资格考试、证券师从业资格考试等资格类考试，国家公务员招录考试等招录考试等。

组织，是指倡导、发起、策划、安排他人进行作弊的行为，组织的对象不限于考生，还可以包括考生家长、教师等。

作弊，即违反公平、公正原则，通过不正当途径参加考试，或在考试过程中在考试不允许的范围内寻求或者试图寻求答案的行为。

构成本罪和帮助他人考试作弊罪、非法出售、提供考试试题、答案罪、代替考试罪犯罪,所涉及的考试都必须是法律所规定的相关国家考试。在非法律规定的相关考试中,进行上述组织作弊、帮助他人考试作弊、非法出售、提供试题、答案和替考行为的均不构成本条所规定之犯罪。

本案中,被告人周某在法律规定的全国硕士生考试中安排他人替考,其行为侵犯了国家对考试组织的管理秩序和他人公平参与考试的权利,已构成组织考试作弊罪。另外,被告人周某具有自首情节,依据《刑法》有关规定,对于自首,在量刑上可以从轻或者减轻处罚,法院综合案情作出从轻处罚适当。此外,本案被告人周某具有研究生学历,应当明知其行为会损害国家的考试管理秩序及他人公平参与考试的权利,但仍希望这种结果的发生,故其成立犯罪既遂。其辩护人认为法律普及有限,应从轻处罚的辩护意见,法院不应采纳。

二十五、杨某芳、张某源犯代替考试罪

案号:(2016)川 18 刑终 131 号

案情简介及控辩主张

原判认定:2016 年 3 月,杨某芳在德阳上大学期间,从互联网上看到四川省人事网招录 2016 年公务员的公告,随后与通过互联网搜索到的一个培训机构联系后,同意由自称"李老师"的人帮助代替参加 2016 年公务员考试,"李老师"提出支付 2000 元定金,笔试入围后支付 25 000 元和上班后需支付一年工资为条件。杨某芳因害怕被骗,与"李老师"达成笔试以后付款 2000 元的约定。随后杨某芳向"李老师"提供了个人身份信息、家庭成员等详细报考信息和照片,并由"李老师"通过四川省人事考试网填报了雅安市某区乡镇人民政府的"综合管理人员"职位。

2016 年 3 月,张某源在某大学就读期间,经大学同学游某(另案处理)介绍后同意帮助他人参加公务员考试以获取报酬,并提交了个人身份、照片信息,进行了考前复习准备,收取了游某通过微信转来的 2000 元现金。2016 年 4 月 22 日,张某源在欧阳某(在逃)的带领下,从湖南赶往四川省雅安市雨城区考场熟悉环境。次日,张某源持欧阳某提供的杨某芳二代身份证和准考证,在四川省雅安市雨城区绿洲路 179 号某中学考场,代替杨某芳参加四川省"2016 年上半年全省公开考试录用公务员"笔试科目《行政职业能力测验》和《申论》的考试。经鉴定,《机读答题卡》和《申论》答题卡上的手写字

迹与张某源样本字迹是同一人所写。

2016年6月17日、6月23日,杨某芳、张某源先后到公安机关投案。二被告人到案后如实供述了自己的犯罪事实。

上诉人张某源、杨某芳及辩护人均提出,各上诉人具有自首情节,系初犯、偶犯,自愿认罪、悔罪,社会危害性相对较小,原判量刑过重,请求二审依法改判,对二上诉人免予刑事处罚。

二审检察机关认为,原判认定事实清楚,证据确实充分,定罪准确,审判程序合法,量刑适当,但漏判追缴违法所得,请二审法院依法裁判。

二审审理查明的事实与一审认定的事实一致。

📖 法院判决及其理由

原判认为,杨某芳在国家考试中让他人代替自己考试,张某源在国家考试中代替他人考试,二人的行为均构成代替考试罪。张某源、杨某芳犯罪后自动投案,如实供述自己的罪行,系自首,可以从轻处罚。故判决:①被告人张某源犯代替考试罪,判处拘役2个月,缓刑3个月,并处罚金1000元。②被告人杨某芳犯代替考试罪,判处拘役2个月,缓刑3个月,并处罚金1000元。

二审法院认为:上诉人(原审被告人)张某源、杨某芳违反国家考试管理制度,张某源代替他人参加法律规定的国家考试,杨某芳让他人代替自己参加法律规定的国家考试,严重侵犯了公平、公正的考试制度,二上诉人的行为均已构成代替考试罪。二上诉人在实施代替考试中具有行为上的意思联络,形成共同因果力,属共同犯罪。在共同犯罪中,二人作用相当。案发后,张某源、杨某芳主动投案,并如实供述自己的犯罪事实,系自首,依法可以从轻处罚。张某源主动退缴赃款,可酌情从轻处罚。对张某源、杨某芳及辩护人所提"其具有自首情节,系初犯、偶犯,自愿认罪、悔罪,社会危害性相对较小,原判量刑过重,请求改判免予刑事处罚"的意见,经查,张某源代替杨某芳参加2016年公务员考试,破坏了公平公正的考试秩序,社会危害性明显,原判已根据其自首、认罪等情节予以从轻处罚,现二上诉人所提量刑过重,请求免予刑事处罚的理由,与本案的犯罪事实、情节及社会影响不相适应,故不予采纳。

综上,原判认定事实清楚,证据确实充分,审判程序合法,量刑适当,但原判漏判追缴违法所得,属适用法律错误,应予纠正。依照《刑法》第二百八十四条之一第一款、第四款,第二十五条第一款,第六十七条第一款,第七十二条第一款、第三款,第六十四条,《中华人民共和国刑事诉讼法》第二百二十五条第一款第(二)项之规定,判决如下:

（1）维持四川省雅安市雨城区人民法院(2016)川1802刑初195号刑事判决第一、第二项，即"一、被告人张某源犯代替考试罪，判处拘役2个月，缓刑3个月，并处罚金1000元。二、被告人杨某芳犯代替考试罪，判处拘役2个月，缓刑3个月，并处罚金1000元"。

（2）追缴上诉人（原审被告人）张某源的违法所得2000元。

案例评析

2015年11月1日起正式实施的《中华人民共和国刑法修正案（九）》正式将代替考试行为入刑，在《刑法》第二百八十四条后新增加一条，规定代替他人或让他人代替自己参加法律规定的国家考试的行为，将受到法律的制裁。

代替他人或者让他人代替自己参加法律规定的国家考试的，处拘役或者管制，并处或者单处罚金。

代替考试罪是典型的对向犯，刑法同时处罚考生和"枪手"双方行为人，且定罪和法定刑都相同。

（1）代替考试罪的主体为一般主体，即年满16周岁，具备刑事责任能力的人。

具体而言，本罪主体包括两种人：一是应试者；二是替考者，即平常所说的"枪手"。被组织起来进行作弊的替考者虽不能成为《刑法》第二百八十四条之一第一款组织考试作弊罪的犯罪主体，但是能够成为本罪的处罚对象。

（2）代替考试罪侵犯的客体为复杂客体，侵犯了国家对考试组织的管理秩序和他人公平参与考试的权利。

（3）代替考试罪的主观方面为故意。

（4）代替考试罪的客观方面表现为代替他人或者让他人代替自己参加法律所规定的国家考试的行为。

"代替他人"，是指冒名顶替应当参加考试的人去参加考试。

"让他人代替自己"，是指指使他人冒名顶替自己去参加自己应当参加的考试。此处所参加的考试，必须是《刑法》第二百八十四条之一第一款中所规定的法律规定的相关国家考试。

法律规定的国家考试，如职称考试、驾驶证考试、研究生考试、高考、司法考试、会计师考试、公务员考试等。

本案中，张某源、杨某芳违反国家考试管理制度，张某源代替他人参加法律规定的国家考试（公务员考试），杨某芳让他人代替自己参加法律规定的国家考试（公务员考试），严重侵犯了公平、公正的考试制度，两被告人的行为均已构成代替考试罪。两被告人在实施代替考试中具有行为上的意思联络,形成共同因果力,属共同犯罪。在共同犯罪中,二人作用相当,都是代替考试罪的主犯。

二十六、覃某某犯非法提供答案罪

案号:(2016)陕 0116 刑初 633 号

案情简介及控辩主张

2016 年 1 月 9 日 9 时 30 分至 12 时,陕西省 2016 年普通高校招生艺术类播音编导专业课考试在陕西师范大学长安校区举行。此次考试为法律规定的国家级考试,属于全国普通高校艺术类招生考试专业课考试的一部分,由陕西省招生办公室负责组织命题、实施、录取等工作,陕西师范大学提供考场组织考试。

当日 9 时 40 分许,考生白某某(已判决)、崔某某(另案处理)为了作弊,用手机将试卷的部分试题拍照后通过微信发送给其培训学校"西安某某总校"的老师信某某(已判决)。考生张某某(另案处理)用手机将试卷的部分试题拍照后通过微信发送给其培训学校老师索某某(已判决),考生杨某某(已判决)为了作弊,用手机将考试试题拍照后通过微信发送给其培训学校"西安某某总校"的老师毛某某(已判决)。被告人覃某某、信某某、毛某某、刘某(另案处理)等人在陕西师范大学对面的咖啡馆内将试题解答后,毛某某于 9 时 50 分许将答案发到了某某运营团队 QQ 总群,在总群内的咸阳分交负责人牟某(已判决)看到答案后立即将答案转发到咸阳艺考 QQ 群;信某某于 9 时 50 分许将答案发给了白某某、崔某某。当日 10 时许,考生张某某用手机将试卷的部分试题拍照后通过微信发送给其某某艺考培训学校老师索某某。信某某将答案发给了某某咸阳分校老师王某(已判决),王某随即将答案转发至咸阳艺考交流 QQ 群,并留言"能看到快抄";索某某将答案通过微信发送了某某艺考学校汉中分校的老师向某。后覃某某将答案发给所在学校的办公微信群里。

被告人覃某某对公诉机关指控的犯罪事实和罪名均无异议,表示认罪服法。其辩护人的意见是,被告人覃某某在公安机关电话传唤后主动到公安机关供述自己罪行,系自首,建议对其减轻、从轻处罚,判处缓刑。

法院判决及其理由

被告人覃某某明知 2016 年艺考编导类考试笔试为国家法律规定的国家级考试,

为实施考试作弊行为,为他人提供答案,又在考试时间内将答案发给所在学校的微信群,其行为已构成《刑法》第二百八十四条之一规定的非法提供答案罪。西安市长安区人民检察院指控被告人覃某某所犯罪名及犯罪事实成立,应予惩处。辩护人辩称的被告人有自首情节,经查2016年8月3日公安长安分局民警对被告人覃某某进行了口头电话传唤,同日将其刑拘,其情形符合自首的规定,故该辩护意见法院予以采纳。根据《刑法》第二百八十四条之一、第六十七条第一款的规定,判决如下:

被告人覃某某犯非法提供答案罪,判处有期徒刑6个月。

案例评析

（1）本罪的主体为一般主体,即年满16周岁,具备刑事责任能力的自然人。

（2）本罪的主观方面为故意,需明知自己提供的是法律规定的国家考试的试题、答案,犯罪目的在于实施考试作弊行为。

（3）本罪所侵犯的客体为复杂客体,包括国家对考试组织的管理秩序和他人公平参与考试的权利。

（4）本罪的客观方面表现为,向他人非法出售或者提供法律规定的国家考试的试题、答案的行为。

首先,行为人实施的是非法出售或者提供行为。行为人可以以牟利为目的,向他人提供试题和答案,与他人进行金钱交易,也可以不以牟利为目的,出于其他目的,向他人提供试题和答案。

其次,必须是"法律规定的国家考试"。

最后,行为人提供的必须是试题、答案,行为人可以是出售或提供试题或答案,也可以是既出售或提供试题,也出售或提供答案。

（5）非法出售、提供考试试题、答案罪与故意泄露国家秘密罪的界限。由于法律规定的国家考试的试题、答案,多属于国家秘密。向他人出售、提供这些试题、答案,即泄露国家秘密的行为。那么非法出售、提供考试试题、答案罪与故意泄露国家秘密犯罪如何区分?

故意泄露国家秘密罪,是指违反保守国家秘密法的规定,故意泄露国家秘密,情节严重的行为。

在客体上,本罪侵犯的是国家的考试管理秩序以及考生公平参加考试的权利,故意泄露国家秘密罪侵犯的是国家的保密制度;客观方面,本罪表现为向他人非法出售、提供的行为即可,故意泄露国家秘密罪表现为口头的、书面的,或提供给他人阅读,或非法复制或窃取后送给他人等,且需达到情节严重要求;主体上,本罪为一般主体,故意泄露国家秘密罪的主体主要是国家机关工作人员,但非国家机关工作人员也可构成;主观方面,两者均为故意,但是本罪是为了实施考试舞弊行为,而故意泄露国家秘密罪对动机、目的未作要求。

如果行为人为了实施考试作弊行为,向他人出售或提供属于国家秘密的试题、答案,情节严重的,既构成本罪,也构成故意泄露国家秘密罪,属于想象竞合犯,应当从一重处断。如果未达情节严重,如出售、提供属于国家秘密级的一项试题、答案的,应以本罪论处。

如果行为人并非为了实施考试作弊行为的目的,而是出于炫耀,以显示自己消息灵通等目的,向他人提供属于国家秘密的试题、答案,且情节严重的,应当认定为故意泄露国家秘密罪,未达情节严重的,不构成犯罪。

如果行为人向他人非法出售属于国家秘密的试题、答案进行牟利的,可以推定行为人主观上有为实施考试作弊的目的。

本案中,被告人覃某某明知 2016 年艺考编导类考试笔试为国家法律规定的国家级考试,为实施考试作弊行为,为他人提供答案,又在考试时间内将答案发给所在学校的微信群,严重侵害了国家对考试组织的管理秩序和他人公平参与考试的权利,其行为已构成《刑法》第二百八十四条之一规定的非法提供答案罪。

二十七、蒋某甲、周某、蒋某乙犯扰乱无线电通讯管理秩序罪

案号:(2016)粤 2071 刑初 1957 号

案情简介及控辩主张

2015 年 12 月 10 日起,被告人蒋某甲、周某、蒋某乙驾驶租来的湘 D×××××号小汽车,搭载由蒋某甲、周某共同出资购买的"伪基站"设备,在湖南省长沙市、广东省深圳市及中山市等地多次占用中国移动中山分公司使用的频率,利用"伪基站"设备(经鉴定,其发射频率范围覆盖移动、联通 GSM 基站下行频段,在其无线覆盖范围内,能对移动、联通正常通信业务造成一定的影响)强行与有效范围内的不特定移动用户手机建立连接,发送"银行用户积分兑换现金"等信息,扰乱无线电通讯秩序。期间,蒋某甲负责联系客户,周某负责操作设备发送短信,蒋某乙负责驾驶车辆。

同年 12 月 14 日晚 8 时许,公安人员在中山市石岐区清溪路某小区附近路段将该车拦停,将正在利用"伪基站"发送信息的被告人周某、蒋某乙抓获归案。公安人员从周某处查获汽车遥控器 1 个、设备遥控器 1 个、诺基亚手机、苹果牌 iPhone 5S 手机、

vivo 手机共 3 部,从蒋某乙处查获三星手机 1 部,从该车尾箱内查获充电器 1 个、天线 1 个、主机 1 台、漆包线 1 捆、电池 1 个、无线上网卡 1 个、U 盘 1 个、旅行拖箱 1 个、HTC 手机 1 部、读卡器 1 个、储存卡 1 张。当晚 11 时许,公安人员在中山市东区起湾某宾馆抓获被告人蒋某甲,从蒋某甲处查获三星手机 1 部。归案后,蒋某甲、周某、蒋某乙均如实供述了上述罪行。

被告人蒋某甲、周某、蒋某乙的辩护人均提出三名被告人作案时间短、获利较少、没有造成严重后果,系初犯、没有犯罪前科,归案后如实供述、有悔罪表现的辩护意见,经查属实,法院予以采纳。

被告人周某的辩护人所提周某在本案中作用较轻的辩护意见,经查,周某与蒋某甲共同出资购买伪基站设备,并负责操控伪基站,违法所得与蒋某甲平均分配,与蒋某甲的作用相当,是主犯。辩护人所提辩护意见,与查明事实不符,法院不予采纳。

被告人蒋某乙的辩护人提出蒋某乙是从犯的辩护意见,经查,蒋某乙在共同犯罪中负责驾驶车辆,不操控伪基站设备,每日收取固定工资 200 元,不参与违法所得的分配,是从犯。辩护人所提辩护意见,经查属实,法院予以采纳。

法院判决及其理由

被告人蒋某甲、周某、蒋某乙无视国家法律,违反国家规定,擅自使用无线电站,擅自使用无线电频率,干扰无线电通讯秩序,情节严重,其行为已构成扰乱无线电通讯管理秩序罪,应依法惩处。缴获的作案工具依法应当予以没收。蒋某甲、周某在共同犯罪中起主要作用,是主犯,应当按照其所参与的全部犯罪处罚。蒋某乙在共同犯罪中起次要作用,是从犯,依法应当从轻处罚。蒋某甲、周某、蒋某乙均有坦白情节,均可以从轻处罚。公诉机关指控成立,但没有认定蒋某乙是从犯不当。蒋某甲、周某、蒋某乙均符合缓刑的适用条件,依法可以宣告缓刑。辩护人所提辩护意见,如上评判,有理部分予以采纳,无理部分不予采纳。依照《中华人民共和国刑法》第二百八十八条第一款,第二十五条第一款,第二十六条第一、四款,第二十七条,第六十四条,第六十七条第三款,第七十二条第一、三款,第七十三条第二、三款之规定,判决如下:

(1)被告人蒋某甲犯扰乱无线电通讯管理秩序罪,判处有期徒刑 1 年零 3 个月,缓刑 1 年零 6 个月,并处罚金人民币 1 万元。

(2)被告人周某犯扰乱无线电通信管理秩序罪,判处有期徒刑 1 年零 3 个月,缓刑 1 年零 6 个月,并处罚金人民币 1 万元。

(3)被告人蒋某乙犯扰乱无线电通讯管理秩序罪,判处有期徒刑 1 年,缓刑 1 年零 2 个月,并处罚金人民币 5000 元。

(4) 缴获的作案工具设备遥控器、充电器、天线、主机、漆包线、电池、无线上网卡、U盘、旅行拖箱、读卡器、储存卡、诺基亚手机1部，予以没收。

案例评析

本罪在客观方面表现为违反国家规定，擅自设置、使用无线电台（站），或者擅自占用频率，经责令停止使用后拒不停止使用，干扰无线电通讯正常进行，造成严重后果的行为。

1. 擅自设置、使用无线电台（站）的行为

根据无线电管理条例的规定，设置、使用无线电台（站）的单位和个人，必须提出书面申请，办理设置无线电台（站）审批手续，领取无线电台（站）执照。

设置、使用无线电台（站），应当具备下列条件：①无线电设备符合国家技术标准。②操作人员熟悉无线电管理的有关规定，并具有相应的业务技能和操作资格。③必要的无线电网络设计符合经济合理的原则，工作环境安全可靠。④设台（站）单位或者个人有相应的管理措施。

设置、使用下列无线电台（站），应当按照有关规定报请相应的无线电管理机构审批。依照规定申请设置固定无线电台（站）的，事先还应当经其上级业务主管部门同意。设置、使用特别业务的无线电台（站），由国家无线电管理机构委托国务院有关部门审批。

船舶、机车、航空器上的制式无线电台（站），必须按照有关规定领取电台执照并报国家无线电管理机构或者地方无线电管理机构备案。

设置业余无线电台（站），应当按照国家有关业余无线电台（站）管理的规定办理设台（站）审批手续。

位于城市规划区内的固定无结电台（站）的建设布局和选址，必须符合城市规划、服从规划管理，城市规划行政主管部门应当统一安排，保证无线电台（站）必要的工作环境。

遇有危及人民生命财产安全的紧急情况，可以临时动用未经批准设置使用的无线电设备，但是应当及时向无线电管理机构报告。

无线电台（站）经批准使用后，应当按照规定的项目进行工作，不得发送和接收与工作无关的信号；确需变更项目的，必须向原批准机构办理变更手续。无线电台（站）停用或者撤销时，应当及时向原批准机构办理有关手续。

2. 擅自占用频率的行为

国家无线电管理机构对于无线电频率实行统一划分和分配。国家无线电管理机构、地方无线电管理机构根据设台(站)审批权限对于无线电频率进行指配。国务院有关部门对分配给本系统使用的频段和频率进行指配,并同时抄送国家无线电管理机构或者有关的地方无线电管理机构备案。

非经指配而占用频率的行为即构成对无线电通讯秩序的妨害,应为法律所不许。

3. 擅自设置、使用无线电台(站)、擅自占用频率的行为

须经责令停止使用后拒不停止使用,干扰无线电通讯正常进行且造成严重后果的,才构成犯罪,否则只构成一般违法行为,承担行政责任和民事责任。所谓干扰无线电通讯正常进行,指对依法开展无线电通讯业务的无线电通信系统的接收产生有害影响,通常表现为接收性能下降、误解或信息遗漏。

本罪属结果犯,只有造成严重后果者才能构成犯罪,严重后果一般是指干扰重要无线电通信系统的接收,造成重大误解或信息遗漏,危害严重的;干扰无线电导航或其他安全业务的正常进行,造成人身伤亡或财产损失的;干扰按照规划开展的无线电广播电视业务,严重地损害、阻碍或一再阻断广播电视的接收,后果严重等。

本罪的主体为一般主体,凡达到刑事责任年龄且具备刑事责任能力的自然人均能构成本罪,单位亦能成为本罪的主体。单位犯本罪时,实行两罚制,即对单位判处罚金,并对其直接负责的主管人员和其他直接责任人员判处相应的刑罚。

本案中,被告人蒋某甲、周某、蒋某乙未经批准擅自利用"伪基站"设备发送短信,在其无线覆盖范围内,能对移动、联通正常通信业务造成一定的影响,情节严重,构成干扰无线电通讯秩序罪。本案中,三被告属于共同犯罪,法院依据案情认定直接参与操作的周某、蒋某甲为主犯,负责开车的蒋某乙为从犯,事实认定准确,再依据刑法关于主从犯的规定作出判罚是公平公正的。

第二章

妨害司法罪

一、聂某某等人犯伪证罪

案号：（2016）陕 0524 刑初 75 号

案情简介及控辩主张

2014 年 10 月 6 日晚上 9 时许，被告人聂某某、梁某、康某和乔某（已判刑）、师某、王某飞等人在合阳县西环路某 KTV 唱歌期间，被告人梁某与被害人梁某某发生争执、撕扯，后乔某持砍刀朝梁某某左胳膊上砍了一刀，将梁某某左胳膊砍伤。经合阳县司法鉴定中心鉴定，梁某某的损伤程度属重伤二级。案发后，被告人聂某某提议隐瞒乔某持砍刀致伤梁某某的犯罪事实，被告人梁某、康某表示同意。2014 年 10 月 23 日，合阳县公安局对该宗犯罪事实立案侦查，在案件侦查过程中，被告人聂某某、梁某、康某相互串供、通风报信，故意作虚假证明，供述乔某没有在案发现场，是梁某持斧头将梁某某左胳膊致伤的，对乔某的犯罪行为进行隐瞒，干扰司法机关诉讼活动。2016 年 4 月 25 日，被告人聂某某投案自首。

庭审中，三被告人对指控的犯罪事实和罪名不持异议。

被告人康某的辩护人对指控的犯罪事实和罪名亦不持异议。其认为被告人康某未参与犯罪预谋，作用较小，属于从犯；主观恶性较小，犯罪情节轻微，未造成危害后果，真犯已判刑；认罪态度较好，属初犯、偶犯。综合以上情节，建议对康某适用缓刑。

法院判决及其理由

被告人聂某某、梁某、康某作为证人,在公安机关侦查乔某故意伤害案中,相互串供、通风报信,故意作虚假证明,干扰司法机关诉讼活动,其行为均构成伪证罪。公诉机关指控三被告人的犯罪事实和罪名成立,应予惩处。被告人聂某某提出犯意,被告人梁某、康某积极响应,在犯罪中均起了主要作用,均属共同犯罪之主犯。对辩护人所持的被告人康某属从犯的辩护观点不予采纳。对辩护人所持的被告人康某认罪态度较好,属初犯的辩护观点予以采纳。鉴于被告人聂某某有投案自首情节、梁某到案后如实供述犯罪事实、被告人康某当庭能如实供述犯罪事实,故可对被告人聂某某从轻处罚、对被告人梁某、康某酌情从轻处罚。依照《刑法》第三百零五条,第二十五条第一款,第二十六条第一、四款,第六十七条第一款,第七十二条第一款之规定,判决如下:

(1)被告人聂某某犯伪证罪,判处有期徒刑6个月。

(2)被告人梁某犯伪证罪,判处拘役6个月,缓刑10个月。

(3)被告人康某犯伪证罪,判处拘役5个月。

案例评析

伪证罪,是指在侦查、审判过程中,证人、鉴定人、记录人、翻译人意图陷害他人或为他人隐匿罪证,对与案件有重要关系的情节,故意作虚假的证明、鉴定、记录、翻译,或者是国家工作人员为严重经济犯罪分子销毁、隐匿罪证,制造伪证的行为。

具有下列情形之一的,应予立案。

(1)伪证行为足以使他人受到刑事处罚或者轻罪重判的。

(2)伪证行为足以使犯罪分子逃避刑事处罚或者重罪轻判的。

(3)伪证行为造成冤、假、错案的。

(4)国家工作人员利用职务,为走私、套汇、投机倒把、贪污、贿赂、重大盗窃、贩毒、盗运珍贵文物出口等经济犯罪分子销毁、隐匿罪证或者制造伪证的。

(5)由于伪证行为,致使他人自杀或精神失常的。

(6)伪证行为造成其他严重后果的。

伪证罪在客观方面表现为在刑事侦查、起诉、审判中,对与案件有重要关系的情节,作虚假的证明、鉴定、记录、翻译的行为,或者隐匿罪证的行为。所谓作虚假的证明、鉴定、记录、翻译,指证人作了虚假的证明,鉴定人作了不符合事实真相的鉴定,记录人作了不真实的记录,翻译人作了歪曲原意的翻译。所谓隐匿罪证,指掩盖歪曲事实真相、毁灭证据,将应该提供的证据予以隐匿。如果伪证的事实无关紧要、对案件的处理影响不大,不能以伪证罪论处。至于伪证行为是否造成了错判,不影响定罪,可作为量刑的情节予以考虑。

伪证罪的主体是特殊主体,即只能是在刑事诉讼中的证人、鉴定人、记录人和翻译人。在刑事诉讼过程中,"证人"是指根据司法机关的要求,陈述自己所知道的案件情况的人,"鉴定人"是指司法机关为鉴别案件中某些情节的真伪和事实真相而指派或聘请的、具有专门知识或者特殊技能的人,"记录人"是指为案件的调查取证,询问证人、被害人或审问犯罪嫌疑人、被告人等作记录的人,"翻译人"是指司法机关指派或聘请为案件中的外籍、少数民族或聋哑人等诉讼参与人充当翻译的人员,也包括为案件中的法律文书或者证据材料等有关资料提供翻译的人员。

伪证罪与窝藏、包庇罪的区别如下:

(1)犯罪主体不同。窝藏、包庇罪的主体是一般主体,而伪证罪是特殊主体,只能是刑事诉讼中的证人、鉴定人、记录人、翻译人。

(2)犯罪的时间不同。窝藏、包庇罪的实施可以在犯罪分子被采取强制措施之前,也可以在其被逮捕、关押又逃脱之后,而伪证罪的实施则只能是发生在判决之前的侦查、起诉和审理阶段。

(3)犯罪客观方面的内容不同。窝藏、包庇罪一般表现为为犯罪的人提供隐藏处所、财物或者帮助其逃匿,而伪证罪则表现为对与案件有重要关系的情节作虚假的证明、鉴定、记录、翻译。

(4)犯罪对象不同。窝藏、包庇罪的对象可以是未经逮捕、判刑的犯罪人,也可以是已经判决的犯罪人,而伪证罪的对象则只能是刑事诉讼中的犯罪嫌疑人、被告人,既可以是有罪的人,也可以是被怀疑有罪而实际无罪的人。

(5)犯罪的目的不完全相同。窝藏、包庇罪的目的是使犯罪人逃避刑事制裁,伪证罪的目的则既可以是陷害他人使他人受到错误的刑事追究,也可以是隐匿罪证使犯罪人逃避刑事责任。

本案中,聂某某、梁某、康某作为证人,在公安机关侦查乔某故意伤害案中,相互串供、通风报信,故意作虚假证明,干扰司法机关诉讼活动,使犯罪人逃避刑事责任,其行为均构成伪证罪。此外,聂某某、梁某、康某作为证人,积极参与作伪证的行动,对犯罪嫌疑人逃避刑事责任都起了重要作用,应将三人认定为伪证罪的主犯。

二、谭某甲、张某甲犯帮助毁灭、伪造证据罪

案号：（2016）赣 0902 刑初 104 号

案情简介及控辩主张

2015 年 9 月 14 日 23 时许，谭某乙酒后驾驶赣 C×××××号轿车在宜春市袁州区中山西路国光超市附近被执勤交警查获，经呼气式酒精含量检测，结果为 102mg/100ml，涉嫌犯危险驾驶罪。执勤交警遂将谭某乙带往宜春市某医院提取血样。期间，谭某乙将酒后驾车被交警查获之事电话告知了在某医院客服部任主任的父亲，即被告人谭某甲。被告人谭某甲遂赶到某医院二楼检验科，要求值班医生即被告人张某甲在执勤交警带谭某乙来抽血时将其血样调包，被告人张某甲遂先行提取了被告人谭某甲的血样。随后执勤交警带谭某乙来到某医院检验科，被告人张某甲在提取谭某乙血样后趁机将血样调换，把被告人谭某甲的血样交给了交警。次日，被告人张某甲将谭某乙的血样销毁。由于证据丢失，导致谭某乙醉酒驾驶机动车的事实无法认定。

法院判决及其理由

被告人谭某甲、张某甲帮助谭某乙毁灭、伪造证据，致使关键证据灭失，导致司法机关无法追究谭某乙的刑事责任，情节严重，其行为构成帮助毁灭、伪造证据罪。公诉机关指控的罪名成立，属共同犯罪。辩护人提出被告人谭某甲、张某甲有自首情节，经查被告人张某甲是被公安机关抓获归案的；被告人谭某甲是在被告人张某甲交代作案情况后，公安机关通过电话传唤到公安机关接受讯问的，均不符合自首的条件，故对辩护人意见不予采纳。被告人谭某甲、张某甲如实供述自己的犯罪事实，依法可从轻处罚。根据被告人谭某甲、张某甲的犯罪事实、犯罪性质、情节、作用和对社会的危害性，依照《刑法》第三百零七条第二款，第二十五条第一款，第三十七条，第七十二条第一款，第七十三条第一款、第三款之规定，经法院审判委员会讨论决定，判决如下：

（1）被告人谭某甲犯帮助毁灭、伪造证据罪，判处拘役 6 个月，缓刑 6 个月。

（2）被告人张某甲犯帮助毁灭、伪造证据罪，免予刑事处罚。

案例评析

（1）其中的"证据"仅限于刑事诉讼证据，包括证据与证据材料，而不限于狭义的、已经查证属实的、作为定案根据的证据（扩大解释）。但是，隐匿证人与被害人的，或者

迫使证人、被害人改变证言的,成立妨害作证罪。

(2) 其中的"帮助"属于实行行为,不同于共犯中的帮助行为。

① 下列行为都属于帮助毁灭、伪造证据的行为:为当事人毁灭、伪造证据准备工具、扫除障碍、出谋划策、提供条件、撑腰打气、坚定其毁灭或伪造证据的信心等。其既可以表现为体力上的、物质上的帮助,也可以表现为精神上的、心理上的支持。既可以是在诉讼中,有时也可以是在诉讼前。

② 当事人教唆第三者为自己毁灭、伪造证据的,第三者接受教唆实施了毁灭、伪造证据的行为的,成立帮助毁灭、伪造证据罪。当事人教唆他人为自己毁灭、伪造证据的,不成立犯罪。

(3) 所谓毁灭,是指湮灭、消灭证据,既包括使证据从形态上完全予以消失,如将证据烧毁、撕坏、浸烂、丢弃等,又包括虽保存证据形态但使得其丧失或部分丧失其证明力,如玷污、涂画证据使其无法反映其证明的事实等。所谓伪造,是指编造、制定实际根本不存在的证据或者将现存证据加以篡改、歪曲、加工、整理以违背事实真相。

(4) 本罪为情节犯。帮助当事人毁灭、伪造证据的行为,必须达到情节严重的程度,才能构成本罪。虽有帮助当事人毁灭、伪造证据的行为,但如不属于情节严重,也不能以本罪论处。所谓情节严重,则主要是指动机卑劣的;多次进行帮助的;帮助重大案件的当事人的;因其帮助行为导致诉讼活动无法进行、中止的;造成错案的;等等。

(5) 刑事诉讼中,即使经过犯罪嫌疑人同意,帮助其毁灭无罪证据或者伪造不利于犯罪嫌疑人的证据,也妨害了刑事司法的客观公正性,成立帮助毁灭证据罪。

(6) 责任要件:故意。

① 非目的犯,不要求行为人具有使当事人逃避或减轻法律责任的目的。

② 在帮助当事人伪造证据的场合,行为人必须具有使用证据的意思,即具有将证据交付当事人或者司法机关,使伪造的证据在诉讼中发挥作用的意思。

本案中,被告人谭某甲、张某甲通过调包谭某甲血液的方式使认定谭某乙危险驾驶的事实的主要证据从形态上完全予以消失,成立帮助毁灭、伪造证据罪。另外谭某甲、张某甲是在公安局传讯后才前往公安局交代案件事实,并不是自动投案,不成立自首。

三、郭某、章某犯虚假诉讼罪

案号:(2016)浙 0483 刑初 245 号

案情简介及控辩主张

被告人郭某与王某均系桐乡市 DY 电子有限公司、桐乡市 JY 电子有限公司的股东。2014 年 4 月期间,被告人郭某为从上述两家公司撤股,与王某多次协商未果。2014 年 5 月,被告人郭某与被告人章某等人预谋后,将 100 万元现金交给章某,由章某采用将该 100 万元现金存入其本人账户后转账给郭某的方式,重复操作,形成章某向郭某转账 200 万元的假象。同时,被告人郭某伪造一份其向被告人章某借款 200 万元的借条(由桐乡市 DY 电子有限公司、桐乡市 JY 电子有限公司提供担保),交由章某签字,并授意章某以该虚假的债权向法院提起民事诉讼。2014 年 6 月,被告人章某按事先预谋向法院提起诉讼,并申请冻结桐乡市 DY 电子有限公司、桐乡市 JY 电子有限公司银行存款 208 万元或查封、扣押相应价值的财产。2014 年 7 月 2 日该案开庭前,被告人章某向法院申请撤回起诉,同日法院裁定准许章某撤回起诉,并解除对上述两公司的财产保全。

2015 年 4 月 28 日,被告人郭某被抓获归案;2015 年 5 月 18 日,被告人章某至桐乡市公安局崇福派出所接受调查。

法院判决及其理由

被告人郭某为实现自己利益,经与被告人章某预谋,以捏造的事实提起民事诉讼,妨害司法秩序,其行为均已构成虚假诉讼罪。公诉机关指控的罪名成立。被告人章某在共同犯罪中起次要作用,系从犯,依法予以从轻处罚。被告人郭某归案后如实供述自己的罪行,被告人章某有自首情节,均依法予以从轻处罚。被告人郭某、章某取得涉案公司股东王某的谅解,酌情从轻处罚。综合考量本案犯罪事实、情节及社会影响,被告人郭某不符合适用缓刑的相关规定,辩护就此所提意见不予采纳;辩护意见中的合理部分,量刑时予以考虑。据此,为维护司法秩序,保障司法权威,依照《刑法》第三百零七条之一第一款,第二十五条第一款,第二十七条,第六十七条第一、三款,第七十二条第一、三款之规定,判决如下:

(1)被告人郭某犯虚假诉讼罪,判处有期徒刑 1 年,并处罚金 20 000 元。

(2)被告人章某犯虚假诉讼罪,判处有期徒刑 8 个月,缓刑 1 年,并处罚金 10 000 元。

案例评析

本条为 2015 年 8 月 29 日全国人大常委会《中华人民共和国刑法修正案(九)》第三十五条所增设。

(1)虚假诉讼罪的具体表现:首先,行为人必须捏造事实;其次,行为人提起的必须是民事诉讼;最后,行为人捏造事实提起民事诉讼的行为,应妨害司法秩序或者严重侵害他人合法权益。

（2）所谓捏造事实，指行为人虚构、臆造根本不存在，与真实情况相悖的事实情况，既可以是完全捏造，毫无真实成分，也可以是存有部分真实成分，部分捏造。

具体而言，包括以下几种类型：①"无中生有"型，即行为人虚构债权债务关系，伪造证据，如借条、还款协议等，并以此作为依据向法院起诉，要求被害人履行"债务"。②"死灰复燃"型，即行为人以被害人已经履行完毕但没有索回或销毁的债务文书为凭据，向法院提起诉讼，要求被害人再次履行。③"借题发挥"型，即行为人伪造有关证据，使债权的标的扩大，或篡改借据上的借款金额、伤残鉴定书的伤残等级结论等。

（3）其他注意事项如下：①本罪是行为犯，只要实施了捏造事实提起民事诉讼的行为就成立本罪。②无论行为人实施行为是为了谋取正当利益还是不正当利益的，均能构成本罪。比如说，行为人为了要回借款，但是碍于情面不好意思开口，遂将债权虚假转让他人，由他人提起诉讼讨还借款。这种行为也符合本罪规定的客观危害行为。③严重侵害他人合法权益，不仅是指严重侵害到他人的财产权，也包括婚姻权、收养权、监护权、继承权等合法权益，如导致他人丧失财产、婚姻关系破裂、丧失收养他人或被他人收养的权利、监护他人或者被他人监护的权利、继承财产或被继承财产的权利等。

本案中，被告人郭某与王某共同预谋采用无中生有的手段虚构债权债务，提起民事诉讼，妨害司法秩序，属于共同犯罪，其行为构成虚假诉讼罪。法官根据案情认定被告人章某在共同犯罪中起次要作用，系从犯也并无不当。

四、占某甲、占某乙犯窝藏罪

案号：（2016）赣 1102 刑初 215 号

案情简介及控辩主张

2015 年 11 月 2 日 23 时许，应某军组织黄某、叶某、叶某乙（均另案处理）等人持枪、刀在某市信州区某夜宵摊内对陈某、龚某等人实施报复，造成四人受伤，其中龚某因救治无效死亡。事后黄某、叶某寻求被告人占某乙等人帮助逃匿。

2015 年 11 月 3 日凌晨，被告人占某乙明知叶某、黄某、叶某乙等人在信州区打架后，驾车将叶某送回上饶县茶亭某村住所，将黄某、叶某乙送往黄某姑姑住所。次日下午，被告人占某乙又驾车将叶某送往其岳母家藏匿。

2015年11月4日晚,被告人占某甲为帮助黄某、叶某乙、叶某找到安全藏匿地,电话联系鄱阳籍男子邹某请求安排黄某、叶某至邹某处藏匿。邹某念与占某甲多年朋友便同意其请求。当晚,被告人占某乙驾车与张某(另案处理)一起将黄某、叶某送往被告人占某甲联系安排的鄱阳县乐丰镇某啤酒厂宿舍邹某住所躲藏。

2015年11月5日早上,黄某、叶某在邹某住所被抓获归案。2015年12月10日叶某、黄某、叶某乙因涉嫌犯故意杀人罪被逮捕,现已侦查终结,移送起诉。

被告人占某甲于2016年3月5日在某市信州区某村附近被抓获归案,被告人占某乙于2016年3月17日在上饶县茶亭镇某村被抓获归案。归案后被告人占某甲、占某乙如实供述了自己的罪行。

法院判决及其理由

被告人占某甲、占某乙明知黄某、叶某乙、叶某是犯罪的人而为其提供隐藏处所,帮助其藏匿,其行为触犯了《刑法》第三百一十条,构成窝藏罪,公诉机关指控的罪名成立,法院予以支持。被告人占某甲、占某乙有坦白情节,具有依法可以从轻处罚情节。被告人占某甲有犯罪前科,具有酌情从重处罚情节。依照《刑法》第三百一十条、第六十七条第三款之规定,判决如下:

(1) 被告人占某甲犯窝藏罪,判处有期徒刑6个月。

(2) 被告人占某乙犯窝藏罪,判处拘役5个月。

案例评析

(1)“明知”是对犯罪故意的强调。在开始实施窝藏、包庇行为时明知是犯罪人的,成立本罪;在开始实施窝藏、包庇行为时不明知是犯罪人,但发现对方是犯罪人后仍然继续实施窝藏、包庇行为的,成立本罪。

① 犯罪的人自己窝藏、逃匿的,缺乏期待可能性,不成立本罪。犯罪的人教唆他人对自己实施窝藏、包庇行为的,不成立本罪,但他人成立窝藏、包庇罪。

② 对犯罪人的近亲属实施的窝藏、包庇行为,缺乏期待可能性,不以本罪论处。即使构成犯罪的,也应从宽处罚。

(2) 关于本罪的客体,是司法机关的刑事追诉和刑罚执行活动的正常进行。《刑法》明文规定,本罪的对象是“犯罪的人”。关于“犯罪的人”的含义,学界具体表述各有不同,主要有以下几种观点。

① 本罪的对象只限于犯罪分子,包括实施了犯罪行为应受刑罚处罚的人,包括在逃尚未归案的犯罪嫌疑人和已被采取刑事强制措施或者已被判处刑罚而被剥夺、限制

人身自由的犯罪嫌疑人、刑事被告人、罪犯。

② 本罪的对象必须是已经实施了犯罪行为的人,即触犯刑法并构成犯罪的人,既包括作案后潜逃的犯罪分子,也包括已被拘留、逮捕、关押、监管而潜逃的未决犯和已决犯。

③ 犯罪对象为犯罪人,包括犯罪嫌疑人、刑事被告人及从服刑场所逃脱的罪犯,也含已实施犯罪行为尚未被司法机关发觉的人。

从严格法律意义上讲,认定某人是犯罪的人,必须经人民法院有效判决确定。对此,《中华人民共和国刑事诉讼法》第十二条明确规定:"未经人民法院依法判决,对任何人都不得确定有罪。"但纵观理论界的观点,作为本罪对象的"犯罪的人",其范围不仅包括真正的犯罪人(犯罪后畏罪潜逃的犯罪分子、被司法机关依法羁押后又脱逃的已决犯和未决犯),而且包括正在受侦查、追诉的犯罪嫌疑人、被告人,并不以必须经过人民法院依法判决确定有罪为必要。这样理解"犯罪的人",既符合立法精神,也适合同窝藏、包庇犯罪做斗争的司法实践的需要,是正确的理论。

(3)"为其提供隐藏处所、财物""帮助其逃匿":二者不是手段行为与目的行为的关系,前者是后者的例示,是最典型、最常见的窝藏行为。窝藏行为的本质是妨害公安、司法机关发现犯罪的人,或者说使公安、司法机关不能或者难以发现犯罪的人。

① 其中"帮助"不是共犯意义上的帮助,而是本罪的实行行为:即使犯罪人没有打算逃匿,也没有逃匿行为,但行为人使犯罪人昏迷后将其送至外地的,或者劝诱、迫使犯罪人逃匿的,也属于"帮助其逃匿"。

② 其中"帮助其逃匿"应限于直接使犯罪人的逃匿更为容易的行为,而非任何帮助行为。例如,受已经逃匿于外地的犯罪人之托,向犯罪人妻子提供金钱,使犯罪人安心逃匿的,或者明知犯罪人逃匿,而向其提供管制刀具的,或者犯罪人意欲自首而行为人劝诱其不自首的,都不成立窝藏罪。

③ 取保候审的保证人与被告人串通,协助被告人逃匿,构成犯罪的,成立窝藏罪。

(4)"作假证明包庇的":指向公安、司法机关提供虚假证明掩盖犯罪的人。

① "作假证明"意味着只能以作为方式实施,包庇行为不可能以不作为方式实施。故单纯的知情不举行为,或者知道犯罪事实,在公安、司法机关调查取证时,单纯不提供证言的,都不构成窝藏包庇罪。

② 在司法机关追捕的过程中,行为人出于某种特殊原因为了使犯罪人逃匿,而自己冒充犯罪的人向司法机关投案或者实施其他使司法机关误认为自己为犯罪人的行为的,成立包庇罪。

本案中,被告人占某甲、占某乙明知黄某、叶某乙、叶某是犯罪的人而为其提供隐藏处所,帮助其藏匿,干扰司法机关的刑事追诉和刑罚执行活动的正常进行,占某甲、占某乙明知黄某、叶某、叶某乙是在逃尚未归案的犯罪嫌疑人,仍开车帮助犯罪嫌疑人逃匿,构成窝藏罪。

五、张某、李某犯包庇罪

案号:(2015)城刑初字第 777 号

案情简介及控辩主张

2015 年 5 月 12 日 23 时 3 分许,被告人黄某醉酒后驾驶鲁 B×××××号轿车(载该车车主张某),沿某市城阳区崇阳路由东向西行驶至北疃村路口西约 30 米处,将醉酒后倒在地上的方某碾轧,致车损、方某伤。发生事故后,被告人张某醉酒后驾驶鲁 B×××××号轿车(载黄某)逃离现场,当日 23 时 11 分许被告人黄某驾驶鲁 B××××号轿车返回现场将方某送到医院抢救,后被告人李某驾驶鲁 B×××××号轿车(载黄某、张某)到现场冒名顶替,对处置现场民警称该驾车肇事,被告人张某也向民警作证称系李某驾车肇事,意图掩盖黄某醉酒驾车肇事行为。方某经抢救无效于次日死亡。经现场勘查及调查,被告人黄某承担本次事故的全部责任。经对被告人黄某、张某的血液进行检验,乙醇成分含量分别为 190mg/100ml、137mg/100ml。

2015 年 5 月 14 日,被告人黄某、张某、李某到公安机关投案自首。

被告人黄某、张某、李某对公诉机关指控的犯罪事实和罪名无异议,并当庭表示认罪。

被告人黄某的辩护人提出被告人黄某系过失犯罪,系初犯、偶犯,系自首,积极赔偿、取得谅解等主要辩护意见。

被告人张某的辩护人提出被告人张某系初犯、偶犯,系自首,认罪态度较好,愿意积极赔偿等主要辩护意见。

被告人李某的辩护人提出被告人李某系自首,系初犯、偶犯,认罪态度较好等主要辩护意见。

法院判决及其理由

被告人黄某违反交通运输管理法规,驾车肇事,致一人死亡,负事故的全部责任,其行为构成交通肇事罪;被告人张某在道路上醉酒驾驶机动车,明知黄某是犯罪的人而为其作假证明包庇,其行为分别构成危险驾驶罪、包庇罪;被告人李某明知黄某是犯罪的人而为其作假证明包庇,其行为构成包庇罪,依法均应予惩处。公诉机关指控被告人黄某犯交通肇事罪、被告人张某犯危险驾驶罪、包庇罪、被告人李某犯包庇罪的事实清楚,证据确实、充分,适用法律正确,罪名成立,法院予以确认。三辩护人提出的辩护意见,经查属实,法院予以采纳。三被告人主动投案,并如实供述自己的犯罪事实,系自首,依法可从轻处罚;被告人黄某、张某积极赔偿,取得谅解,可酌情从轻处罚;被告人张某犯数罪,应数罪并罚。结合本案的犯罪性质、情节、行为的社会危害性、造成的危害后果、控辩双方的意见及调查评估意见,依照《刑法》第一百三十三条,第三百一十条,第二十五条第一款,第三十八条第一款,第四十一条,第四十二条,第四十四条,第五十二条,第五十三条,第六十一条,第六十七条第一款,第六十九条,第七十二条第一、三款,第七十三条及《最高人民法院关于审理交通肇事刑事案件具体应用法律若干问题的解释》第二条第一款第(一)项之规定,判决如下:

(1) 被告人黄某犯交通肇事罪,判处有期徒刑 2 年,缓刑 2 年。

(2) 被告人张某犯危险驾驶罪,拘役 3 个月,并处罚金人民币 6000 元;犯包庇罪,判处拘役六个月,数罪并罚,决定执行拘役 8 个月,缓刑 1 年。

(3) 被告人李某犯包庇罪,判处管制 1 年。

案例评析

认定窝藏、包庇罪中应注意以下几个问题。

(1) 窝藏、包庇的犯罪主体问题。

窝藏、包庇的主体是一般主体,即任何达到刑事责任年龄,具有刑事责任能力,实施了窝藏、包庇犯罪的人的行为的自然人,都可以成为窝藏、包庇罪的主体,独立构成窝藏、包庇罪,在实践中,应注意以下问题。

① 犯罪分子本人不能成为窝藏、包庇罪的主体。犯罪分子在犯罪以后,往往自行隐避或者毁灭、伪造证据,逃避司法机关的搜查、追捕,虽然这种行为也必然妨害司法机关对刑事案件的刑事追诉和刑罚执行活动,但犯罪分子的这种行为仍然包括在行为人先行实施的行为所构成的要件之内,不具有单独评价意义,只有当行为人后续实施的行为不能为先行行为构成的犯罪所包括,才具有新的评价意义,构成新的犯罪。

② 共同犯罪人相互之间不能成为窝藏、包庇罪的主体。共同犯罪即二人以上共同犯共同故意犯罪,如果共同犯罪的行为人相互窝藏、包庇的,不单独构成窝藏、包庇罪,而应按共同犯罪处理。

(2) 窝藏、包庇罪的犯罪对象问题。《刑法》第三百一十条规定,"明知是犯罪的人为其提供隐藏处所、财物、帮助其逃匿或作假证明包庇的……",这说明,我国刑法规定窝藏、包庇的对象是犯罪的人。既没有行为人应判刑罚种类及程度的限制,也没有行为人犯罪性质的限制。这里,所谓犯罪的人,即包括犯罪后尚未抓获畏罪潜逃的犯罪人,也包括被逮捕、关押后脱逃的未判决犯和已判决犯。至于他们犯什么罪,可能判处或已判处什么刑罚,则不影响本罪的成立,但在量刑时,可以作为窝藏、包庇犯罪的重要情节考虑。作为窝藏、包庇对象的犯罪的人可以分为判决前的犯罪分子和判决后的犯罪分子。判决前的犯罪分子包括:犯罪后尚未被司法机关发现的犯罪分子;已被司法机关发现是犯罪分子但司法机关尚未决定采取强制措施,或者是已决定采取强制措施,但尚未判决而破坏了强制措施后逃跑的。已过追诉时效的犯罪分子不能成为窝藏、包庇的对象。判决后的犯罪分子是指判决后应被执行刑罚的犯罪分子。因此,虽然经过判决,但不应被执行刑罚的人不是窝藏、包庇罪的对象为:被判处免予刑事外分,免除处罚的人;刑罚已经执行完毕的人;被宣告缓刑且未犯新罪的犯罪分子;被假释后未犯新罪的犯罪分子。

(3) 本罪所侵害的客体是司法机关正常的刑事诉讼活动。犯罪对象是各种依照刑法规定构成犯罪的人。

(4) 本罪客观方面表现为实施窝藏或包庇犯罪人的行为。窝藏,是指为犯罪的人提供隐藏处所、财物,帮助其逃匿的行为。这种行为的特点是使司法机关不能或者难以发现犯罪的人,因此,除提供隐藏处所、财物外,向犯罪的人通报侦查或追捕的动静、向犯罪的人提供化装的用具等,也属于帮助其逃匿的行为。包庇,应限于向司法机关提供虚假证明掩盖犯罪人。在司法机关追捕的过程中,行为人出于某种特殊原因为了使犯罪人逃匿,而自己冒充犯罪的人向司法机关投案或者实施其他使司法机关误认为自己为原犯罪人的行为的,也应认定为包庇罪。窝藏、包庇的犯罪人,是指已经实施犯罪行为的人,既包括犯罪后潜逃未归案的犯罪人,也包括被司法机关羁押而脱逃的未决犯与已决犯。

(5) 主体是已满 16 周岁、具有刑事责任能力的自然人。

(6) 本罪主观上必须出于故意,即明知是犯罪的人而实施窝藏、包庇行为。明知,是指认识到自己窝藏、包庇的是犯罪的人。在开始实施窝藏、包庇行为时明知是犯罪人的,当然成立本罪;在开始实施窝藏、包庇行为时不明知是犯罪人,但发现对方是犯罪人后仍然继续实施窝藏、包庇行为的,也成立本罪。

本案中,被告人黄某违反交通运输管理法规,驾车肇事,致一人死亡,负事故的全部责任,其行为构成交通肇事罪,被告人李某驾驶鲁B×××××号轿车(载黄某、张某)到现场冒名顶替,对处置现场民警称其驾车肇事,被告人张某也向民警作证称系李某驾车肇事,意图掩盖黄某醉酒驾车肇事行为。黄某和李某向公安机关作假证明掩盖黄某交通肇事罪的行为,构成了包庇罪,依法应受刑事处罚。

六、李某明犯掩饰、隐瞒犯罪所得罪

案号:(2016)渝 0234 刑初 335 号

案情简介及控辩主张

2015 年 1 月底的一天,被告人李某明在重庆市开州区××街道××街××号"××电脑"门市,明知邹某(已判决)销售给自己的戴尔笔记本电脑、神州笔记本电脑及另外一台白色笔记本电脑系犯罪所得赃物而予以收购。经重庆市开州区价格认证中心认定,该戴尔笔记本电脑、神州笔记本电脑共计价值人民币 3805 元。

2015 年 2 月的一天,被告人李某明在重庆市开州区××街道××街××号"××电脑"门市,明知邹某销售给自己的黑色华硕牌笔记本电脑系犯罪所得赃物而予以收购。经重庆市开州区价格认证中心认定,该华硕牌笔记本电脑价值人民币 2795 元。

2016 年 4 月 19 日,被告人李某明被民警抓获,后如实供述自己的犯罪事实。

法院判决及其理由

被告人李某明明知是犯罪所得的赃物而予以收购,价值人民币 6600 元,其行为已构成掩饰、隐瞒犯罪所得罪。公诉机关指控的事实及罪名成立,法院依法予以确认。被告人李某明到案后如实供述自己的罪行,系坦白,依法可以从轻处罚。根据被告人李某明犯罪的事实、性质、情节以及对社会的危害程度,依照《中华人民共和国刑法》第三百一十二条第一款,第六十七条第三款,第七十二条第一、三款,第七十三条第二、三款,第五十二条,第五十三条之规定,判决如下:

被告人李某明犯掩饰、隐瞒犯罪所得罪,判处有期徒刑 7 个月,缓刑 1 年,并处罚金人民币 3000 元。

案例评析

(1)本罪客观方面包括"窝藏、转移、收购、代为销售或者以其他方法掩饰、隐瞒"的行为。窝藏,是指为犯罪分子提供藏匿犯罪所得及其收益的处所,有隐匿、保管的主观故意。转移,是指将犯罪分子搬动、运输其犯罪所得及其收益。窝藏和转移均要求其犯罪程度达到足以影响司法机关正常的查明犯罪、追缴犯罪所得及其收益活动的程

度,如在一个房间内的转移赃物行为不能构成本罪的客观行为。收购,主要是针对
1992年最高人民法院、最高人民检察院(简称两高)有关司法解释中所说的"低价购进、
高价卖出"的行为,司法实践中主要是针对以收购废品为名大量收购赃物的行为,是指
有偿购入,然后再高价出卖的情况。代为销售,是指受犯罪分子委托,帮助其销售犯罪
所得及收益的行为。对于本罪的兜底条款"以其他方法",则应当根据其主观故意及行
为是否足以影响司法秩序来进行判断,其核心标准在于掩饰和隐瞒两种效果。只要采
取这两类方法,达到了妨害司法活动的程度,则是本罪的客观行为。

(2) 对于本罪的明知有两个方面必须注意:一是明知的内容。应该是明知该物品
可能是犯罪所得和犯罪所得收益,只要行为人知道该物品可能是犯罪所得时,就应当
认定其主观上是明知,而不要求行为人必须明知该物品是什么具体的犯罪所得,是如
何所得,该物品具体是什么物品,有何价值等;二是明知的程度。行为人明知的程度必
须达到知道是他人的犯罪所得或犯罪所得收益,而不能是一般违法所得。因而如果行
为人只是知道该物品是他人违法所得,那么侵犯的将不再是司法秩序而是行政秩序,
自然不应当构成本罪。

对"明知"的理解。在掩饰、隐瞒犯罪所得、犯罪所得收益犯罪中,犯罪嫌疑人是否
"明知"是区分罪与非罪的前提条件。正确界定犯罪嫌疑人是否"明知",成为打击掩
饰、隐瞒犯罪所得、犯罪所得收益犯罪的关键。在司法实践中,在犯罪嫌疑人拒不作
"明知"供述,而又没有其他证据可以证明其"明知"的情况下,办案人员对其是否"明
知"采取推定的办法。由于这种推定是办案人员根据案件事实和证据形成的一种内心
确信,在司法实践中应严格掌握,外延不宜过大。第一,有证据证明犯罪嫌疑人"明知"
的案件不适用推定。推定必须是在没有其他证据证明犯罪嫌疑人主观心态的前提下
进行,如果仅仅是犯罪嫌疑人自己矢口否认,但有其他证据证实"明知",则不必采用推
定的方法。比如卖赃者(不少于2人)供述已告知犯罪嫌疑人赃物来源,或者有证据证
明犯罪嫌疑人亲眼看见了盗窃或抢劫赃物的过程。第二,在犯罪嫌疑人否认"明知",
但是其上游犯罪的卖赃者(只有1人)称已告知赃物的不法来源,也就是在证明"明知"
的问题上,证据出现一对一的情况下,应该结合其他客观事实加以佐证。

司法实践中,如果在交易过程买卖双方都心照不宣,犯罪嫌疑人矢口否认,又没有卖
赃者已告知收赃人赃物来源的供述,可以从以下几个方面来推定犯罪嫌疑人是否"明知"。

① 如果犯罪对象为机动车,那么直接依据《关于依法查处盗窃、抢劫机动车案件的
规定》司法解释关于明知的法律推定。

② 如果犯罪对象为机动车以外的普通财物,则采用事实推定的方法来判断犯罪嫌
疑人对赃物不法来源"明知"的认识程度:一是看赃物交易的时间、地点,如夜间收购、

路边收购,对"明知"认识的程度就大于白天收购、市场收购;二是看赃物的品种、质量,如果赃物属于刚在市场发行的新产品,则不法来源的可能性就大,因为合法的所有者不会轻易卖掉,除非抢劫或盗窃所得赃物;三是看交易的价格,是否显著低于市场价值,根据经验,一般卖赃者所得赃款仅仅是赃物鉴定价值的三分之一左右;四是看有无正当的交易手续,卖赃者是否急于脱手;五是看赃物与卖方身份、体貌的匹配性以及卖主对赃物的了解程度等。

最后分别列出可证明"明知"的基础事实和可反驳"明知"的基础事实进行分析比较,再结合人们一般的经验法则、逻辑规则判断哪一方的事实和理由更为充分可信,最后推出犯罪嫌疑人是否明知的结论。

(3)具有下列情形之一的,应以掩饰、隐瞒犯罪所得、犯罪所得收益定罪处罚:①掩饰、隐瞒犯罪所得及其产生的收益价值三千元至一万元以上的。②一年内曾因掩饰、隐瞒犯罪所得及其产生的收益行为受过行政处罚,又实施掩饰、隐瞒犯罪所得及其产生的收益行为的。③掩饰、隐瞒的犯罪所得系电力设备、交通设施、广播电视设施、公用电信设施、军事设施或者救灾、抢险、防汛、优抚、扶贫、移民、救济款物的。④掩饰、隐瞒行为致使上游犯罪无法及时查处,并造成公私财物损失无法挽回的。⑤实施其他掩饰、隐瞒犯罪所得及其产生的收益行为,妨害司法机关对上游犯罪进行追究的。

(4)掩饰、隐瞒犯罪所得、犯罪所得收益,认罪、悔罪并退赃、退赔,且具有下列情形之一的,可以认定为犯罪情节轻微,免于刑事处罚。

①具有法定从宽情节的。②为近亲属掩饰、隐瞒犯罪所得及其产生的收益,且系初犯、偶犯的。③有其他情节轻微情形的。

行为人为自用而掩饰、隐瞒犯罪所得,财物价值刚达到"掩饰、隐瞒犯罪所得及其产生的收益价值三千元至一万元的"标准,认罪、悔罪并退赃、退赔的,一般可不认为是犯罪;依法追究刑事责任的,应当酌情从宽。

本案中,被告人李某明明知是他人的犯罪所得或犯罪所得收益,而不能是一般违法所得,且数额超过3000元,被告人李九明也对犯罪事实予以承认,本案事实清楚,证据充分,理应受到刑事处罚。

七、杨某某犯脱逃罪

案号:(2016)吉 0821 刑初 33 号

案情简介及控辩主张

被告人杨某某于 1987 年 6 月 9 日早出工前,趁同犯睡觉未起床之机,窜至良种场监舍外厕所处,跨过铁丝圈栏脱逃后,一直向东北方向逃窜,跑到嫩江边,乘送粮的渔船过江后,继续沿着荒草甸子跑。来到了黑龙江肇源县境内,搭乘一辆四轮车,大约坐了两个小时的车程,车到一个不知名的屯子,杨某某向老乡要了点玉米面充饥并偷了件便服换上,继续潜逃。途中又搭乘一辆四轮车来到内蒙古自治区阿荣旗某镇南沟点处,暂时安顿下来。通过当地一名叫刘某贵的生产队长找了些农活干。大约两个月后,杨某某回到前郭县某村,将妻儿接到南沟点暂住,对外自称杨某1,因躲超生来到这里,靠打工为生。三年后被告人杨某某领着妻儿回到前郭县某村,在其岳父住的地方买了两间房住下,从市场进鱼,骑摩托车往各乡屯贩卖。十余年后,杨某某又搬到前郭县镇郊乡某村黑岗子屯居住,和妻子于某清一起在当地砖厂打工。三四年后又搬到松原市某街市检察院家属楼同儿子杨某2居住在一起。偶尔在松原市七粮店附近找点零活干。2015年11月18日到松原市公安局宁江二分局经文保大队投案自首。

被告人杨某某对公诉机关指控的犯罪事实无异议,自愿认罪。

法院判决及其理由

被告人杨某某在服刑期间,为逃避关押、改造,逃离改造场所,其行为符合脱逃罪的主、客观要件,构成脱逃罪。公诉机关指控被告人犯脱逃罪的事实清楚,证据确实充分,指控的罪名成立,法院予以支持。鉴于被告人系自首,应从轻处罚。因被告人系在原判刑罚执行期间内犯罪,原判刑期尚有3年零2个月零10天未执行,故本案应与原判未执行刑期合并执行,数罪并罚。依据1979年《刑法》第一百六十一条、第六十三条、第六十四条、第六十六条之规定,判决如下:

(1)被告人杨某某犯脱逃罪,判处有期徒刑6个月。

(2)本罪与前罪未执行刑期合并执行,数罪并罚,决定执行有期徒刑3年零4个月。

案例评析

本罪在客观方面表现为逃离羁押、改造场所。羁押场所主要是指看守所。改造场所主要指监狱、劳动改造管教队、少年犯管教所等。另外,押解犯罪分子的路途中,也应视为监管场所范围。譬如,被逮捕的罪犯在被押送至人民法院应诉受审的途中脱身逃跑的,被判刑的罪犯在被押解至劳改机关关押的途中,跳车、越船脱逃的均是脱逃行为。行为人的逃跑方法有使用暴力脱逃与未使用暴力脱逃两种,未使用暴力脱逃,是指行为人寻找机会,创造条件,乘司法工作人员不备而逃跑。使用暴力脱逃,是指行为人通过对司法工作人员施以殴打、捆绑等暴力行为，或者威胁、恐吓等胁迫行为，而摆脱其监管控制。从人数上看，有单个人逃跑的，也有数人共同逃跑的。无论采取什么形式脱逃，都不影响本罪的成立。脱逃的形式属于量刑情节。但是，如果脱逃中犯有重伤害或者故意杀人的，应按处理牵连犯的原则，从一重罪处罚。对于多数人集体脱逃的，应按共同犯罪论处。

本罪的主体是特殊主体，即必须是依照本法与刑事诉讼法被关押的罪犯、被告人、犯罪嫌疑人。一是依法被拘留、被逮捕的未决犯；二是已被判处拘役以上刑罚，正在劳改机关服刑的已决犯。只有上述两种人才能成为本罪主体。被行政拘留或劳动教养的人逃跑的，不构成本罪。

被错抓、错判的人，不甘心被羁押或劳改而逃跑的，按照脱逃罪论处。

行为人实施脱逃的目的在于逃离羁押或者改造场所，以达到逃避关押、改造的目的。因此，脱逃行为是否得逞，主要应看行为人是否逃出了羁押、改造场所，是否摆脱了看管人员的控制，已经逃离羁押或改造场所的范围，摆脱了看守人员监视控制的，就是脱逃既遂；实施脱逃，如果在羁押改造场所内被发现，或者虽然逃出了羁押改造场所的范围，但在看守人员直接监视下被抓回的，是脱逃未遂。区别既遂与未遂，是裁量刑罚的一个依据。如果查明行为人脱离劳改场所，确实是偷干其他的事情，并无脱逃意图的，如在农田劳动的犯人，晚间溜出劳改场所，去偷附近农民种植的瓜果等，不宜作为脱逃罪论处，可视其情节给予纪律或者其他处罚。

本案中，被告人杨某某于 1987 年 6 月 9 日早出工前，趁同犯睡觉未起床之机，窜至良种场监舍外厕所处，跨过铁丝圈栏脱逃多年，构成脱逃罪。

八、李某甲、鄂某某等人犯拒不执行判决、裁定罪

案号：（2016）0424 刑初 15 号

案情简介及控辩主张

2005 年 7 月 23 日上午 8 时许，胡某某（在逃）驾驶的黑 E316×× 号重型厢式货车在宁夏泾源县境内发生交通事故，致被害人李某乙、司某某当场死亡。2005 年 10 月 20 日，泾源县人民法院以（2005）泾刑初字第 54 号刑事附带民事判决书判决被告人李某甲、姜某、鄂某某、彭某甲、胡某某等赔偿事故死者家属闫某某、潘某某等附带民事诉讼原告人损失及其他费用共计 390 871.03 元。截至 2015 年 4 月延迟履行债务期间的利息等费用共计 734 298.56 元。案件在执行中，泾源县人民法院变卖肇事车辆（欧曼

黑 E316××号车)得款 56 000 元,扣押了一辆旧依维柯变卖得款 5600 元。另外在案件审理时,被执行人胡某某的取保候审保证金 5000 元转入执行款,共计 66 600 元。而作为执行义务人的被告人李某甲、鄂某某、彭某甲、姜某有固定收入及经济来源,有能力执行泾源县人民法院判决的情况下,从未主动履行其应履行的义务,导致该判决中附带民事诉讼原告人闫某某、潘某某家庭极度困难、并长期上访。

被告人李某甲到案后,于 2015 年 5 月 22 日向泾源县人民法院交纳了案件执行款 336 727 元;被告人姜某、彭某甲到案后,于 2015 年 6 月 18 日向泾源县人民法院交纳了案件执行款 20 万元;被告人鄂某某到案后,于 2015 年 6 月 19 日向泾源县人民法院交纳了案件执行款 123 000 元。

被告人李某甲称其手机号码已经用了数年没有换过,其一直在积极履行法院判决书所确定的赔偿义务。希望法庭从轻处理。

被告人鄂某某辩称,当时出事故的车是鄂某梅、李某甲、姜某三人所有,发生事故后该三人承诺这个钱不用其赔偿,所以其就没有管过。

被告人彭某甲称其当时是驾驶员,给其他被告人开车,他只是打工的,出事故的车不是他驾驶的,所以赔偿与他没有关系,这个钱不能由他出。希望法庭从轻处罚。

被告人姜某对泾源县人民检察院指控的犯罪事实供认不讳,未提出辩解意见。希望法庭从轻判处。

📖 法院判决及其理由

被告人李某甲、姜某、鄂某某、彭某甲作为人民法院判决书中的执行义务人,在有能力履行人民法院判决的情况下,长达十年拒不执行,导致该案中附带民事诉讼原告人家庭极度困难,并长期上访,其行为侵犯了附带民事诉讼原告人的合法权益,损害了人民法院裁判的权威性,情节严重,其行为构成拒不执行判决、裁定罪。泾源县人民检察院指控被告人李某甲、鄂某某、彭某甲、姜某犯拒不执行判决、裁定罪的犯罪事实清楚,证据确实充分,罪名成立,法院予以支持。鉴于被告人李某甲、鄂某某、彭某甲到案后如实供述自己的犯罪事实,认罪态度好,可依法从轻处罚。被告人姜某自动投案,如实供述自己的犯罪事实,自首成立,可依法从轻或减轻处罚。四被告人到案后积极交纳判决书确定的赔偿款及利息,可酌情从轻处罚。判决书确定被告人彭某甲的赔偿义务数额较小,可酌情从轻处罚。被告人李某甲、鄂某某、彭某甲的辩解意见不能成立,法院不予采纳。泾源县人民检察院对被告人李某甲、鄂某某、彭某甲的量刑建议符合本案事实和法律规定,法院予以采纳。依照《刑法》第三百一十三条,第六十七条第一、三款,第七十二条第一款,第七十三条第二、三款,全国人大常委会《关于刑法第三百一十三条的解释》第二款第（一）、（五）项，《最高人民法院〈关于审理拒不执行判决、裁定案件具体应用法律若干问题的解释〉》第一条、第二条、第三条第一款第（六）项，《最高人民法院〈关于审理拒不执行判决、裁定罪刑事案件适用法律若干问题的解释〉》第一条，第二条第一款第（一）、（八）项之规定，判决如下：

（1）被告人李某甲犯拒不执行判决、裁定罪，判处有期徒刑1年零8个月，宣告缓刑3年。

（2）被告人鄂某某犯拒不执行判决、裁定罪，判处有期徒刑1年零8个月，宣告缓刑3年。

（3）被告人彭某甲犯拒不执行判决、裁定罪，判处有期徒刑1年零3个月，宣告缓刑2年。

（4）被告人姜某犯拒不执行判决、裁定罪，判处有期徒刑1年零3个月，宣告缓刑2年。

案例评析

本罪拒不执行的对象，是人民法院依法作出的，具有执行内容并已经发生法律效力的判决和裁定。这里包括两层含义：①是人民法院作出的判决和裁定。判决是人民法院经过审理就案件的实体问题所作的决定；裁定是人民法院在诉讼或判决执行过程中，对诉讼程序和部分实体问题所作的决定。作为本罪对象的判决与裁定，包括人民法院对刑事案件、民事案件、行政案件、经济案件等各类案件所作的判决和裁定。但从审判实践看，主要是拒不执行民事案件、经济案件、行政案件的判决和裁定；至于刑事案件的判决和裁定，很少有可能拒不执行。②是具有执行内容已经发生法律效力的判决和裁定。所谓生效的判决和裁定，包括已经超过法定上诉、抗诉期限而没有上诉、抗诉的判决和裁定以及终审作出的判决和裁定等。至于没有生效的判决和裁定，因为尚不具备依法执行的条件，自然不会发生拒不执行的问题。

经人民法院主持达成的调解协议书生效后，能否成为本罪的对象，按照我国民事诉讼法的规定，这种调解书送达当事人后，即具有与生效判决、裁定同等的效力，由人民法院负责执行。因而从立法精神和司法实践需要上来考虑，这种生效调解书也能成为本罪的对象，拒不执行刑事自诉案件、民事案件、经济案件等诉讼中由法院主持达成并已生效的调解书的，也可以以本罪论处。

1. 客观要件

本罪在客观方面表现为有能力执行而拒不执行人民法院的生效判决和裁定，情况严重的行为。

　　（1）要有拒绝执行人民法院生效判决、裁定的行为。所谓拒绝执行，是指对人民法院生效裁判所确定的义务采取种种手段而拒绝履行。既可以采取积极的作为，如殴打、捆绑、拘禁、围攻执行人员，抢走执行标的、砸毁执行工具、车辆，以暴力伤害、毁坏财物、加害亲属、揭露隐私、破坏名誉等威胁、恫吓执行人员，转移、隐藏可供执行的财产，命令停止侵害仍不停止侵害而故意为之等，又可以采取消极的不作为方式，如对人民法院的执行通知置之不理或者躲藏、逃避等。既可以采取暴力的方式，又可以采取非暴力的方式。既可以公开抗拒执行，又可以是暗地里进行抗拒。不论其方式如何，只要其有能力执行而拒不执行，即可构成本罪。

　　（2）执行义务人必须具有能力执行而拒不执行。倘若没有能力如执行义务人本身无执行财产而无法履行判决、裁定所确定的义务，则是无法、不能执行，而不是拒不执行。所谓有能力执行，是指根据人民法院查实的证据证明负有执行人民法院判决、裁定义务的人有可供执行的财产或者具有履行特定行为义务的能力。行为人在人民法院的判决、裁定生效后，为逃避义务，采取隐藏、转移、变卖、赠送、毁损自己财物而造成无法履行的，仍应属于有能力执行，构成犯罪的，应以本罪论处。

　　（3）必须达到情节严重，才能构成本罪。情节尚不属于严重，即使具有拒不执行的行为，也不能以本罪论处。根据《最高人民法院关于审理拒不执行判决、裁定案件具体应用法律若干问题的解释》第三条规定，负有执行人民法院判决、裁定义务的人具有下列情形之一的，应当认定为拒不执行人民法院判决、裁定的行为"情节严重"：①在人民法院发出执行通知以后，隐藏、转移、变卖、毁损已被依法查封、扣押或者已被清点并责令其保管的财产，转移已被冻结的财产，致使判决、裁定无法执行的。②隐藏、转移、变卖、毁损在执行中向人民法院提供担保的财产，致使判决、裁定无法执行的。③以暴力、威胁方法妨害或者抗拒执行，致使执行工作无法进行的。④聚众哄闹、冲击执行现场，围困、扣押、殴打执行人员致使执行工作无法进行的。⑤毁损、抢夺执行案件材料、执行公务车辆和其他执行器械、执行人员服装以及执行公务证件，造成严重后果的。⑥其他妨害或者抗拒执行造成严重后果的。

　　2. 主体要件

　　本罪主体为特殊主体，主要是指有义务执行判决、裁定的当事人、根据《中华人民共和国民事诉讼法》第一百六十四条和第七十七条的规定，对判决、裁定负有协助执行义务的某些个人，也可以成为本罪的主体。与被执行人共同实施拒不执行判决、裁定的行为，情节严重的，以拒不执行判决、裁定罪的共犯依法追究刑事责任。暴力抗拒人民法院执行判决、裁定，杀害、重伤执行人员的，依照本法第二百三十二条、第二百三十四条第二款的规定定罪处罚。负有执行人民法院判决、裁定义务的单位直接负责的主管人员和其他直接责任人员,为了本单位的利益实施拒不执行判决、裁定的行为,造成特别严重后果的,对该主管人员和其他直接责任人员依照本条的规定,以拒不执行判决、裁定罪定罪处罚。

九、张某犯非法处置查封、扣押、冻结的财产罪

案号:(2016)冀 0306 刑初 223 号

案情简介及控辩主张

2013 年初吴某彤与被告人张某租赁合同纠纷一案由秦皇岛市青龙满族自治县人民法院(以下简称青龙法院)立案受理,在诉讼阶段,吴某彤提出申请财产保全,青龙法院于 2013 年 4 月 3 日到秦皇岛市抚宁区(原秦皇岛市抚宁县)抚宁镇某村张某家送达(2013)青民初字第 729 号民事裁定书,扣押张某家院内的电炉及组件、汽车造型机、滚铁机、模具七套、铸件 3 吨、车间用砂轮机、车间用工具等机械设备,上述财产暂由张某保管,未经准许,不得擅自处分。2013 年 6 月 20 日青龙法院作出(2013)青民初字第 729 号民事判决书,判决张某给付吴某彤租金、电费及违约金共计 83 668.01 元。2013 年 9 月 30 日吴某彤申请强制执行,2013 年 11 月 18 日青龙法院向张某邮寄送达执行通知书。被告人张某为逃避履行给付义务,私自转移扣押在其家中的机械设备,并谎称设备被盗,委托其朋友到派出所报案。2014 年 3 月 18 日青龙法院执行局工作人员到张某家执行时,发现张某家中无人,大门紧闭,院内扣押的机械设备不知去向,致使青龙法院的生效判决无法执行。

案发后被告人张某与申请执行人吴某彤就执行案件达成了和解协议,并取得了吴某彤的谅解。吴某彤向青龙法院申请撤回执行申请,青龙法院已裁定终结(2013)青民初字第 729 号民事判决书的执行。

法院判决及其理由

被告人张某转移已被司法机关扣押的财产,致使判决的财产部分无法执行,情节严重,其行为已构成非法处置扣押的财产罪,故公诉机关的指控成立。综合考虑被告人自愿认罪、与申请执行人达成了执行和解并取得了谅解等量刑情节,对其予以从轻处罚。辩护人的上述辩护观点,法院予以采纳。根据本案的事实及情节,依照《刑法》第三百一十四条,第七十二条第一款,第七十三条第二、三款的规定,判决

如下：

被告人张某犯非法处置扣押的财产罪，判处有期徒刑1年，缓刑2年。

案例评析

本罪在客观方面表现为隐藏、转移、变卖、故意毁损已被司法机关查封、扣押、冻结的财产，情节严重的行为。

本罪的对象只能是已被司法机关查封、扣押、冻结的财产。所谓"已被司法机关查封、扣押、冻结的财产"，是指司法机关依照法律规定的条件和程序，履行法律规定的手续而查封、扣押、冻结的财产。根据刑法总则的规定，这里的财产既包括财物也包括款项。如果行为人侵害的对象不是已被司法机关查封、扣押、冻结的财产，则不构成本罪，而可能构成其他罪。已被司法机关查封、扣押、冻结的财产是在司法机关内部还是在行为人控制的范围内或者其他场所，对构成本罪没有影响，在这里，所谓隐藏，是指将已被司法机关查封、扣押、冻结的财产隐蔽、藏匿起来意图不使司法机关发现的行为。所谓转移，是指将已被司法机关查封、扣押、冻结的财产改换位置，从一处移至另一处，意图使司法机关难于查找、查找不到或者使其失去本应具有的证明效力的行为。所谓变卖，是指违反规定，将已被司法机关盗封、扣押、冻结的财产出卖以换取现金或其他等价物的行为。所谓毁损，是指将已被司法机关查封、扣押、冻结的财产进行损伤、损毁，使之失去财物或者证据价值的行为。

只有情节严重的才构成本罪。所谓情节严重，是指由于行为人的妨害行为致使判决、裁定的财产部分无法执行的；严重干扰了案件的侦查、起诉活动的；隐藏、转移、变卖、故意毁坏的财产数量巨大的。

本罪是选择性罪名，可依行为人实际所实施的行为认定罪名。

本罪在主观方面表现为故意，即具有明知犯罪而为之的心理。对于已被司法机关查封、扣押、冻结的财产，司法机关已向被执行人发放了通知书，被执行人已丧失了部分处分权，这是已为被执行人明知的，但仍采取隐藏、转移、变卖、故意毁损的手段处分已被司法机关查封、扣押、冻结的财产，行为人在主观上具有明显的故意。过失不构成本罪。

本案中，被告人张某为逃避履行给付义务，私自转移扣押在其家中的机械设备，并谎称设备被盗，委托其朋友到派出所报案，此妨害行为致使法院的判决、裁定的财产无法执行，主观上具有明显的故意，构成非法处置扣押的财产罪。

十、周某某犯破坏监管秩序罪

案号：（2016）川 1403 刑初 65 号

案情简介及控辩主张

2015 年 11 月 15 日晚 19 时许，眉州监狱三监区组织罪犯到车间加班并安排民警梁某某和李某某执行带班任务。20 时 30 分许，李某某在二线巡查时，发现罪犯吴某某在缝纫机位上玩耍，即问吴某某的任务完成情况，吴某某答已完成。李某某说要去问下吴某某的组长。与吴某某间隔一米正伏在机位上睡觉的被告人周某某听到后立即起身继续劳动。之后，李某某与二线组长罪犯唐某走到周某某机位旁时，唐某喊周某某继续劳动，周某某答正在劳动，李某某误认为周某某是吴某某便说："刚才我问你你说你完成了任务得嘛，我甩球你龟儿两下。"吴某某解释说："李队，你刚刚问的是我。"李某某了解到吴某某确已完成任务便继续巡查，但周某某产生了不满。稍后，民警梁某某又巡查到该线，见该线现场混乱，就说："任务完成了的就在机位上好好耍，耍得自在点哈。"周某某因对李某某不满，便骂道："老子才要弄你龟儿子"，唐某问周某某在骂哪个，周某某答："刚才哪个骂我我就骂哪个！"梁某某对周某某讲："刚叫你们耍自在点，你还耍得不自在嗦？"周某某立即站起来对梁某某大声吼："老子就是耍得不自在，老子偏不坐好。"并将身旁的流转箱踢开。梁某某见周某某情绪激动，便向周某某走去。此过程中，周某某对梁某某叫嚣道："你这么整摆不平，你要是打我，我就要打你。"梁某某一边说："走、走、到值班室去说"，一边伸手欲将周某某带离，周某某用右手抓梁某某的衣领，左拳猛击其面部，致梁某某的眼镜、警官胸牌掉落。其他服刑人员见状后上前制止，周某某仍谩骂不停、乱蹬乱踢，直至被加戴手铐后方被制服。梁某某的伤情经医院诊断为右眼顿挫伤。

2013 年 1 月 21 日上午收工回监室后，因被告人周某某便后未冲厕所，与监室召集员彭某（服刑人员）发生纠纷。后在操场集合开饭时，周某某将手中的塑料板凳打在彭某的头上。民警丁某某和郑某某在处理该事件时，周某某态度极不端正，并用手推了丁某某的腹部。后经监区大会决定给予周某某扣 2.5 分的处罚。

2014 年 3 月 30 日晚 8 时许，因被告人周某某被子未叠好致全监室都被扣了分，同监室人员都要求周某某把被子叠好，周某某称扣分是个人的事情，并与同监室人员陶某某发生纠纷。周某某从床上站起来打了陶某某，同监室的雷某上前制止时，周某某又打了雷某，后被其他服刑人员制止。经监区大会决定给予周某某扣 2 分的处罚。

2015 年 1 月 13 日下午 1 点多,被告人周某某想用监室里的开水洗澡,监室召集员刘某对周某某的行为进行制止,周某某不仅不听劝告,还语言挑衅刘某并与其抓扯起来,同监室人员雷某将周某某抱住予以制止,同监室的其他人员一同到来劝阻才得以制止。后经监区大会决定给予周某某扣 2 分的处罚。

被告人周某某当庭自愿认罪,对公诉机关指控的事实、罪名及量刑建议均无异议,请求对其从轻处罚。

其辩护人对公诉机关指控被告人的事实和罪名亦无异议,但提出周某某到案后如实供述了犯罪事实,指控的后三起事实仅是与其他服刑人员发生冲突,不宜认定为情节严重,建议对被告人判处有期徒刑 6 个月。

经审理查明的事实与公诉机关指控基本一致。

法院判决及其理由

被告人周某某在监狱服刑期间,不服从监管人员的管教,当众殴打监管人员,又多次殴打其他被监管人员,情节严重,其行为已扰乱监管秩序,触犯了《刑法》第三百一十五条第(一)、(四)项之规定,构成破坏监管秩序罪。公诉机关指控罪名成立,法院予以确认。被告人周某某到案后如实供述了犯罪事实,并当庭自愿认罪,予以从轻处罚。其辩护人提出被告人具有坦白又自愿认罪的意见,与查明的事实相符,予以采纳;但认为情节不属严重并建议判处有期徒刑 6 个月的意见,与本案实际不符,不予采纳。公诉机关对被告人的量刑建议,符合本案实际,被告人亦无异议,予以采纳。《中华人民共和国刑法》第七十一条规定:"判决宣告以后,刑罚执行完毕以前,被判刑的犯罪分子又犯罪的,应当对新犯的罪作出判决,把前罪没有执行的刑罚和后罪所判决的刑罚,依照本法第六十九条的规定,决定执行的刑罚"。综上,为维护正常的监管秩序,依照《刑法》第三百一十五条第(一)、(四)项,第六十七条第三款,第六十九条第一款,第七十一条之规定,判决如下:

被告人周某某犯破坏监管秩序罪,判处有期徒刑 10 个月。前罪尚余刑罚 6 年零 14 天,与本罪所判刑期实行并罚,总和刑期为有期徒刑 6 年零 10 个月零 14 天,决定执行有期徒刑 6 年零 8 个月。

案例评析

破坏监管秩序罪,是指依法被关押的罪犯,有法定破坏监管秩序行为之一的,情节严重的行为。

在我国,目前承担执行刑罚、惩罚和改造犯人的劳改机关有五种:①监狱。即实行最严格管理,关押改造不宜从事监外活动的重大刑事犯的劳改场所。②劳动改造管教队,简称劳改队。即监管适宜在监外劳动的刑事犯的劳改场所。主要收押被判处有期徒刑而刑期在一年以上不属于监狱收押范围的罪犯。③少年犯管教所。即监管已满14周岁不满18周岁的少年罪犯的劳改场所。④看守所。看守所主要是羁押未决犯的场所。但它亦可监管被判处二年以下有期徒刑,不便送往劳动改造管教队执行的罪犯。故而看守所亦属劳改机关之一。⑤拘役所。即监管被判处拘役的罪犯的劳改场所。

本罪在客观方面表现为依法被关押的罪犯,有法定破坏监管秩序行为之一,情节严重的行为。

(1) 破坏监管秩序罪的时间,是指罪犯被劳改机关监管的期间。监管期间是法定期间,就是说,罪犯被监管的时间,必须有合法的根据。只有在被合法监管的时间内,被监管者才有可能构成本罪。如果劳改机关违反法律规定,对不应收押的而予以收押,对应当释放的而不及时释放,这种错误羁押的时间,不是本罪的犯罪时间,换言之,在被违法羁押的时间内,被羁押者一般不构成妨害监管秩序罪。但这只限于被违法关押者实施个体性的妨害监管秩序行为,如拒绝劳动、不服管教、绝食等,因为行为人本系被错押,并无被强制劳动,被强制管教的义务,实施这些行为的自然不宜治罪。但如果被错押人实施教唆、领导、组织他人妨害监管秩序行为的,则亦应以本罪论处。

(2) 破坏监管秩序罪的地点,是指罪犯在劳改机关监控下服刑的任何场所。这里讲的监控,是指监禁控制,即劳动机关对罪犯的剥夺人身自由性质的控制管理。通常情况下,本罪的犯罪地点,限于监狱、劳改队、少年犯管教所、拘役所和看守所等劳改机关。但犯人在下述几种特殊场所实施破坏监押管理活动的,也构成本罪:①外出劳动作业场所。一些劳改队经常有外出劳动任务,比如外出修路、工程建筑等,犯人外出劳动时,仍处于实质上的被剥夺人身自由的状态中,受到劳改机关的严格控制管理。在这些场所实施破坏监管改造行为的,也可以构成破坏监管秩序罪。②在监押移送途中。主要是劳改机关大规模地集体遣送一些犯人到特定的劳改场所,如将内地的劳改犯集体遣送到新疆、甘肃等地,在遣送途中,也存在监禁管理问题,也需要良好的监管秩序。被押解的犯人如果不服从管理,实施破坏活动的,也可以构成破坏监管秩序罪;③犯人在其他临时监管场所也可以构成本罪。如劳改机关组织犯人集体外出参观学习的场所等。

罪犯在非监管的时间和场所实施危害行为,不能构成本罪。如个别犯人利用回家探亲、外出办事、监外就医等机会,实施危害行为,由于其实施危害行为的时间和地点不是在劳改机关的有效监控下,一般地讲构不成对监管秩序的损害,也不构成破坏监管秩序罪。

（3）破坏监管秩序的行为表现为：①殴打监管人员。所谓殴打，是指对监管人员实施拳打脚踢等轻微的暴力，其意在造成监管人员的肉体痛苦，一般不会造成被殴打者身体组织完整及身体器官功能的破坏。即使造成破坏，也只限于轻伤的范围。如果致人重伤甚或死亡的，则应以故意伤害罪、故意杀人罪等论处。②组织其他被监管人破坏监管秩序。所谓组织，是指利用诸如劝说、利诱、蛊惑、勾引、威胁、挑拨等手段召集、纠合他人一起去实施破坏监管秩序的行为。至于组织者本身是否实施破坏行为的实行行为以及被组织者是否实施了破坏行为，则不影响本罪成立。此外，还应注意的是，这种情况的被监管人实施的破坏监管秩序的行为，不仅指本罪行为的 4 种行为，而且包括《中华人民共和国监狱法》第五十八条规定的其他诸如拒不参加劳动或者消极怠工，经教育不改的；以自伤、自残手段逃避劳动的；在生产劳动中故意违反操作规程或者有意破坏生产工具的等行为。③聚众闹事，扰乱正常监管秩序。所谓聚众，是指聚集、纠合 3 人以上。所谓闹事，是指哄闹、制造事端，如围攻监管人员；煽动他人绝食、罢工、要挟干警表示抗议；不听从监管人员依法管教；随意寻衅滋事等。本种行为只有组织者才能构成。被组织者如果实施破坏监管秩序行为，构成犯罪的，则应当依其他行为方式而认定构成本罪。④殴打、体罚或者指使他人殴打、体罚其他被监管人员。所谓他人，是指除罪犯以外的其他人员，包括被依法拘留、逮捕的犯罪嫌疑人、被告人等的被监管人员。被殴打、体罚者，则既可以是已决罪犯，也可以是未决罪犯如一同在看守所的被拘留、逮捕的人员等。

（4）破坏监管秩序行为，只有在情节严重时，才构成犯罪，所谓情节严重，一般指多次殴打监管人员或者为抗拒改造而殴打监管人员或者殴打监管人员致伤的；多次组织其他被监管人破坏监管秩序或者组织的人数众多或者建立了较严密组织形式破坏监管秩序的；多次聚众闹事扰乱监管秩序或者聚众绝食影响恶劣或者聚众冲击办公场所毁坏财物的；多次殴打、体罚或者指使他人殴打体罚其他被监管人或者致人伤害的；兼有本条所述的多种破坏监管秩序的行为或者成为"牢狱霸"的。

本罪的主体是特殊主体。也就是说，构成该罪的主体，必然是具有特定身份的自然人，即被依法判处刑罚，并被强制在劳改机关服刑的罪犯。该罪的主体具备两个条件：第一，犯有罪行；第二，经司法机关判决或决定而被收押在劳改机关。这是区分该罪主体和非该罪主体的基本标准。

一般情况下，该罪主体包括已被人民法院判处拘役以上刑罚而在监狱、劳改队、少年犯管教所、看守所服刑的罪犯（即在押犯）。非在押犯虽然不能单独成为本罪的主体，但是，非在押犯人与在押犯人相勾结，教唆、组织、策划、帮助在押犯人实施妨害监管秩序行为的，可以构成本罪的共犯。

下列情况不属于本罪主体：因受行政处理而被剥夺或者限制人身自由的人。在我国，被适用剥夺或限制人身自由的行政处理的人主要有以下三种。

一是被行政（治安）拘留的人。指因实施轻微的危害行为触犯《中华人民共和国治安管理处罚条例》，而被公安机关作拘留处罚的人。这类人是被公安机关作短期剥夺人身自由处罚，而且通常也是在看守所执行，但由于其不是罪犯，而且剥夺自由期限极短，按规定收押期间与刑事犯要分管分押。通常很少出现严重危害看守所秩序的情况，故而不属于破坏监管秩序罪的主体。

二是被劳动教养的人。劳动教养是司法行政机关对具有多次违法行为，但又不够刑事责任的人所作的一种行政处理，它不具有刑罚的性质。

三是被判处刑罚但未收监执行的罪犯。在被认定有罪并判处刑罚的犯人中，有一部分系判处非剥夺人身自由的刑罚；另一部分虽被判处自由刑，但因种种原因未被劳改机关收押。这部分犯人因不在劳改机关的监押控制下，故而也不能成为破坏监管秩序罪的主体。这类人有如下几种：一是被判处管制、罚金、没收财产、剥夺政治权利（后者系独立适用）的人；二是被判处拘役、有期徒刑同时宣告缓刑的人；三是被假释的罪犯；四是因生病保外就医或因其他原因监外执行的罪犯。

本案中，被告人周某某在劳改机关监管的期间，前后多次在监狱内殴打其他服刑人员或者监狱管理人员，破坏监管秩序行为，符合立案条件，成立破坏监管秩序罪。

十一、周某某等人犯扰乱法庭秩序罪

案号：（2016）湘 0923 刑初 175 号

案情简介及控辩主张

2016 年 6 月 17 日 9 时许，安化县人民法院开庭审理原告谌某某诉被告周某某、周某甲、刘某、周某乙买卖合同纠纷一案，原、被告双方及原告代理律师周某到庭参加诉讼。庭审进行至举证质证阶段，在被告周某甲等人发表质证意见后，原告的代理人周某对其质证意见表示气愤，随手将手中的笔往桌子上一摔，笔被摔出手中，桌子也发出了声响，被告人周某某、周某甲随即对周某的行为不满，遂上前对周某实施殴打，旁听人员张某某见状冲上原告席也对周某实施殴打，三被告人均不听法官制止和劝解，造成法庭秩序混乱，庭审被迫中止。经鉴定，周某因外伤致面部、双前臂多处皮肤软组织挫伤（抓），构成轻微伤。

被告人周某某、周某甲到案后如实供述了上述犯罪事实。被告人张某某于 2016 年

7月6日主动到安化县公安局投案,并如实供述了上述犯罪事实。

本案民事部分,被告人周某某、周某甲、张某某与被害人周某达成了赔偿协议,共计赔偿被害人周某各项经济损失6000元,被害人周某对三被告人的行为表示谅解。

法院判决及其理由

被告人周某某、周某甲、张某某在法庭上殴打诉讼参与人,严重扰乱法庭秩序,其行为均已构成扰乱法庭秩序罪。公诉机关的指控,事实清楚、证据确实、充分,罪名成立,应当以扰乱法庭秩序罪追究被告人周某某、周某甲、张某某的刑事责任。本案系共同犯罪,被告人周某某、周某甲、张某某在犯罪中均起主要作用,均系主犯,依法按照其所参与的全部犯罪处罚。被告人周某某、周某甲到案后,如实供述了自己的犯罪事实,依法从轻处罚。被告人张某某犯罪后自动投案,如实供述自己的罪行,系自首,依法从轻处罚。被告人周某某、周某甲、张某某案后赔偿了被害人的经济损失并取得了被害人的谅解,依法酌情从轻处罚。根据被告人周某甲、张某某的犯罪情节和悔罪表现,并经社区矫正调查评估,适用缓刑对其所居住社区没有重大不良影响,可以宣告缓刑。依照《刑法》第三百零九条,第二十五条第一款,第二十六第一、四款,第六十七条,第七十二条,第七十三条,第七十五条,第七十六条之规定,判决如下:

(1)被告人周某某犯扰乱法庭秩序罪,判处有期徒刑6个月。

(2)被告人周某甲犯扰乱法庭秩序罪,判处有期徒刑6个月,缓刑1年。

(3)被告人张某某犯扰乱法庭秩序罪,判处拘役6个月,缓刑10个月。

案例评析

本罪在客观方面表现为行为人聚众哄闹、冲击法庭,或者殴打司法工作人员,严重扰乱法庭秩序的行为。

(1)从犯罪时间看,犯罪行为只能发生在法庭开庭审理过程中。法庭审理即从宣布开庭时起到宣布闭庭止,包括开庭预备、法庭调查、法庭辩论、法庭调解、法庭评议、法庭宣判等各个阶段,既包括一审、二审,也包括适用审判监督程序的再审。

(2)从犯罪地点看,本罪限于开庭审理案件的法庭内。这里的"法庭内"应作广义理解,既包括行为人在法庭内扰乱法庭秩序,也包括在法庭附近干扰法庭秩序,在法庭外对正在参加诉讼活动的司法工作人员进行殴打或将其从法庭内追赶到法庭外对司法工作人员进行殴打等,都应视为发生在法庭内的扰乱法庭秩序行为;既包括犯罪行为和犯罪结果都发生在法庭内,也包括犯罪行为或犯罪结果之一发生在法庭内的行为。如果行为和结果都不发生在法庭内的,不构成本罪。

（3）从犯罪行为来看，须是聚众哄闹、冲击法庭或者殴打司法工作人员，严重扰乱法庭秩序的行为，所谓聚众，是指聚集、纠合3人以上的多人，所谓哄闹，是指在法庭上或法庭周围进行起哄、喧哗、吵闹、搅乱、喧闹、指责、诽谤、辱骂、播放噪音等活动，以干扰审判活动的正常进行。所谓冲击，主要是指未经允许、不听劝阻，强行闯入法庭；向法庭投掷石块、泥土、污秽物品；在法庭上殴打当事人及证人、鉴定人、辩护人、翻译人等诉讼参与人；砸毁、破坏门窗、桌椅、话筒、音响等设备、设施等带有暴力色彩的活动。所谓殴打司法工作人员，即在法庭上殴打执行公务的司法工作人员，包括审判员、陪审员、公诉人、法警、书记员等。在法庭外殴打正准备参加开庭的司法工作人员，也应视为本罪的殴打司法工作人员。对于不是参加开庭或正准备开庭的司法工作人员实施了殴打行为，如在侦查阶段殴打正在讯问犯罪嫌疑人或者询问证人的侦查人员，在执行阶段殴打人民法院执行判决的执行人员等，就不能以本罪论处。构成犯罪的，也应是他罪，如妨害公务罪。此外，本罪还必须以严重扰乱法庭秩序为构成必要。虽有聚众哄闹、冲击法庭或者殴打司法工作人员的行为，但若没有给法庭秩序造成严重扰乱，也不能以本罪论处。

（4）从犯罪的结果看，必须是严重扰乱法庭秩序的行为，才构成扰乱法庭秩序罪。严重扰乱法庭秩序，主要包括下列情况：①出于卑鄙恶劣的个人动机、目的，如打击报复、泄愤、侮辱等。②纠集多人进行哄闹、冲击法庭的。③不听劝阻、制止，多次干扰法庭秩序的。④造成严重后果的，如造成法庭设施的损坏或司法工作人员人身、精神损害或导致法庭秩序混乱、法庭审理被迫中断、案件无法继续正常审理等后果。⑤其他干扰法庭秩序的行为，造成法庭审理案件无法正常进行，产生严重的不良社会影响的。

本罪的主体是一般主体，且仅限为自然人。凡是达到法定刑事责任年龄、具有刑事责任能力的自然人都可以构成扰乱法庭秩序罪。具体可归纳为以下三类人：①诉讼参与人。如公诉人、审判人员、书记员、鉴定人、翻译人、当事人本身、法人或非法人单位的法定代表人、诉讼代表人、诉讼代理人、辩护人等诉讼参与人本身实施扰乱法庭秩序的行为。②旁听的人员不遵守法庭纪律，不听劝阻，实施扰乱法庭秩序的行为。③不允许旁听的人员，实施扰乱法庭秩序的行为，如在法庭附近设置高音喇叭，进行高分贝噪音干扰，向法庭内投掷石块，或在法庭附近拦截有关正准备参加诉讼的人进行侮辱、殴打、围攻等。

本案中，法院认定事实清楚，证据充分，周某某等人构成扰乱法庭秩序罪。

第三章

妨害国（边）境管理罪

一、侯某、李某犯组织他人偷越国（边）境罪

案号：（2016）云 2624 刑初 67 号

案情简介及控辩主张

2015 年 3 月，被告人侯某（越南籍公民）到中华人民共和国云南省文山壮族苗族自治州砚山县平远街种菜，菜地由陶某负责，经陶某介绍认识了"杨总""李某"，并告诉他如果到中国务工就找他们。后来陶某到侯某家里，让侯某找人到广东省阳春跟"杨总"种菜。2016 年 2 月份，被告人侯某在越南组织、邀约人员，同时让被告人李某找人来中国务工。被告人侯某组织了项某等 8 名成人及 1 名孩子，被告人李某组织了马某等7 名成人及 1 名孩子。2016 年 2 月 26 日晚，19 名越南籍人员（含 2 名孩子）从中华人民共和国云南省麻栗坡县杨万乡上八村附近便道处偷越国境进入中华人民共和国境内，乘坐侯某事先联系好的车辆准备前往中华人民共和国广东省务工，当车辆行驶到漂富公路距董干 2 公里处路段时，被当场查获。经查，被告人侯某、李某及组织入境的越南籍公民，均未办理出入境证件。

被告人侯某辩称，有几个不是其找的，是跟着来的。

被告人李某辩称，其只叫了 3 个人，4 个人是跟着来的。

法院判决及其理由

被告人侯某、李某违反出入境管理法规，在未办理任何相关出入境手续的情况下，

组织越南籍人到中国务工,被告人侯某组织 9 人、李某组织 8 人。被告人侯某、李某实施的行为均已构成组织他人偷越国(边)境罪,犯罪事实清楚,证据确实、充分,公诉机关指控的罪名成立。对被告人侯某、李某应依法惩罚。本案中,主要由被告人侯某在共同犯罪中起主要作用,系共同犯罪中的主犯,应对其组织的全部人数认定。被告人李某在共同犯罪中起到次要、辅助作用,属共同犯罪中的从犯。鉴于本案被告人侯某、李某在犯罪后能如实供述自己的犯罪事实,认罪态度较好,有一定的悔罪表现,可酌情从轻处罚。被告人侯某辩称,有几人不是其找的,是跟着来的。经查,其主观上有组织他人偷越国(边)境的故意,对辩称跟来的人其予以认可,客观上实施了组织人员、联系驾驶员、安排出行,所有偷越国境的人员都应该认定系其组织,故该辩解不成立,法院不予采纳。被告人李某辩称,其只找了 3 个人,其余 4 个人是跟着来的。经查,该辩解与其在侦查阶段的供述及证人马某等人的证言不符,故该辩解不成立,法院不予采纳。据此,为维护出入境管理秩序,依照《刑法》第三百一十八条第一款第二项,第二十五条第一款,第二十六条第一、四款,第二十七条,第四十七条,第六十四条,第五十二条,第五十三条,《最高人民法院、最高人民检察院关于办理妨害国(边)境管理刑事案件应用法律若干问题的解释》第一条之规定,判决如下:

(1) 被告人侯某犯组织他人偷越国(边)境罪,判处有期徒刑 7 年,并处罚金人民币 3000 元。

(2) 被告人李某犯组织他人偷越国(边)境罪,判处有期徒刑 2 年,并处罚金人民币 1000 元。

(3) 随案移送的赃款人民币 3000 元,依法没收上缴国库。

案例评析

本罪在客观方面表现为非法组织他人偷越国(边)境的行为。所谓组织,是指采取煽动、串联、拉拢、引诱、欺骗、强迫等手段,策划联络安排他人偷越国(边)境。

组织,一般表现为煽动、串联、拉拢、策划、联络他人偷越国(边)境以及为偷越国(边)境进行准备、制造条件的行为。例如,安排他人偷越国(边)境的交通运输工作;为他人偷越国(边)境出谋划策,拟订偷越国(边)境的具体行动计划;确定偷越国(边)境的时间、路线,指示偷越国(边)境的具体地点;等等。行为人通常兼而实施上述系列组织他人偷越国(边)境行为方式的全部,但也有的只实施其中的一种或几种。近年来,组织他人偷越国(边)境的犯罪活动日益向着集团化的方向发展。境内外组织偷越国(边)境的犯罪分子,往往互相勾结,严密分工,有的实施煽动行为,有的实施串联行为、有的实施具体安排偷越国(边)境的时间、路线等的行为,有的则负责联络偷越国(边)

境的交通工具……不管行为人具体实施哪一种行为,上述各行为的指向都是相同的,那就是组织他人偷越国(边)境。因而,上述各行为并非各自独立,而是相互联系、密切配合,构成一个完整的共同组织他人偷越国(边)境的行为,至于组织偷越的地点,可以是边境口岸,也可以是非边境口岸,具体地点如何,不影响犯罪的成立。

《刑法》第三百一十八条第二款规定:"犯前款罪,对被组织人有杀害、伤害、强奸、拐卖等犯罪行为,或者对检查人员有杀害、伤害等犯罪行为的依照数罪并罚的规定处罚。"杀害、伤害、强奸、拐卖等犯罪与组织他人偷越国(边)境罪是数罪关系,因此,对该条款规定的情况,应当按照组织他人偷越国(边)境罪和另外实施的故意杀人、故意伤害、强奸、拐卖妇女、儿童的犯罪行为,分别定罪判刑,然后实行并罚。

本罪的主体是一般主体,即达到刑事责任年龄、具有刑事责任能力,实施了组织他人偷越国(边)境行为的自然人。单位不能成为组织他人偷越国(边)境罪的主体。本罪主体没有国别及居住地的限制,不论是中国公民(包括港澳台地区的居民)还是外国人,也不论是边境地区的居民还是内地来过境地区的居民,均可构成组织他人偷越国(边)境罪。

二、李某甲犯运送他人偷越国(边)境罪

案号:(2016)云 2822 刑初 191 号

案情简介及控辩主张

被告人李某甲与缅甸勐拉赌厅的外联人员洽谈后,于 2015 年 8 月至 10 月,专门为缅甸勐拉赌厅(钻石厅)从事在景洪机场接送赌客到打洛镇的服务。被告人李某甲从缅甸勐拉赌厅外联人员处获得赌客到达机场的信息后,安排出租车在景洪机场接到赌客,后运送至打洛镇或在打洛镇安排出租车接送赌客前往景洪机场,并按月跟缅甸赌厅结算运费,从中获利。2015 年 10 月 12 日,被告人李某甲接到缅甸赌场外联(小玉,另处)需要接送赌客(廖某甲,另处)出境至景洪的信息,被告人李某甲电话安排被告人李某乙驾驶摩托车到缅甸勐接赌客经非法通道出境至中国打洛镇,并安排出租车司机(杨某某,另处)驾驶出租车在打洛镇中缅街友谊医院门口路边等候。次日 7 时许,被告人李某乙根据被告人李某甲的信息,驾驶摩托车非法出境至缅甸勐拉,将赌客廖某甲从缅甸小勐拉经 220 界桩附近的非法通道运送至打洛镇中缅街友谊医院门口的路边,被告人李某乙与出租车司机杨某某交接后,赌客廖某甲准备乘坐出租车时被民警当场抓获,被告人李某乙亦被当场抓获。

被告人李某甲的辩护人提出对公诉机关指控的犯罪事实没有异议,但被告人李某甲系初犯、偶犯,社会危害性较小,具有良好的认罪悔罪态度,愿意积极交纳罚金,希望法庭对被告人李某甲判处缓刑的辩护意见。

法院判决及其理由

被告人李某甲通过电话安排被告人李某乙从缅甸勐拉经中缅边界 220 界桩附近的非法通道将廖某甲运送至中国打洛,二被告人的行为已触犯刑律,构成运送他人偷越国(边)境罪。公诉机关指控的罪名成立,法院予以支持。对被告人李某甲的辩护人提出对被告人李某甲判处缓刑的辩护意见,法院认为,被告人李某甲的行为违反了我国对国(边)境的管理秩序,具有一定的社会危害性,根据罪刑相适应原则,对该辩护意见,法院不予采纳。对辩护人提出的其他辩护意见,与法院查明的一致,法院予以采纳。被告人李某甲自动投案,并如实供述自己的罪行,是自首,可以从轻处罚。鉴于被告人李某乙归案后如实供述自己的罪行,认罪态度较好,可以从轻处罚。为维护国家国(边)境的管理秩序,依照《刑法》第三百二十一条第一款,第二十五条第一款,第六十七条第一、三款,第六十四条之规定,判决如下:

(1) 被告人李某甲犯运送他人偷越国(边)境罪,判处拘役 5 个月零 26 天。

(2) 被告人李某乙犯运送他人偷越国(边)境罪,判处有期徒刑 8 个月。

(3) 作案工具钱江牌 QJ150-×××二轮摩托车(车架号×××、发动机号 4647×××)1 辆,依法没收,上缴国库。

案例评析

(1) 本罪所侵害的客体是国家有关出入国(边)境的管理制度。行为对象是除己之外的他人。他人既可能是中国人,亦可以是外国人;既可以是一人、两人,也可以是三人以上的多人,但不包括行为人自己。行为人在运送他人偷越国(边)境时,也必然偷越了国(边)境,但其行为应被主行为吸收,不再构成独立的偷越国(边)境罪,而应以运送他人偷越国(边)境罪论处,不实行数罪并罚,行为人如在组织后又运送被组织的人偷越国(边)境的,则属牵连犯罪,对之应择重罚而以组织他人偷越国(边)境罪治罪。

(2) 本罪在客观方面表现为非法运送他人偷越国(边)境的行为。非法,是指违反有关出入国(边)境的管理法规,如《公民出境入境管理法》、《中华人民共和国外国人入境出境管理法》、国务院批准公安部的《中国公民因私事往来香港地区或者澳门地区的暂行管理办法》、最高人民法院、最高人民检察院和公安部《关于对非法越境去台人员的处理意见》等。如果没有违反法律规定,而运送了符合条件的出入境人员,就不构成本罪。另外,虽然违反了有关法规,而以不正当的方式运送了不是偷越国(边)境的人员,也不能构成本罪。所谓运送,是指以车、船、航空器等交通工具或其他方法如徒步带领、将越境的违法犯罪分子偷运送出或接入国(边)境的行为。

(3)本条第二款规定:"对被运送人有杀害、伤害、强奸、拐卖等犯罪行为,或者对检查人员有杀害、伤害等犯罪行为的,依照数罪并罚的规定处罚"。在运送他人偷越国(边)境犯罪过程中,对被运送人有杀害、伤害、强奸、拐卖等犯罪行为,或者对检查人员有杀害、伤害等犯罪行为的,运送他人偷越国(边)境罪与杀人、伤害、强奸等这几种犯罪是独立的数罪关系,因此,应当按照运送他人偷越国(边)境罪和另外实施的故意杀人、故意伤害、强奸等犯罪行为,分别定罪判刑,然后实行并罚。

被告人李某甲通过电话安排被告人李某乙从缅甸勐拉经中缅边界 220 界桩附近的非法通道将廖某甲运送至中国打洛,侵害国家有关出入国(边)境的管理制度,成立运送他人偷越国(边)境罪。

三、孟某妍、张某川、马某刚犯骗取出境证件罪

案号:(2016)黑 0103 刑初 428 号

案情简介及控辩主张

被告人马某刚系延边 WM 因私出入境有限公司(以下简称 WM 公司)驻哈尔滨办事处经理,被告人孟某妍系 WM 公司市场部经理,被告人张某川系 WM 公司员工。自 2013 年 8 月至案发之时,WM 公司实际所有人张某威(已判决)指使孟某妍、马某刚、张某川及周某(已判决)、何某宇(已判决)、黄某娟(另案处理)等人在向俄罗斯驻上海办事处及驻广州办事处递签出国申请过程中,通过为申请劳务签证人员伪造吸毒症、传染病检验检疫报告单、艾滋病检验检疫报告单,或者为申请旅游签证人员伪造俄罗斯 SJ 旅游公司旅游签证邀请函,并编造、虚假填写电子签证申请表中出境人员单位、职务、居住地址、联系电话项目等方式,为数百名中国公民骗取了赴俄签证,造成大量中国公民持签证出境前往俄罗斯。经侦查,被告人马某刚、孟某妍、张某川均于 2015 年 9 月 27 日在吉林省长春市被公安机关捕获。

被告人马某刚对公诉机关指控的犯罪事实及罪名无异议,表示悔罪。其辩护人的辩护意见是马某刚在整个同案犯罪中系从犯,其犯罪行为社会危害性小,案发后能够如实交代自己参与的犯罪事实,认罪、悔罪,恳请对其从轻或减轻处罚。

被告人孟某妍对公诉机关指控的犯罪事实及罪名无异议,无辩解,表示悔罪。其辩护人认为孟某妍无前科劣迹,案发前一直表现良好,案发后能如实供述,其犯罪主观恶性小,犯罪情节轻微,在整起同案犯罪中起次要辅助作用,请求对其判处缓刑。

被告人张某川对公诉机关指控的犯罪事实及罪名无异议,无辩解,表示悔罪。其辩护人认为张某川系初次犯罪,案发前一直表现良好,到案后能如实供述犯罪事实,具有悔罪表现,其犯罪主观恶性小,犯罪情节轻微,在整起同案犯罪中起次要辅助作用,请求对其判处缓刑。

法院判决及其理由

被告人马某刚、孟某妍、张某川以劳务输出等名义,弄虚作假骗取签证,为组织他人偷越国(边)境使用,其行为均已构成骗取出境证件罪,公诉机关指控罪名成立,应予惩处。三被告人系共同犯罪。马某刚被判处有期徒刑以上刑罚,刑罚执行完毕后五年内再犯应当判处有期徒刑以上刑罚的,系累犯,依法应当对其从重处罚。马某刚到案后能够如实供述自己的犯罪事实,具有悔罪表现,可酌情对其从轻处罚;孟某妍、张某川系初次犯罪,认罪、悔罪,可酌情对孟某妍、张某川从轻处罚。马某刚、孟某妍、张某川辩护人的辩护意见符合法律规定,法院予以采纳。依照《刑法》第三百一十九条,第五十二条,第五十三条,第二十五条第一款,第六十七条第一款,第七十二条第一、三款,第七十三条第二、三款之规定,判决如下:

(1) 被告人马某刚犯骗取出境证件罪,判处有期徒刑 1 年,并处罚金人民币 20 000 元。

(2) 被告人孟某妍犯骗取出境证件罪,判处有期徒刑 1 年,缓刑 2 年,并处罚金人民币 10 000 元。

(3) 被告人张某川犯骗取出境证件罪,判处有期徒刑 1 年,缓刑 2 年,并处罚金人民币 10 000 元。

案例评析

(1) 本罪的犯罪对象仅限于护照、签证等出境证件。护照是指一个主权国家发给本国公民出入国境和在国外居留、旅行的合法身份证明和国籍证明。签证是一个主权国家同意外国人出入或经过该国国境的一种许可证明。护照和签证都是准许出入境的证件,但作为本罪的犯罪对象,仅指准许出境的护照、签证及其他出境证件和出境证明等。

（2）本罪在客观方面表现为行为人以劳务输出、经贸往来或者出国考察、观光旅游等名义，弄虚作假、从国家主管机关骗取护照、签证等出国（边）境所必需的出境证件，而且行为人将骗取的出境证件交给组织他人偷越国（边）境的犯罪分子用于犯罪活动。

① 弄虚作假，采用欺骗手段。行为人弄虚作假，以欺骗手段，使国家出入境管理机关的有关工作人员发生错误认识，为其办理出境证件、从而合法地获取出境证件。这是骗取出境证件罪的本质特征，也是骗取出境证件罪区别于其他犯罪的重要标志。只有在行为人采用了欺骗手段的情况下，才能构成骗取出境证件罪。

虚构事实，是指以语言、文字或者某种举动故意捏造根本不存在的事实或者故意夸大事实，使人把根本不存在的事实误认为存在或把夸大的事实误以为真。

隐瞒真相，是指故意掩盖客观存在的事实，从而使有关国家机关工作人员上当受骗。

就骗取出境证件罪而言，行为人为达到为组织他人偷越国（边）境使用的目的，必须以有组织的出国人员的方式，以各种名义骗取出境证件。根据我国出入境管理的有关法律规定，有组织的出国人员，是指由国家行政主管部门批准或授权的机构组织的出国人员或团体，因非公务活动出境，该机构在境外提供必要的组织、服务的出国形式。在出入境管理中，被批准或授权的机构对出国人员和出入境管理机关负有双方面的责任。这种有组织的出国渠道主要有：留学、旅游、就业、商务活动。

② 错误认识。错误认识是指人们的主观认识与客观实际不相符合。这里的错误认识不是泛指受骗者对案件的一切事实情况存在认识上的错误，而是仅指对能够引起被骗的负责办理出境证件的国家机关工作人员发放出境证件的事实情况有认识上的错误。

发放出境证件：负责办理出境证件的国家机关工作人员发生错误认识之后，往往就会出现错误地发放出境证件的结果。

（3）区分骗取出境证件罪与组织他人偷越国（边）境罪的界限。从法理上讲，本罪规定的行为实质上是组织他人偷越国（边）境行为的一种特殊情况，只是由于这种犯罪日益猖獗，法律才将它规定为独立的犯罪。所以，只要行为人实施了为组织他人偷越国（边）境骗取出境证件的行为，就构成本罪。如果行为人骗取出境证件后，又采用骗取的出境证件组织他人偷越国（边）境，则根据吸收犯的理论，对行为人以组织他人偷越国（边）境罪论处，但在量刑时应从重。

本案中，三被告通过为申请劳务签证人员伪造吸毒症、传染病检验检疫报告单、艾滋病检验检疫报告单,或者为申请旅游签证人员伪造俄罗斯 SJ 旅游公司旅游签证邀请函,并编造、虚假填写电子签证申请表中出境人员单位、职务、居住地址、联系电话项目等方式,为数百名中国公民骗取了赴俄签证,造成大量中国公民持签证出境前往俄罗斯,构成骗取出境证件罪既遂,法院认定事实清楚,证据充分,判决公允。

四、李某某、毛某某犯提供伪造、变造的出入境证件罪

案号:(2015)长刑初字第 1112 号

案情简介及控辩主张

经审理查明,2014 年 12 月,被告人毛某某为帮助周某某、张某某申请荷兰旅游签证,委托被告人李某某以替换盖有拒签章的护照内页的方式,对周某某、张某某的护照进行变造,并将上述变造后的护照递交至荷兰王国驻上海领事馆申请签证,后被领馆工作人员发现。

2014 年 10 月间,被告人李某某以在护照上粘贴伪造的美国签证的方式,向马俊提供了变造的王某的护照,使得王某顺利获得他国签证并出境。

2015 年 4 月 17 日,被告人毛某某在浙江省青田县被公安机关抓获。同年 6 月 18 日,公安机关在被告人毛某某的配合下,在福建省福清市抓获被告人李某某。

法院判决及其理由

被告人李某某单独或伙同被告人毛某某为他人提供伪造、变造的出入境证件,其行为均已构成提供伪造、变造的出入境证件罪,依法应予惩处。公诉机关的指控,事实清楚,定性正确。被告人李某某到案后能如实供述自己的犯罪事实,依法予以从轻处罚,辩护人与此相关的意见予以采纳。被告人毛某某到案后能如实供述自己的犯罪事实,且有立功表现,依法予以从轻处罚。为维护国家对国(边)境的管理制度,依照《中华人民共和国刑法》第三百二十条、第二十五条第一款、第六十七条第三款、第六十八条、第七十二条第一款和第三款、第七十三条第一款和第三款、第五十三条、第六十四条之规定,判决如下:

(1)被告人李某某犯提供伪造、变造的出入境证件罪,判处有期徒刑 1 年零 6 个月,并处罚金人民币 5000 元。

(2)被告人毛某某犯提供伪造、变造的出入境证件罪,判处拘役 6 个月,缓刑 6 个

月，并处罚金人民币 3000 元。

（3）作案工具：计算机机箱 1 台予以没收。

案例评析

"为他人提供"其中的"提供"包括有偿和无偿提供，该犯罪行为不能认为是偷越国（边）境罪的帮助犯，而属于实行犯。

本罪在客观方面表现为行为人实施向他人提供伪造、变造的护照、签证等出入境证件的行为。所提供的出入境证件必须是伪造或经过变造的虚假或无效的证件。所谓伪造出入境证件，是指仿照正式的护照、签证等出入境证件的形状、图案、文字和色彩等制作假的护照、签证等出入境证件，所谓变造出入境证件，是指对已过期失效或者他人的护照、签证等出入境证件采用剪贴、拼接等打法，变造出入境证件。提供伪造、变造的假证件，无论是本人伪造、变造，还是他人伪造、变造的，对提供者构成本罪均无影响。如果行为人自己伪造、变造后又为他人提供的，其伪造、变造行为又构成伪造、变造公文、证件、印章罪，此罪与向他人提供伪造、变造的出入境证件罪之间形成牵连关系、按处理牵连犯的原则，从一重罪处断。如果是组织他人偷越国（边）境犯罪集团中的个别成员分工伪造、变造出入境证件，供犯罪集团使用、应以组织他人偷越国（边）境的共犯论处。

本罪与伪造证件、变造证件罪的界限，区别的关键在于客观行为不同：本罪的主要行为是"提供"而非"伪造、变造"，只要行为人向他人提供了伪造、变造的出入境证件，而不论是谁伪造、变造的，均构成本罪；反之，不构成本罪。而伪造、变造证件罪的主要行为是伪造、变造，行为人只有实施了伪造、变造行为才构成犯罪。所以，当行为人只实施伪造、变造出入境证件的行为时，则构成伪造、变造证件罪；当行为人既伪造、变造了出入境证件，又把伪造、变造的证件向他人提供时，则前一行为被后一行为吸收，对行为人按为他人提供伪造、变造的出入境证件罪论处，并不两罪并罚，但量刑时可适当从重。

本案中，被告人毛某某以替换盖有拒签章的护照内页的方式，对周某某、张某某的护照进行变造，并将上述变造后的护照递交至荷兰王国驻上海领事馆申请签证。被告人李某某以在护照上粘贴伪造的美国签证的方式，向马俊提供了变造的王某的护照。两个被告人既伪造、变造了出入境证件，又把伪造、变造的证件向他人提供时，则前一行为被后一行为吸收，对行为人按为他人提供伪造、变造的出入境证件罪论处。

五、阮某甲、杨某乙犯偷越国(边)境罪

案号:(2016)桂 1081 刑初 155 号

案情简介及控辩主张

被告人阮某甲、杨某乙、杨某甲、杨某丙系越南社会主义共和国公民,被告人阮某甲、杨某乙、杨某甲、杨某丙、阮某乙和阮某某(阮某某未满 16 周岁,此二人均另案处理)经共谋后。于 2016 年 3 月 2 日,结伙从中越边境 567 号界碑旁便道进入中国,并前往中国广西靖西县龙临镇的阮某乙越(越南籍人,系被告人亲属)家帮拆房子,同年 3 月 9 日 12 时许,被告人阮某甲、杨某乙、杨某丙、杨某甲返回越南途经那坡县百省乡百坎村妖皇屯沿边公路时被中国警方查获。经查,此六人未持有任何合法有效的出入证件;另查明,被告人杨某甲生于 1998 年 9 月 8 日;四被告人到案后如实供述了自己的行为。

被告人阮某甲、杨某乙、杨某丙、杨某甲对起诉书指控的犯罪事实和罪名无异议,请求从轻处罚。

被告人阮某甲、杨某乙、杨某丙的辩护人对起诉书指控各自被告人的犯罪事实和罪名无异议,提出三被告人到案后如实供述了自己的行为,请求对其从轻处罚的辩护意见。

被告人杨某甲的辩护人对起诉书指控被告人的犯罪事实和罪名无异议,提出被告人杨某甲实施犯罪时,年龄未满 18 周岁,依法应当从轻或者减轻处罚,且到案后如实供述了自己的行为,请求对其从轻处罚的辩护意见。

法院判决及其理由

被告人阮某甲、杨某乙、杨某甲、杨某丙违反中华人民共和国出入境管理法规,无出入境证件三人以上结伙出入中越国境,情节严重,其行为已构成偷越国境罪,公诉机关指控的罪名成立。在共同犯罪中,四被告人共谋犯罪,均起主要作用,都是主犯,应按其所参与的全部犯罪处罚。被告人杨某甲实施犯罪时,年龄未满十八周岁,依法应当从轻或者减轻处罚;四被告人到案后如实供述自己的罪行,依法可以从轻处罚,上列辩护人提出四被告人有从轻情节的辩护意见,法院予以采纳。依照《刑法》第三百二十二条,第二十五条第一款,第二十六条第一、四款,第六十七条第三款,第五十二条,第五十三条,第三十五条及最高人民法院、最高人民检察院《关于办理妨害国(边)境管理刑

事案件应用法律若干问题的解释》第五条第一款第(二)项、第六条第一款第(一)项之规定,判决如下:

(1) 被告人阮某甲犯偷越国境罪,判处拘役 5 个月,并处罚金人民币 1000 元,刑满后驱逐出境。

(2) 被告人杨某乙犯偷越国境罪,判处拘役 5 个月,并处罚金人民币 1000 元,刑满后驱逐出境。

(3) 被告人杨某丙犯偷越国境罪,判处拘役 5 个月,并处罚金人民币 1000 元,刑满后驱逐出境。

(4) 被告人杨某甲犯偷越国境罪,判处拘役 5 个月,并处罚金人民币 500 元,刑满后驱逐出境。

案例评析

(1) 偷越国(边)境,具有下列情形之一的,应当立案侦查:①偷越国(边)境三次以上、屡教不改的。②实施违法行为后偷越国(边)境的。③在偷越国(边)境时对执法人员施以暴力、威胁手段的。④造成重大涉外事件和恶劣影响的。⑤有其他严重情节的。

(2) 偷越国(边)境,具有下列情形之一的,应当立为重大案件:①为逃避刑罚偷越国(边)境的。②以走私/贩毒等犯罪为目的偷越国(边)境的。③有其他特别严重情节的。

(3) 本罪在客观方面表现为偷越国(边)境,情节严重的行为。所谓"偷越国(边)境",是指违反国(边)境管理法规,非法出入国(边)境的行为。其偷越国(边)境的手段和方法可以是多种多样的,一般表现为在不准通过的地点秘密出入境,有用船偷渡的,也有靠车马或步行偷越的;有的虽然是在指定的地点通过,但伪造、涂改、冒用出入境证件或用其他蒙骗手段蒙混过关的,例如有人藏在进出国(边)境的飞机、船只、汽车里,也有人藏在出入境装货的集装箱或行李箱中。无论采取什么方法,只要是实施了非法出入境等行为的,都是偷越国(边)境行为。在这里,需要注意的是,行为人只是涂改、伪造了出入境文件,还没有进一步实施偷越国(边)境行为的,就不能构成本罪,而可能触犯其他罪名,如伪造公文、证件、印章罪,对外国人入境后在我国非法居留、停留的,或者到不对外国人开放地区旅行的,都不能视为偷越国(边)境的行为,不能以本罪论处。

根据本条的规定,偷越国(边)境的行为,只有"情节严重的"才构成犯罪。如前所述,应当立案侦查的就属于情节严重。此规定,在实践中认定该罪时仍可参照。具体地,应结合犯罪动机、犯罪目的、犯罪行为的方式及造成的后果、偷越国(边)境的次数等因素予以全面分析,综合认定。对那些边民、渔民为探亲访友、赶集、过境作业等原因偶尔非法出入国(边)境;或者是为贪图省事而非法出入国(边)境,情节不严重的,以及因听信他人唆使、不知道偷越国(边)境是违法行为而偷越国(边)境等情况,一般不以犯罪论处。在国(边)境地区误出误入的,更不应作为偷越国(边)境罪处理。偷越国(边)境的一般违法行为,可给予治安行政处罚或者批评教育,使其改正。

本案中,被告人阮某甲、杨某乙、杨某甲、杨某丙违反我国出入境管理法规,无出入境证件三人以上结伙共谋出入中越国境,情节严重,其行为已构成偷越国境罪。

第四章

妨害文物管理罪

一、吕某某、刘某犯倒卖文物罪

案号：（2016）06 刑终 4 号

案情简介及控辩主张

原审判决认定，2010 年农历八九月份，被告人吕某某用一张毛农丹（著名画家）的画在西安市八仙庵古玩市场和一陌生男子交换了一套两件青铜器。2014 年正月，被告人吕某某将该青铜器送至被告人刘某开设的古玩店让其辨别真假，并告知其若有人愿购买即可出售。2014 年 5 月 1 日，杨某某（线人）对张某某（已判刑）谎称某领导要给开发商送礼物，让张某某帮忙弄件青铜器。张某某答应后，询问曹某某（已判）是否有青铜器。后曹某某联系了开设古玩店的杨某某（已判）询问其是否有青铜器。杨某某联系刘某后，刘某将该青铜器交给杨某某，告知其出售价格为十七八万元。2014 年 5 月 4 日，曹某某带青铜器与张某某见面并告知了其价格，张某某联系了杨某某与其约定在子长县安定镇某村杨某某家看货。同年 5 月 5 日，曹某某、张某某带青铜器来到杨某某家准备验收青铜器时被子长县公安局民警当场抓获。现场扣押的一套两件青铜器经陕西省文物鉴定委员会鉴定为东周时期的蟠螭纹分体铜甗，系国家三级文物。后被告人吕某某、刘某向杨某某索要该青铜器，杨某某便赔偿了吕某某 6.9 万元。2015 年 2 月 16 日，被告人刘某在榆阳区被榆林市公安局榆阳分局鼓楼派出所民警抓获。同年 5 月 27 日，被告人吕某某被西延铁路公安处榆林站派出所民警抓获。

二审法院经审理查明，原审判决认定原审被告人吕某某、刘某构成倒卖文物罪的事实是清楚、正确的。

吕某某上诉称,他将蟠螭纹分体铜瓿青铜器给刘某,是让其辨认真假,并没有让其买卖。原判认定事实错误,请求二审改判。

刘某上诉称,涉案的两件文物是吕某某的,也是吕某某提出让出售的,他只是起了帮忙作用,属从犯,应对他减轻处罚。

法院判决及其理由

原审法院认为被告人吕某某、刘某以牟利为目的,故意倒卖受国家保护的三级文物,情节严重,其行为均已触犯《刑法》第三百二十六条之规定,构成倒卖文物罪。被告人吕某某、刘某在共同犯罪中均起主要作用,是共同主犯。二被告人自愿认罪,且涉案文物已被扣押,可酌情从轻处罚。依照《刑法》第三百二十六条第一款、第二十五条、第二十六条、第五十二条、第五十三条之规定,判决:①被告人吕某某犯倒卖文物罪,判处有期徒刑 1 年零 2 个月,并处罚金 10 000 元。②被告人刘某犯倒卖文物罪,判处有期徒刑 1 年零 2 个月,并处罚金 10 000 元。

二审法院认为,上诉人吕某某、刘某以牟利为目的,倒卖受国家保护的三级文物蟠螭纹分体铜瓿,属于情节严重。其行为均已构成倒卖文物罪。吕某某上诉称,他将蟠螭纹分体铜瓿青铜器给刘某,是让其辨认真假,并没有让刘某出卖。原判认定事实错误,请求二审改判。经查,吕某某委托刘某出卖文物不仅有其本人供述,还有被告人刘某供述印证。证据确实充分,其上诉理由不能成立。刘某上诉称,涉案文物是吕某某的,也是吕某某提出让出售的,他只是起了帮忙作用,属从犯,应对他减轻处罚。经查,该文物虽属吕某某所有,但其受吕某某的委托通过中介人向他人出售,并将该文物交给购买人,作用明显,应系主犯。故其上诉理由不能成立。原审判决认定事实清楚、证据确实充分,审判程序合法,量刑适当。依照《中华人民共和国刑事诉讼法》第二百二十五条第(一)项之规定,判决如下:

驳回上诉,维持原判。

案例评析

(1) 根据《刑法》第三百二十六条的规定,有下列情形的,应予立案:①倒卖三级文物的,非法获利数额较大的,非法经营数额较大的。②多次倒卖三级以下文物、倒卖三级以下文物多件的等情节。③倒卖二级文物的、倒卖一级文物的,非法获利数额巨大的、非法经营数额巨大的。④倒卖稀世国宝的。

(2) 本罪的对象是国家禁止经营的文物,所谓"国家禁止经营的文物",是指受国家保护的并由国家有关主管部门核定公布的属于禁止经营的文物。1992 年国家文物局等部门就曾下发《关于加强文物市场管理的通知》,规定了部分禁止经营的文物的具体范围,是指未经许可不得经营的一、二、三级珍贵文物以及其他受国家保护的具有重大历史、文化、科学价值的文物。

(3) 本罪在客观方面表现为倒卖国家禁止买卖的文物,情节严重的行为,所谓倒卖,是指低价买进高价卖出或者转手贩卖,故将自己所有的文物出售给他人的,不属于"倒卖"文物;盗窃珍贵文物后出售的,也不属于"倒卖"文物。

行为人倒卖的对象只能是国家禁止经营的文物,如果倒卖的不是国家禁止经营的文物,就不构成本罪。构成本罪,还要求必须具备情节严重的要素。根据司法实践,所谓情节严重,是指倒卖三级文物的,非法获利数额较大的,非法经营数额较大的,或者多次倒卖三级以下文物、倒卖三级以下文物多件的等情节。而倒卖二级文物的、倒卖一级文物的,非法获利数额巨大的、非法经营数额巨大的,或者倒卖稀世国宝的等,则属于情节特别严重。

(4) 本罪在主观方面表现为故意,且以牟利为目的。行为人不具有故意的心理不构成本罪,还必须同时具有牟利的目的,才能构成本罪。对于那些确实既无牟利目的,也无行使目的,而纯粹因为个人兴趣的,不以犯罪论处。此外,对于不知是禁止买卖的文物而买卖的,也不以犯罪论处。

本案中,上诉人吕某某、刘某以牟利为目的,倒卖受国家保护的三级文物蟠螭纹分体铜瓿,属于共同犯罪,且在犯罪活动中都起到了重要作用,属于主犯,情节严重,其行为均已构成倒卖文物罪。

二、帅某某等人犯盗掘古文化遗址罪

案号:(2016)川 1403 刑初 30 号

📖 案情简介及控辩主张

2012 年年底至 2013 年五六月份,被告人帅某某、黄某某、郭某某、何某(另案)利用潜水衣、金属探测仪等装备,在彭山区江口镇岷江水域内(为眉山市人民政府 2010 年 10 月 21 日公布的第三批古文化遗址中的江口沉银遗址),挖得银锭等物。其中在 2013 年 3 月的一天晚上,帅某某、黄某某、郭某某三人在彭山区江口镇政府对面的水域挖到一根半截的青冈木,内有 10 枚 50 两的银锭,郭某某分得其中 4 枚,帅某某和黄某某各人得 3 枚。

被告人帅某某明知系盗掘所得物品,仍以 10 万元从赵某某等人手中收购了 3 枚"西王赏功"钱币。

另查明,被告人黄某某将其分得的 3 枚银锭交给了郭某某,郭某某支付了 10 万元钱给黄某某。

又查明,被告人黄某某于 2015 年 7 月 2 日到彭山区公安分局刑警大队投案,并供述了参与盗掘沉银遗址及挖到银锭的事实,在侦查阶段退缴违法所得 5 万元;被告人郭某某于 2015 年 12 月 14 日在交通警察大队年审驾驶证时被公安机关抓获,其到案后如实供述了参与盗掘并挖到银锭的事实;被告人帅某某于 2015 年 4 月 25 日被传唤到彭山区公安分局接受调查,其供述了参与盗掘的事实。

被告人黄某某对指控的事实和罪名无异议,请求对其从轻处罚。

其辩护人提出黄某某受人之邀参与挖宝时并不知那个地方是古文化遗址;黄某某有自首情节,并主动上交了 5 万元;家里需要黄某某照顾,请求对黄某某从轻或者免予刑事处罚。

被告人郭某某对指控的事实和罪名无异议,同时辩解其在被抓之前并不知道挖的地方是古文化遗址且已被作为网上追逃对象,因当时在照顾怀孕的妻子,没有手机,也没有人与他联系,在听说有人被抓后,就想审了驾照后再去公安局,结果在审驾照时就被抓了。孩子还小,请求对其从轻处罚。

其辩护人提出郭某某主动将自己置于警察的控制之下,系自首;不知是古文化遗址,主观恶性小;主动退出挖宝,危害性较小;系初犯;请求对郭某某从轻处罚并适用缓刑。

📖 法院判决及其理由

被告人帅某某、郭某某、黄某某盗掘古文化遗址,并窃取文物的行为,均已触犯《刑法》第三百二十八条之规定,构成盗掘古文化遗址罪;被告人帅某某明知是从古文化遗址范围内出土的文物而予以收购,其行为已构成掩饰、隐瞒犯罪所得罪。公诉机关指控的事实清楚,罪名成立,予以确认。对被告人帅某某所犯二罪,应按《刑法》第六十九条的规定,实行数罪并罚。三被告人均当庭自愿认罪,予以酌情从轻处罚;被告人黄某某主动到案,并如实供述盗掘事实,系自首,又主动退缴违法所得及交纳罚金,予以减轻处罚;被告人郭某某到案后如实供述犯罪事实,系坦白,又主动退缴违法所得及交纳罚金,予以从轻处罚;对被告人帅某某所分的至少 7 万元违法所得,应予以追缴。

关于帅某某辩解其未挖得银锭的意见,与前述查明的事实不符,对该意见不予采纳;关于其帮助他人收购"西王赏功"钱币时不知是文物的辩解意见,经查,帅某某明知赵某某等人在"江口沉银遗址"盗掘文物而主动与赵某某等人联系收购,故辩解意见与查明的事实不符,不予采纳。

关于帅某某的辩护人提出的银锭无实物,不能证明是张献忠沉银,指控帅某某犯盗掘古文化遗址罪的证据不充分,即使有证据证实,也是犯罪未遂的意见,法院认为,银锭虽不在案,但三被告的供述和证人的证言能够证实帅某某等人在"江口沉银遗址"盗掘并盗得银锭的事实,且盗掘古文化遗址罪名并不以盗得文物作为既遂标准,实施了盗掘行为即为既遂。

关于辩护人提出眉山市政府 2010 年 10 月 21 日的通知并未公布及公示,不能作为定罪依据的意见,法院认为,眉山市政府眉府函(2010)142 号通知将彭山县(现眉山市彭山区)江口镇的"江口沉银遗址"作为第三批市级重点文物保护单位已于 2010 年 10 月 21 日予以公布,系具有法律效力的文件,能够作为本案的定案依据。

关于辩护人提出扣押在案的财物不是作案工具也不是犯罪所得的意见,经查,扣押在案的汽车、房屋等物目前虽暂无证据证实系作案工具或犯罪所得购买,但应依法折抵违法所得及所判罚金。

关于辩护人建议对两罪合并后适用缓刑的意见,法院认为,帅某某所犯两罪均不属于情节较轻的情形,故对辩护人所提该意见不予采纳。

关于被告人郭某某的辩护人认为郭某某具有自首情节的意见,前述已查明,郭某某到交通警察大队办理驾驶证年审并不属于自首要求的主动投案,不构成自首,对该意见不予采纳。

关于被告人黄某某、郭某某及其辩护人所提对黄某某、郭某某从轻处罚的意见,符合本案实际,予以采纳。

鉴于被告人郭某某、黄某某均系初犯,积极退缴了违法所得及主动交纳罚金,认为对该二被告人适用缓刑不具有再犯罪的危险。综上,依照《刑法》第三百二十八条第一款,第三百一十二条,第六十九条,第六十四条,第七十二条第一、三款,第七十三条第二、三款,第五十二条,第五十三条之规定,判决如下。

(1) 被告人帅某某犯盗掘古文化遗址罪,判处有期徒刑 3 年零 3 个月,并处罚金人民币 35 000 元;犯掩饰隐瞒犯罪所得罪,判处有期徒刑 9 个月,并处罚金人民币 5000 元;数罪并罚决定执行有期徒刑 3 年零 6 个月,并处罚金人民币 40 000 元。

(2) 被告人郭某某犯盗掘古文化遗址罪,判处有期徒刑 3 年,缓刑 4 年,并处罚金人民币 30 000 元。

(3) 被告人黄某某犯盗掘古文化遗址罪,判处有期徒刑 2 年零 6 个月,缓刑 3 年,并处罚金人民币 30 000 元。

(4) 对扣押在案的充氧机 1 台,予以没收;对被告人郭某某、黄某某已退缴的违法所得 7 万元,予以没收,上缴国库;对帅某某账号为 62146636500009×××内的余额和孳息以及现金人民币 1478 元予以扣缴罚金;对帅某某扣押在案的车牌号为川ZK9×××白色途观车 1 辆及位于彭山区彭溪镇某处监证号为 0078×××的商品房1 套拍卖后,予以抵缴罚金和违法所得。

案例评析

(1) 本罪在客观方面表现为盗掘古文化遗址、古墓葬的行为,所谓盗掘,既不同于单纯的盗窃行为,也不同于对文物的破坏行为,它是指未经国家文化主管部门批准的私自掘取行为,其行为方式有的是秘密的,有的是明目仗胆公开进行掘取;有的是单个人实施,有的则多人合伙甚至聚众实施。

本罪属于行为犯而不是结果犯,只要行为人实施了盗掘古文化遗址、古墓葬的行为就已构成本罪,至于是否造成使古文化遗址、古墓葬受到严重破坏的结果,只对确定本罪适用的法定刑有意义。在实践中,虽然盗掘古文化遗址、古墓葬行为一般都会对古文化遗址、古墓葬造成严重破坏,但也有些行为确未使古文化遗址、古墓葬受到严重破坏,对此不能认为不构成犯罪或只构成犯罪预备或犯罪未遂。

(2) 本罪的主体是一般主体。单位能否构成本罪主体,法律无明文规定,一般认为,根据其他有关对单位犯罪的法律规定来理解,如果本罪是在单位名义组织策划下实施的,可以对单位主管人员和其他直接责任人员追究刑事责任,而不宜对单位直接追究刑事责任。

(3) 本罪在主观方面表现为故意,而且一般具有非法占有古文化遗址、古墓葬中文物的目的。本罪能否由间接故意构成,理论上有肯定与否定两种截然对立的观点。一般认为只要行为人的盗掘行为出于故意,其对盗窃的对象是否属于古文化遗址、古墓葬的文物即使是不确定的,也可以构成本罪。因而本罪可以由间接故意构成。

(4) "盗掘古文化遗址、古墓葬,并盗窃珍贵文物或者造成珍贵文物损坏的"属于加重情节,即法定刑升格条件。

① 盗掘古文化遗址、古墓葬后,盗窃其中珍贵文物的,成立盗掘古文化遗址、古墓葬罪(加重情节),不再成立盗窃罪。

② 在盗掘古文化遗址、古墓葬的过程中,过失造成古文化遗址、古墓葬中的珍贵文物等毁坏的,成立盗掘古文化遗址、古墓葬罪(加重情节),不再成立过失毁损文物罪;但在盗掘古文化遗址、古墓葬后,故意毁坏古文化遗址、古墓葬中的珍贵文物或者名胜

古迹的,则应数罪并罚。

本案中,法院事实认定清楚,判决有理有据,帅某某前后共实行了两个行为,既不属于牵连犯、也不属于吸收犯,理应数罪并罚。其他被告人共谋盗掘古文化遗址,成立共同犯罪,应当受到刑事处罚。

三、刘某某犯盗掘古墓葬罪

案号:(2016)内 0626 刑初 76 号

案情简介及控辩主张

2014 年五六月份的一天晚上,被告人刘某某伙同刘某强(已判决)、张某飞(已判决)、刘某军(已判决),乘坐刘某某驾驶刘某军的陕 KYJ×××号比亚迪轿车从陕西省榆林市榆阳区窜至内蒙古乌审旗嘎鲁图镇巴彦柴达木公安检查站北白河古城遗址,徐某平(已判刑)伙同李某林(已判刑)与刘某强取得联系后从乌审旗嘎鲁图镇也来到白河古城遗址,共同实施盗挖古墓一座,因墓中没有挖到东西就各自回去。次日晚,同样被告人刘某某伙同刘某强、刘某军、李某生(已判刑)、刘某设(已判刑)乘坐刘某军驾驶的陕 KYJ×××号比亚迪轿车和刘某设驾驶的陕 KJS×××号起亚车从陕西省榆林市榆阳区窜至内蒙古乌审旗嘎鲁图镇巴彦柴达木公安检查站北白河古城遗址,徐某平、李某林、陆某开(已判刑)与刘某强取得联系后也来到白河古城遗址,共同盗挖了三座古墓,盗出一些铜器,后被刘某强以 3000 元的价格卖掉。

法院判决及其理由

被告人刘某某伙同他人两次盗挖具有历史、艺术、科学研究价值的古墓葬,其行为已构成盗掘古墓葬罪,应以盗掘古墓葬罪追究被告人的刑事责任。公诉机关指控被告人刘某某犯盗掘古墓葬罪的犯罪事实清楚,证据确实充分,罪名成立,法院予以支持。被告人刘某某伙同刘某强(已判刑)、张某飞(已判刑)、刘某军(已判刑)、李某生(已判刑)、刘某设(已判刑)共同盗掘古墓葬的行为符合共同犯罪的构成要件,属共同犯罪,在共同犯罪中刘某强属主犯,被告人刘某某在共同犯罪中起辅助作用,系从犯,应当从轻处罚。被告人刘某某在开庭审理中认罪态度好,有悔罪表现,可酌情予以从轻处罚。依照《刑法》第三百二十八条第一款、第二十五条第一款、第二十七条、第六十七条第三款的规定,判决如下:

被告人刘某某犯盗掘古墓葬罪,判处有期徒刑 1 年零 6 个月,并处罚金人民币

4000 元。

案例评析

　　盗掘古文化遗址、古墓葬罪是指盗掘具有历史、艺术、文化、科学价值的古文化遗址、古墓葬的行为。该罪名是由全国人大常委会于 1991 年通过的《关于惩治盗掘古文化遗址、古墓葬犯罪的补充规定》中予以确立的,修订后的《刑法》对此予以了保留。

　　盗掘古文化遗址、古墓葬罪属选择性罪名,既可结合适用,也可选择适用,而结合适用的前提是行为人不仅实施了盗掘古文化遗址的行为,还实施了盗掘古墓葬的行为。本罪侵害的客体是国家对文物的保护管理制度和社会管理秩序。犯罪对象是受国家保护的具有文化、历史、艺术、科学价值的古文化遗址和古墓葬。根据国家文物主管部门的规定,这里的古文化遗址是指清代和清代以前中华民族历史发展中由古代人类创造并留下的表明其文化发展水平的石窟、地下城、古建筑等,古墓葬是指清代和清代以前中华民族历史上建造并留下的墓穴及其有关设施。客观方面表现为私自盗掘古文化遗址、古墓葬的行为。主观方面是故意,即明知是古文化遗址、古墓葬而故意挖掘,包括直接故意和间接故意,一般具有非法获取文物的目的,过失不构成此罪。犯盗掘古文化遗址、古墓葬罪情节较轻是减轻处罚事由。这里的情节较轻,是指盗掘古文化遗址、古墓葬损毁较小,没有造成文物破坏,或者具有其他较轻情节等。

　　从古文化遗址和古墓葬的概念中不难看出,古文化遗址包含的范围大,它是指古代人类各种活动留下的遗迹,古墓葬只是古文化遗址中的一个部分,当然这是在对同一文化年代、同一地点或区域而言。在这种情况下古墓葬和古文化遗址是一个有机的整体。如果犯罪分子盗掘古文化遗址内的古墓葬,不仅破坏了古墓葬,也相应地破坏了古文化遗址,对此应认定为盗掘古文化遗址、古墓葬罪,而不是单单以盗掘古墓葬来认定。如果盗掘的是古文化遗址,没有盗掘古墓葬的,就以盗掘古文化遗址罪认定。如果只是盗掘古墓葬,与古文化遗址毫不相干,那么应单独定盗掘古墓葬罪。根据刑法规定,盗窃具有历史、艺术、科学价值的古墓葬才构成盗窃古墓葬罪,其前提一是必须要有历史、艺术、科学价值,二是必须是古墓葬。这需要专门的鉴定部门、专门的人员及专门的科学知识和手段才能予以确认。

　　本案中,被告人刘某某伙同他人盗掘国家保护的具有文化、历史、艺术、科学价值的古文化遗址和古墓葬,由于其只是盗掘古墓葬,与古文化遗址毫不相干,那么单独成立盗掘古墓葬罪。被告人刘某某犯盗掘古墓葬罪的犯罪事实清楚,证据确实充分,罪名成立。

四、钱某犯故意毁损文物罪

案号：（2014）石刑终字第 00283 号

案情简介及控辩主张

原判认定：被告人钱某在石家庄市桥东区大经街民生路南三巷指使他人将省级文物保护单位——石家庄日本宪兵司令部旧址损毁约 6 米。自 2011 年 7 月 7 日石家庄市文物局下达停止侵害通知书后，仍继续损毁该建筑。经鉴定：日本宪兵司令部旧址南侧建筑已经严重损毁，院落格局及楼梯已不复存在。按补砌的文物现状共损失文物建筑面积约 280 平方米，后果严重。被告人钱某自愿认罪。

经法院二审审理查明的事实和证据与一审相同，且本案证据均经一审法院当庭质证、认证，合法有效，法院予以确认。

法院判决及其理由

原审法院认为，被告人钱某故意损毁省级文物保护单位，石家庄市桥东区人民检察院指控被告人钱某犯故意损毁文物罪，事实清楚，证据确实、充分，罪名成立。被告人钱某的辩护人提出的辩护观点，与查明的事实不符，法院不予采信。被告人钱某自愿认罪，可酌情从轻处罚。依照《刑法》第三百二十四条第一款规定，判决被告人钱某犯故意损毁文物罪，判处罚金人民币 40 万元。

二审法院认为，原审被告人钱某故意损毁省级文物保护单位的文物，其行为已构成故意毁损文物罪。关于检察机关的抗诉理由，经查，原判根据原审被告人犯罪事实、性质、情节，对其按照法律规定定罪处罚并无不当，故检察机关抗诉理由不能成立，法院不予采纳。原判事实清楚，证据确实、充分，定罪准确，量刑适当，审判程序合法。依照《中华人民共和国刑事诉讼法》第二百二十五条第一款第一项、第二百三十三条之规定，判决如下：

驳回抗诉，维持原判。

案例评析

（1）本罪侵犯的客体是国家文物管理秩序，本罪的对象是国家保护的珍贵文物和被确定为全国重点文物保护单位、省级文物保护单位的文物。所谓国家保护的珍贵文物，是指具有重大历史、科学、艺术价值的文物。根据《文物保护法》（1982 年 11 月 19 日）

第二条及其实施细则的规定,珍贵文物包括具有重大历史、科学、艺术价值的纪念物、艺术品、工艺美术品、革命史献资料、手稿、古旧图书资料以及代表性实物等文物,珍贵文物分为一、二、三级,是否属于珍贵文物由有关部门依法鉴定确认。此外具有科学价值的古脊椎动物化石和古人类化石同文物一样受国家保护。

所谓全国重点文物保护单位、省级文物保护单位的文物,是指由国务院、省、自治区、直辖市人民政府根据文物的历史、艺术、科学价值,核定公布并予以重点保护的革命遗址、纪念建筑物、古文化遗址、古墓葬、古建筑、石窟寺、石刻等文物。所谓全国重点文物保护单位,是指国家行政管理部门在各级文物保护单位中,选择出来的具有重大历史、艺术、科学价值并报国务院核定公布的单位以及国家文化行政管理部门在各级文物保护单位中,直接指定出来并报国务院核定公布的单位;所谓省级文物保护单位,是指由省、自治区、直辖市人民政府核定并报国务院备案的文物单位。

(2) 本罪在客观方面表现为故意损毁国家保护的珍贵文物或者被确定为全国重点文物保护单位、省级文物保护单位的文物的行为。所谓损毁,是指使珍贵文物或者被确定为全国重点文物保护单位、省级文物保护的文物部分破损或者完全毁灭,损毁文物的情况比较复杂,造成的后果各有不同,破坏的程度有轻有重,社会影响也有差异。处理时要作具体分析,认真区分违法和犯罪的界限。应鉴别遭到损毁的是否是其主要的、关键的部分,对其外观的破坏程度等,从经济价值、社会影响、危害后果等各种因素进行综合考虑。对某些损坏很轻、影响不大或者被损坏后易于修复,情节显著轻微的,亦可以不认为是犯罪,但可依照《治安管理处罚条例》第二十五条第三项的规定,对故意污损国家保护的文物、名胜古迹、损毁公共雕塑、尚不够刑事处分的行为,处以 200 元以下罚款或警告。

本罪是举动犯,只要实施故意损毁行为,均构成本罪。

(3) 本罪在主观方面只能是故意,即明知是文物而故意加以损毁。至于行为人实施损毁行为的动机可能不尽相同,动机如何,不影响本罪构成,但是,如果行为人不知是文物将其损坏,或者虽然知道,但由于过失将其损毁,不构成本罪。所谓情节严重,一般是指:多次损毁、屡教不改的;损毁国宝级文物的;损毁大量珍贵文物或致使国家重点文物保护单位的文物毁损严重的;损毁文物动机极其恶劣的等。

本案中,被告人钱某在石家庄市桥东区大经街民生路南三巷指使他人将省级文物保护单位——石家庄日本宪兵司令部旧址损毁约 6 米。经石家庄市文物局下达停止侵害通知书后,仍继续损毁该建筑,属于情节严重中多次损毁、屡教不改的情形,构成故意毁损文物罪,被告人钱某自愿认罪,可酌情从轻处罚。综上,法院判决事实清楚、证据确实、充分,定罪准确,量刑适当。

五、兰某仕、李某斌犯窃取国有档案罪

（2001）哈刑终字第 75 号

案情简介及控辩主张

被告人兰某仕、李某斌均是巴里坤县法院的干部，且对该院领导胡某某心存不满。

1999 年 12 月，巴里坤县法院为做好档案达标工作，重新装订已归档的案件卷宗。被聘用参加此项工作的王某（系胡某某的亲戚）将准备重新装订的 27 册卷宗（内有刑事案卷 25 册、执行案卷 2 册）放在该法院图书室内。被告人兰某仕、李某斌借机盗出这些卷宗，由兰某仕谎称"废纸"送往周某萍家存放。事后，兰某仕、李某斌草拟了一封信，让李某斌的二叔李某清帮忙在兰某仕的宿舍重新抄写后，复印数份发往有关部门，控告胡某某用人不当致使法院案卷丢失，胡某某还在事后包庇丢卷人王某。2000 年 12 月，兰某仕、李某斌得知公安机关已着手侦查县法院档案丢失一事，遂将藏匿在周家的案件卷宗取走，丢弃在巴里坤县法院门口的某理发店屋顶上。2001 年 1 月 8 日，经李某斌指认，公安机关将丢弃的案卷追回。经巴里坤县保密局鉴定，被盗的 27 册卷宗中，属绝密级的卷宗 2 卷，秘密级的卷宗 4 卷。

被告人兰某仕辩称：我没有参与起诉书指控的窃取国有档案行动，证人之间具有串通和栽赃陷害我的可能性，现有证据不能形成完整的证据锁链，起诉书的指控不真实、不客观。请法庭坚持孤证不能定案的原则，宣告我无罪。

被告人李某斌辩称：我只是协助兰某仕隐藏而未非法占有国有档案，因此不构成窃取国有档案罪。在此案中，我只是从犯，且归案后认罪态度好，社会危害性较小，希望法庭对我从轻或者减轻处罚。

法院判决及其理由

哈密市人民法院认为：被告人兰某仕、李某斌因对领导不满，为构陷他人而采取秘密手段窃取国有档案，事实清楚，证据确实、充分，起诉书指控的事实成立。

《刑法》第三百二十九条第一款规定："抢夺、窃取国家所有的档案的，处五年以下有期徒刑或者拘役。"第三款规定："有前两款行为，同时又构成本法规定的其他犯罪的，依照处罚较重的规定定罪处罚。"此条规定的窃取国有档案罪，是指采取秘密手段获取国家所有档案的行为。该罪主体可由达到刑事责任年龄、具备刑事责任能力的自然人构成，侵犯的客体是国家对档案的管理制度，侵害的对象是国家所有的档案，犯罪

的主观方面表现为故意,即明知是国家所有的档案而窃取,客观方面表现为实施秘密窃取的行为。

档案是指过去和现在由国家机构、社会组织以及每个人从事政治、军事、科学、技术、文化、宗教等活动直接形成的对国家和社会有保存价值的各种文字、图表、声像等不同形式的历史记录。《中华人民共和国档案法》规定,国家所有的档案,是指由国家档案部门、国家机关、国有公司、企业、事业单位、人民团体和其他组织保管的、所有权属于国家的档案。人民法院作为国家审判机关,其在诉讼活动中形成的案卷对国家和社会均有保存价值,是所有权属于国家的诉讼档案。

本案被告人兰某仕、李某斌都是精神正常的成年人,且均为人民法院的干部,不仅明知他们窃取的是等待重新装订的诉讼档案,而且明知这些档案是属于国家所有的档案。兰某仕、李某斌实施窃取行为,并非想占有这些诉讼档案,只是以此来陷害本单位领导。《刑法》设定窃取国有档案罪,是要通过惩戒来禁止、杜绝窃取国有档案的行为,并非惩戒窃取行为造成的恶果。因此,只要行为人实施了窃取国有档案的行为即构成本罪,不问行为人的犯罪动机如何,也不问其窃取后如何处置国有档案。兰某仕、李某斌的行为已经触犯《刑法》第三百二十九条第一款的规定,构成犯罪。

《刑法》第二百八十二条第一款规定:"以窃取、刺探、收买方法,非法获取国家秘密的,处三年以下有期徒刑、拘役、管制或者剥夺政治权利;情节严重的,处三年以上七年以下有期徒刑。"此条规定的非法获取国家秘密罪,是指以窃取、刺探、收买等方法,非法获取国家秘密的行为。本案被告人兰某仕、李某斌窃取的人民法院诉讼档案中,有绝密级卷宗 2 卷,秘密级卷宗 4 卷,这一行为竟合了窃取国有档案罪与非法获取国家秘密罪。窃取国有档案罪的法定刑是五年以下有期徒刑或者拘役,非法获取国家秘密罪的法定刑是三年以下有期徒刑、拘役、管制或者剥夺政治权利。根据《刑法》第三百二十九条第三款关于"依照处罚较重的规定定罪处罚"的规定,对兰某仕、李某斌的行为,不以非法获取国家秘密罪论处。

《刑法》第二百四十三条规定:"捏造事实诬告陷害他人,意图使他人受刑事追究,情节严重的,处三年以下有期徒刑、拘役或者管制;造成严重后果的,处三年以上十年以下有期徒刑。"被告人兰某仕、李某斌窃取国有档案是为了陷害本单位的领导,然而其陷害行为尚未达到情节严重,不另定罪。

综上所述,被告人兰某仕、李某斌的行为已构成窃取国有档案罪,应当依法追究刑事责任。起诉书的指控定性准确。在本案中,兰某仕既积极预谋策划,又主动实施了窃取档案、拟写匿名信及转移赃物等一系列行为,归案后在证据面前仍不认罪,其无罪辩解不予采纳。李某斌积极配合兰某仕实施犯罪行为,故其关于自己是从犯的辩解不能成立。李某斌归案后能如实坦白自己的罪行,并能积极协助公安机关追回国有档案,确有悔罪表现,故其要求从轻处罚的意见可以采纳。据此,哈密市人民法院于2001年9月17日判决如下:

(1) 被告人兰某仕犯窃取国有档案罪,判处有期徒刑5年。

(2) 被告人李某斌犯窃取国有档案罪,判处有期徒刑3年,宣告缓刑5年。

二审法院经审理后认为:一审判决认定的事实清楚,证据确实、充分,定性准确,量刑适当,审判程序合法。上诉人兰某仕在本案中积极策划、主动实施窃取国有档案、拟写匿名信及转移赃物等行为,均有相应的证据证实,其提出的上诉意见与查明的事实不符,不予采信。兰某仕归案后拒不认罪,毫无悔改之意,一审从重处罚是适当的,辩护人的辩护意见不予采纳。上诉人李某斌在作案时的作用与兰某仕相当,但归案后认罪态度好,并积极协助公安机关追回被窃取的案卷材料,有悔改表现,原判在量刑时已充分考虑到这些情节,故对李某斌判处了较轻的刑罚。李某斌要求认定从犯、请求从轻处罚的上诉意见,不予采纳。据此,该院依照《中华人民共和国刑事诉讼法》第一百八十九条第(一)项的规定,于2001年11月20日判决如下:

驳回上诉,维持原判。

案例评析

(1) 本罪侵犯的客体是国家对档案的管理制度。档案在社会主义现代化建设事业中具有重要的作用,档案的灭失、毁损往往会给国家和人民造成不可弥补的损失,因此,为了加强对国有档案的保管、利用,惩治严重妨害国有档案的犯罪十分必要。

本罪的犯罪对象是国家所有的档案。档案是指过去和现在的国家机构、社会组织以及个人从事政治、经济、军事、科学、技术、文化、宗教等活动直接形成的对国家和社会有保存价值的各种文字、图表、声像等不同形式的历史记录。所谓国家所有的档案,是指国家档案馆保管且所有权属于国家的档案。归集体、个人所有的档案不是本罪的对象。

根据《中华人民共和国档案法》第三条的规定,一切国家机关、武装力量、政党、社会团体、企事业单位、公民都有保护档案的义务。各级人民政府应当加强对档案工作的领导,把档案事业纳入国民经济和社会发展计划,我国的档案工作实行统一领导、分级管理的原则,维护档案的完整与安全,便于社会各方面的利用。任何抢夺、窃取国家所有的档案的行为,都严重侵犯了国家的档案管理秩序。

(2) 本罪在客观方面表现为抢夺、窃取国家所有的档案的行为。所谓抢夺,是指在国有档案的保管者、持有人在场的情况下,公然当面夺走或抢取国有档案的行为,一般是乘管班人员或持有人不备而夺取,但也不排除在管理人、持有人有备时而强行夺取的情况。所谓窃取,是指采取自以为不为国有档案管理人、持有人发觉的方法,而秘密取走国家所有档案的行为。既可以当其面窃取,也可以在档案保管者、使用人不在场时而潜入档案存放地窃取等。

本罪为选择性罪名,只要行为人实施了其中之一行为,即构成本罪。即若只实施抢夺档案的行为,构成抢夺档案罪;只实施窃取档案行为的,构成窃取档案罪。

本案中,本案被告人兰某仕、李某斌明知他们窃取的是等待重新装订的诉讼档案,而且明知这些档案是属于国家所有的档案。兰某仕、李某斌实施窃取行为,已构成窃取国有档案罪,另外,本案被告人兰某仕、李某斌窃取的人民法院诉讼档案中,有绝密级卷宗2卷,秘密级卷宗4卷,符合非法获取国家秘密罪的构成要件,与窃取国有档案罪构成想象竞合犯,择一重罪处罚,因此,按照刑法有关规定,本案被告人兰某仕、李某斌成立窃取国有档案罪。在本案中,兰某仕既积极预谋策划,又主动实施了窃取档案、拟写匿名信及转移赃物等一系列行为,李某斌积极配合兰某仕实施犯罪行为,故两者是窃取国有档案罪的共犯,应依照刑法中共犯的情形定罪处罚。

第五章

危害公共卫生罪

一、唐某某犯医疗事故罪

案号：(2016)1283 刑初 21 号

案情简介及控辩主张

被告人唐某某系海伦市东林乡某村村医。2014 年 11 月 5 日,本村村民吕某某因腹部胀痛联系唐某某诊治,唐某某到吕某某家中对患者询问了病情并用手按压患者腹部进行了检查,认为患者吕某某所患病为胃肠炎,并当场开具三组点滴给患者输液及口服药干酵母、多潘立酮片剂服用。2014 年 11 月 6 日早,吕某某病情恶化,唐某某到吕某某家给吕某某测量血压,当时血压为 90/60mmHg,遂告诉吕某某赶紧转院治疗。吕某某被送往医院的途中出现休克、呼吸停止现象,唐某某赶到后做急救无效,吕某某死亡。经黑龙江省医院司法鉴定中心鉴定:吕某某因患急性化脓性阑尾炎伴穿孔、腹膜炎、阑尾周围脓肿,导致感染性休克死亡。经绥化市医学会医疗事故专家组判定结论为:一级甲等医疗事故,医方负完全责任。

另查明,附带民事诉讼原告人岳某某与被告人唐某某(附带民事诉讼被告人)的亲属于 2016 年 3 月 15 日达成赔偿协议,向法院申请撤回对被告人的附带民事诉讼,法院于同日裁定准许了附带民事诉讼原告人的申请。

被告人唐某某辩称,我与被害人之间没有矛盾,不是故意造成被害人死亡,我认罪、悔罪并且积极赔偿被害人亲属,请求法院从轻、减轻处罚。

辩护人辩称,对公诉机关指控被告人犯医疗事故罪没有异议,对于量刑有几点意见：①被告人如实供述，属于坦白情节，应减轻处罚。②被告人认罪、悔罪并积极赔偿被害人的经济损失，应从轻处罚。③本案是过失犯罪，没有主观故意。④被告人对被害人积极抢救。⑤被告人未配合医疗事故鉴定机构进行鉴定导致犯罪，有别于其他类型的医疗事故，建议对被告人判处有期徒刑 1 年，并处缓刑。

法院判决及其理由

被告人唐某某在医疗诊治患者过程中严重不负责任，造成患者死亡，其行为已构成医疗事故罪。公诉机关指控的犯罪事实清楚，证据确实、充分，指控的罪名成立，应予支持。对于被告人及辩护人发表的对公诉机关指控被告人犯医疗事故罪没有异议，对于量刑的意见，符合法律规定，予以采纳。被告人当庭自愿认罪、悔罪，积极赔偿被害人的经济损失，并得到被害人家属的谅解，酌情对其从轻处罚。对其适用缓刑，对所居住社区没有重大不良影响。依照《刑法》第三百三十五条、第六十七条第三款、第七十二条第一款、第七十三条的规定，判决如下：

被告人唐某某犯医疗事故罪，判处有期徒刑 1 年，缓刑 1 年。

案例评析

（1）本罪在客观方面表现为严重不负责任，造成就诊人死亡或者严重损害就诊人身体健康的行为。具体而言，包括以下几个方面。

① 医务人员在诊疗护理工作中有严重不负责任的行为。严重不负责任，是指在诊疗护理工作中违反规章制度和诊疗护理常规。根据国务院《医疗事故处理办法》的规定，医疗事故按事故发生的原因分为责任事故和技术事故。医疗技术事故，不构成犯罪。这里的规章制度，是指与保障就诊人的生命、健康安全有关的诊疗护理方面的规章制度，包括诊断、处方、麻醉、手术、输血、护理、化验、消毒、医嘱、查房等各个环节的规程、规则、守则、制度、职责要求等。诊疗护理常规，是指长期以来在诊疗护理实践中被公认的行之有效的操作习惯与惯例。各项诊疗操作和护理，均有一定的操作规程的要求，这些规程是为了保障操作稳准，避免失误而制定的，在诊疗操作和护理工作中必须遵照执行，否则就有可能导致医疗事故的发生。

② 因严重不负责任行为导致病人严重损害身体健康或死亡的结果。危害结果的大小是衡量违法行为社会危害性的大小和区分罪与非罪的客观标准，构成本罪在客观上必须要求发生了病人重伤或死亡的结果。严重损害身体健康是指按照 1987 年国务院颁布的《医疗事故处理办法》第六条所称的二级医疗事故和三级医疗事故。二级医疗事故，是指造成就诊人严重残疾或者严重功能障碍的；三级医疗事故是造成就诊人

残废或者功能障碍的。

③ 严重不负责任行为与病员重伤、死亡之间必须存在刑法上的因果关系。医疗伤亡结果之形成不同于一般加害事件之处在于,后者是加害行为本身直接引起人体机体损伤,而前者则多是由于医疗措施未能有效阻止病情发展而导致病情恶化而引起伤残或死亡,或者是医疗措施对人体侵害直接引起病人伤亡,或者由于医疗措施客观上加重了病情,促使病人伤亡,可见医疗伤亡结果的出现既同原患疾病有关,又同医疗行为有关。违章医疗行为对病情的实际作用可以是四种,即有效、无效、反效、直接破坏人体。据此,可以把医疗伤亡形成机制分为四种:a.违章医疗行为虽然对阻止病情有效,但是效用不足而最终因病情发展引起病人伤残或死亡,如抢救农药中毒病人时使用的解毒剂数量不足致使病人死亡;b.违章医疗行为对病情没起到任何作用而由于病情发展引起伤残、死亡,这包括医方违章不作为和无效作为两种情形;c.违章医疗行为同治疗需要背道而驰从而加剧病情引起病人伤亡,如用反药等;d.违章医疗行为本身直接破坏人体而直接引起伤亡或同原患伤病相互叠加共同导致病人伤亡,如手术时操作粗心误伤大血管等。

这四种情形中,违章医疗行为均与病人伤亡结果之间存在因果关系。依社会一般观念观察,上述后两种情形中违章医疗行为与病人伤亡间的联系容易为人们注意,而在上述前两种情形中,由于医疗措施客观上起到一定治疗作用或者至少没有起反作用,因而违章医疗行为与病人伤亡间的关系易被忽视。这是特别值得引起注意的。医疗伤亡结果之出现大多数同违章医疗行为有关,又与病情本身有关,那么,应如何认定违章医疗行为对伤亡结果的原因力大小? 这应看医疗行为之违章程度即违法性程度如何。只有医疗行为严重违反医疗规章制度,才能由行为人对病人伤亡结果承担刑事责任,这是基于对医务工作特殊性及危险性的照顾而得出的结论。

(2) 本罪主体为特殊主体,是达到刑事责任年龄并具有刑事责任能力的实施了违章医疗行为的医务人员。医务人员是指具有一定医学知识和医疗技能,取得行医资格,直接从事医疗护理工作的人员,包括医院医务人员及经批准的个体行医者。由于医务工作有极强的专业性、技术性和导致人身伤亡的危险性,所以,国家卫生行政管理机关向来十分重视对行医者任职资格的考核,事实上只有具备一定医疗知识和技能,才能避免行医的特殊危险性,从而达到救死扶伤的目的。目前社会上存在一些既无医疗技能又未取得行医许可证的非法行医者,这些人不属于医疗事故罪的主体。

(3) 本罪在主观方面表现为过失,即行为人主观上对病人伤亡存在重大业务过失。在这里,本罪要求行为人主观上存在重大过失而不是一般过失,即从主观上过失程度之轻重来说,行为人主观上存在严重过失。临床医疗活动本身有特殊的导致人身伤亡的危险性,医务人员稍有不慎即会发生不幸后果,如果把一般过失行为确定为犯罪,于情理上有失公平、于法律上则有失于严苛。因此,本罪主观方面是指存在业务过失而不是普通过失。医务人员依照法律承担救死扶伤的职责,有义务对自己的医疗业务行为负责,即对病人的生命健康安全负责,而医务人员的业务能力实际是指其业务技术水平。

本案中,被告人唐某某在医疗诊治患者过程中严重不负责任,导致病人经抢救无效死亡,且被告人严重不负责任行为与病员重伤、死亡之间必须存在刑法上的因果关系。虽然被告人辩称自己不是故意是过失,但本罪在主观方面只要求行为人主观上对病人伤亡存在重大业务过失,所以被告人唐某某辩护意见法院不予采纳,被告人构成医疗事故罪。被告人当庭自愿认罪、悔罪,积极赔偿被害人的经济损失,并得到被害人家属的谅解,法院对其依法酌情从轻处罚也符合法律规定。

二、蔡某、陈某犯非法行医罪

案号:(2016)1283 刑初 21 号

案情简介及控辩主张

被告人蔡某于 2005 年 12 月 26 日在深圳市罗湖区注册成立了"康乐大药房"经营保健药品,经营地址在本市罗湖区草埔某村 103 号 102 铺。为牟取非法利润,蔡某在未取得医生职业资格的情况下在"康乐大药房"内向顾客出售处方药并为顾客提供诊疗、配药、注射等专门的行医服务。2010 年,蔡某雇请了被告人陈某为"康乐大药房"工作,在陈某学会注射技术后,蔡某即安排陈某协助自己为顾客配药、注射。2014 年 12 月 18 日 9 时许,郑某到"康乐大药房"要求蔡某为妻子被害人方某医治脚肿疾病,蔡某在药房内开了头孢、甲硝唑注射液、维生素 C、维生素 B6、葡萄糖等药物并安排陈某配药、注射,被告人陈某遂于 12 月 18 日 10 时许携带药物到方某位于本市罗湖区某村 C栋 303 的住处为方某实施了静脉注射。当日 14 时许,方某因呼吸困难被送往深圳市人民医院急救,送医途中死亡。经中山大学法医鉴定中心司法鉴定,被告人蔡某、陈某在对方某的诊疗过程中存在违反诊疗常规的过错行为,而且二人的诊疗过错行为和方某的死亡后果之间存在因果关系。

另查明,经鉴定,二被告人的诊疗过错行为和方某的死亡后果之间存在因果关系参与度为 30%,属次要因素。被告人蔡某、陈某于 2014 年 12 月 18 日被抓获归案。案发后,被告人蔡某与死者家属达成和解协议,赔偿人民币 30 万元,并取得谅解。

辩护人辩称：①被害人蔡某的错误诊疗行为并非导致被害人方某死亡的主要原因，仅为次要原因。而被害人方某的丈夫郑某明知方某身患××并隐瞒当天曾将方某送往正规医院被拒收的情况，却说因经济困难无法做肾脏透析或移植手术导致脚肿得厉害无法行走，强烈请求被告人蔡某前往其家中施治，亦负有不可推卸的责任。②被告人蔡某并未因此次行医行为而获得高额利润。③被告人蔡某系坦白，其本人亦表示真心悔过，自愿认罪。④被告人蔡某系初犯，且所犯罪行较轻，社会危害性不大，依法可免予刑事处罚。⑤被告人蔡某在案发后积极对被害人家属诚恳道歉并举债人民币30万元赔偿，取得被害人家属的谅解。综上，被告人蔡某虽然构成非法行医罪，但根据犯罪事实及具体情节，请求对被告人蔡某减轻或免除处罚。

被告人陈某对指控的上述犯罪事实及上述证据无异议，承认控罪。但辩称其是受雇于蔡某，领取固定工资，案发当时也是蔡某开出药方，其仅是按照要求给被害人方某打上吊针而已，请求从轻处罚。

📖 法院判决及其理由

被告人蔡某、陈某在未取得医生职业资格的情况下，擅自为他人治病、配药并注射药物，造成就诊人死亡的次要因素，情节严重，已构成非法行医罪。公诉机关对被告人蔡某、陈某犯非法行医罪的指控，事实清楚，证据确实、充分，应予支持。在共同犯罪中，被告人蔡某起主要作用，是主犯；被告人陈某起辅助作用，是从犯，应当从轻处罚。被告人蔡某、陈某归案后能如实供述自己的罪行，系坦白，可以从轻处罚。关于辩护人的辩护意见，与事实相符，予以采纳。综合考虑被告人蔡某、陈某的犯罪情节和悔罪表现，可以宣告缓刑。依照《刑法》第三百三十六条第一款，第二十五条，第二十六条第一款，第二十七条，第六十七条第三款，第七十二条，第七十三条第二、三款，第六十四条之规定，判决如下：

① 被告人蔡某犯非法行医罪，判处有期徒刑3年，缓刑5年，并处罚金人民币3000元，上缴国库。

② 被告人陈某犯非法行医罪，判处有期徒刑1年，缓刑2年，并处罚金人民币1000元，上缴国库。

③ 缴获的上述药物医疗工具，予以没收，依法处理。

🔖 案例评析

(1) "为取得医师执业资格的人"即行为主体。本罪属于消极的身份犯。已经取得医生职业资格的人行医的，即使没有办理其他有关手续，也不成立本罪的正犯；但是，具有医生职业资格的人,教唆或者帮助没有取得医师执业资格的人非法行医的,成立非法行医罪的共犯。具有下列情形之一的,属于"未取得医师执业资格的人非法行医":①未取得或者以非法手段取得医师执业资格从事医疗活动的。②个人未取得《医疗机构执业许可证》开办医疗机构的。③被依法吊销医师执业证书期间从事医疗活动的。④未取得乡村医生执业证书,从事医疗活动的。⑤家庭接生员实施家庭接生以外的医疗行为的。

(2)"非法行医"即行为内容,是指非法从事诊断、治疗、医务护理工作,属于典型的职业犯(不管非法行医的时间多长,只能认定为一罪)。

不符合行医特征的行为,不成立非法行医罪,应视性质与情节认定为其他犯罪:①实施非法行医罪,同时构成生产、销售假药罪,生产、销售劣药罪,诈骗罪等其他犯罪的,依照刑法处罚较重的规定定罪处罚。②不具有医生执业资格的人,没有反复、继续实施的意思,偶然为特定人医治疾病的,不成立非法行医罪。③"情节严重的",非法行医行为必须情节严重的,才成立犯罪。④被害人的承诺不阻却非法行医的违法性。

(3)"造成就诊人死亡":属于结果加重犯,包括行为人医疗处置不当(如诊断错误、用药错误)直接导致就诊人死亡,以及非法行医行为导致就诊人不能得到正常救治(如因诊断错误未能及时送往医院)而死亡。但是,行为人明知自己不能救治患者,要求患者前往正规医院治疗,患者或其家属执意要求行为人治疗,死亡并非由行为人的不当医疗处置造成的,不属于"造成就诊人死亡"。

(4)责任要素:故意,不要求营利为目的(职业犯),故未取得医生执业资格的人免费为他人行医,情节严重的,应认定为非法行医罪。

(5)本罪与医疗事故罪的界限。二者在客观上都可能造成就诊人死亡或严重损害就诊人身体健康的后果,它们的区别主要在于:①主体不同。本罪的主体是不具有医师执业资格的人,而医疗事故罪的主体是医务人员。②主观方面不同。本罪行为人对造成就诊人死亡或严重损害就诊人身体健康后果所持的心理态度,既可以是过失,也可以是间接故意,而医疗事故罪对造成严重不良后果所持心理态度只能是过失。③客观方面不同。本罪造成就诊人死亡或身体健康严重后果的原因既可以表现为责任过失,也可以是技术过失,而医疗事故罪则仅限于责任过失,技术过失不构成犯罪。

被告人蔡某、陈某在未取得医生职业资格的情况下,擅自为他人治病、配药并注射药物,造成就诊人死亡的次要因素,情节严重,已构成非法行医罪,且两者属于共同犯罪,在共同犯罪中,被告人蔡某起主要作用,是主犯;被告人陈某起辅助作用,是从犯,应当从轻处罚。被告人蔡某、陈某归案后能如实供述自己的罪行,系坦白,可以从轻处罚。法院判决合乎法律规定,并无不当之处。

三、奚某鑫、张某军等人犯非法组织卖血罪

案号:(2016)沪 0120 刑初 1217 号

案情简介及控辩主张

被告人奚某鑫与被告人张某军等下线共谋组织人员卖血,并从中获取非法利益。具体由被告人奚某鑫联系卖血指标,由被告人张某军等领队组织人员卖血,被告人吴某在明知的情况下仍帮助被告人张某军召集卖血人员并收集个人信息。

2015 年 12 月 8 日上午,被告人张某军通过被告人吴某介绍,安排车辆组织王某、韦某熙、高某双、武某龙、尹某斌等人至奉贤区血站,上述人员在被告人奚某鑫、张某军的指挥下卖血,后被告人奚某鑫、张某军、吴某分别抽头获利。2016 年 1 月 18 日,被告人张某军经与被告人奚某鑫联系后,又通过被告人吴某联系,组织田某东、王某军、王某军、邢某忠、杨某浩等人至上海市四川北路街道卖血,后被告人奚某鑫、张某军分别从中获利。

法院判决及其理由

被告人奚某鑫、张某军、吴某为牟取利益,非法组织他人出卖血液,其行为均已触犯刑律,构成非法组织卖血罪。公诉机关指控的罪名成立。在共同犯罪中,被告人吴某起次要作用,系从犯,依法应当从轻处罚。被告人奚某鑫、张某军、吴某到案后能如实供述自己的罪行,依法可从轻处罚。上述情节,法院在量刑时一并予以考虑,采纳辩护人从轻处罚的辩护意见。为严肃国家法制,维护社会管理秩序,确保公共卫生安全,依照《刑法》第三百三十三条第一款,第二十五条第一款,第二十七条,第六十七条第三款,第七十二条第一、三款,第七十三条第二、三款,第六十四条之规定,判决如下:

(1)被告人奚某鑫犯非法组织卖血罪,判处有期徒刑 7 个月,并处罚金人民币 2000 元。

(2)被告人张某军犯非法组织卖血罪,判处有期徒刑 7 个月,并处罚金人民币 2000 元。

(3)被告人吴某犯非法组织卖血罪,判处有期徒刑 6 个月,宣告缓刑 1 年,并处罚金人民币 2000 元。

（4）违法所得予以追缴。

案例评析

（1）本罪在客观方面表现为非法组织他人出卖血液的行为。本罪客观特征集中表现为行为人将血液视为"商品"而组织他人加以出卖。"非法"是指违反《中华人民共和国献血法》规定的无偿献血制度。无偿献血是一种纯属无私奉献的献血。第八届全国人民代表大会常务委员会第 29 次会议通过了《中华人民共和国献血法》，在第二条明确规定："国家实行无偿献血制度。"这是第一次以法律的形式规定无偿献血制度，意味着对卖血行为及组织卖血行为的坚决取缔。因此，组织他人卖血的行为是非法的。

非法组织他人出卖血液的行为，具体说来，是行为人在组织他人卖血过程中实施了策划、指挥、领导的行为。在实践中，这种行为一般表现为动员、拉拢、联络、串联、制定计划、下达命令、分配任务、出谋划策等形式。

（2）本罪的主体要件是一般主体，任何达到刑事责任年龄且具备刑事责任能力的自然人均能构成本罪。单位亦能成为本罪主体。单位犯本罪的，实行两罚制，即对单位判处罚金，对其直接负责的主管人员和其他直接责任人员依本条规定判处相应刑罚。

（3）本罪与强迫卖血罪的界限。两罪在主体上都是一般主体，必须是年满 16 周岁的人才能构成；主观上都是出于故意，即明知自己行为的性质而仍然实施这种行为；客体上都直接侵犯了国家对献血工作的管理制度。但它们又有明显的不同：①客体不完全相同。非法组织卖血罪没有侵犯卖血者的人身权利，而强迫卖血罪则侵犯了卖血者的人身权利。②客观方面不同。非法组织卖血罪中的被组织者是自愿卖血的，而强迫卖血罪中的卖血者则是被迫的；本罪表现为组织行为，而后者表现为以暴力、威胁方法强迫的行为。

本案事实清楚，案情简单，法院判决合理合法。

第六章

破坏环境资源保护罪

一、李某等人犯非法猎捕、杀害珍贵、濒危野生动物罪

案号：(2016)黑 0833 刑初 44 号

案情简介及控辩主张

2016 年春天,被告人李某和被告人刁某某在抚远县浓江乡某村高某某的养羊点打鱼,被告人程某某给高某某看管养羊点,三被告人共同居住在高某某的养羊点。2016 年 4 月份,李某见此地有大雁,因为刁某某是聋哑人,李某便和刁某某比画着说想给大雁下毒药卖钱花,刁某某同意。4 月 20 日左右,李某在抚远市内一农药店买了 14 袋农药克百威,并在个人家里买了两袋子玉米(80 公斤左右)。4 月 24 号左右,李某想试试农药克百威好不好用,就领着刁某某将 4 袋克百威农药与大约 20 多公斤的玉米搅拌在一起。搅拌好农药和玉米(以下简称"毒玉米")的第二天,李某和刁某某来到某村高某某养羊点南约一公里处的地里,开始向地里抛洒毒玉米。由于抛洒完毒玉米后连续下雨,李某没有发现被毒死的大雁。2016 年 4 月 28 日下午,李某和刁某某将剩下的 10 袋克百威和玉米拌好,准备第二天去抛洒毒玉米。当晚,李某和程某某聊天时说:"明天我和刁哑巴去药大雁",程某某听后同意一同去。4 月 29 日早 4 时左右,李某、刁某某将拌好的毒玉米装到船上,由刁某某划船,和程某某三人来到上次抛洒毒玉米的地里,三人将毒玉米分装成 4 袋后开始向地里抛洒毒玉米。三人在抛洒毒玉米的过程中发现生德库大坝上有一台车来回行驶,三人把没有抛洒完的毒玉米扔在草丛中并躲藏起来。在躲藏过程中发现地里有被毒死的大雁,三人开始捡大雁,并把拣好的大雁

分三堆放着。在三人继续躲藏时，被黑龙江省三江国家级自然保护区森林公安局民警当场抓获。

经现场勘查，当场查获未抛洒完的两半袋毒玉米，15 只被毒害死亡的大雁；次日早 5 时，再次现场勘查时，又发现两半袋毒玉米和被毒害的野生大雁 47 只。经统计，被毒害的 62 只大雁中，有 18 只被救治成活，死亡 44 只。经佳木斯市林业科学研究所司法鉴定，62 只大雁中，有国家二级野生动物白额雁 41 只，黑龙江省重点保护野生动物小白额雁、豆雁 21 只。经黑龙江省公安厅刑事技术总队鉴定，死亡的 44 只野生大雁的胃内容中和当场查获的 4 半袋玉米粒中均检测出农药呋喃丹（克百威）成分。

📖 法院判决及其理由

被告人李某、刁某某、程某某，非法猎捕、杀害国家二级野生动物白额雁 41 只，黑龙江省重点保护野生动物小白额雁、豆雁 21 只，其行为均已构成非法猎捕、杀害珍贵、濒危野生动物罪，且情节特别严重。本案系共同犯罪，在共同犯罪中，李某起主要作用，系主犯；刁某某、程某某起次要、辅助作用，系从犯，应当减轻处罚。被告人李某、刁某某、程某某如实供述自己的罪行，可以从轻处罚。被告人刁某某系又聋又哑的人犯罪，可以从轻处罚。公诉机关的指控成立，公诉意见予以支持。依照《刑法》第三百四十一条第一款，第二十五条第一款，第二十六条第一、四款，第二十七条，第五十二条，第五十三条第一款，第十九条，第六十七条第三款之规定，判决如下：

① 被告人李某犯非法猎捕、杀害珍贵、濒危野生动物罪，判处有期徒刑 12 年，并处罚金人民币 3 万元。

② 被告人刁某某犯非法猎捕、杀害珍贵、濒危野生动物罪，判处有期徒刑 5 年，并处罚金人民币 1 万元。

③ 被告人程某某犯非法猎捕、杀害珍贵、濒危野生动物罪，判处有期徒刑 5 年，并处罚金人民币 1 万元。

📙 案例评析

（1）本罪在客观方面表现为非法猎捕、杀害国家重点保护的珍贵、濒危野生动物的行为。非法捕杀珍贵、濒危野生动物的行为方式多种多样，但可以归纳为 3 类：猎取珍贵、濒危的陆生野生动物，捕捞珍贵、濒危的水生野生动物，杀害珍贵、濒危的陆生或水生野生动物。

至于其捕杀行为是在何时、何地、用何种工具，采用何种方法都不影响本罪的成立。实践中具有非法猎捕和杀害两种方式之一的,即可构成本罪,同时具备两种方式的,也只构成一罪,不能按数罪并罚。

本罪属于行为犯,只要行为人实施了非法捕杀珍贵、濒危野生动物的行为,就构成犯罪。不以其是否具备"情节严重"作为划分罪与非罪的界限。

非法捕杀珍贵、濒危野生动物罪的既遂,以符合本罪的构成要件为标准。只要完成猎取、捕捞、杀害行为之一的,构成既遂。是否杀害珍贵、濒危野生动物并非本罪既遂的唯一标志。

(2) 本罪的主体为一般主体,即凡是达到刑事责任年龄、具有刑事责任能力的人,均可构成本罪。单位也可成为本罪主体。

(3) 本罪在主观方面表现为故意,过失不构成本罪。行为人可能是为了出卖牟利、自食自用、馈赠亲友或者仅限取乐的目的,都可以构成本罪。

(4) 本罪与非法狩猎罪的界限如下。

① 本罪的对象是国家重点保护的珍贵、濒危野生动物,包括陆生和水生的野生动物,而后者对象为陆生的一般野生动物。

② 本罪表现为未经合法许可擅自对珍贵、濒危野生动物进行猎捕、杀害,而后者表现为违反狩猎法规,在禁猎区、禁猎期或者使用禁用的工具、方法进行狩猎,破坏野生动物资源,情节严重的行为。

③ 本罪客体为国家对珍贵、濒危野生动物保护的管理活动,而后者的客体是国家对一般野生动物资源保护的管理的活动。

本案中,被告人李某教唆刁某某一起猎捕大雁,李某在买了农药后,和玉米混杂在一起,制成"毒玉米",非法猎捕、杀害国家二级野生动物白额雁 41 只,黑龙江省重点保护野生动物小白额雁、豆雁 21 只,构成非法猎捕、杀害珍贵、濒危野生动物罪。法院根据情节认定李某某为主犯,刁某某、程某某也符合情理,依法应当从轻减轻处罚。

二、张某某犯盗伐林木罪

案号：(2016)黑 7501 刑初字第 31 号

案情简介及控辩主张

被告人张某某为了储备烧柴,分别于 2016 年 1 月份、3 月份的一天,在没有任何合法手续的情况下,携带自家链锯,开着自家 404 型农用拖拉机,到东京城林业局桦树经营所施业区内擅自砍伐树木,并将放倒的树木截成木段拉回家中,劈成柴烧。经现场勘查及鉴定,盗伐现场位于东京城林业局桦树经营所施业区 3 林班 2 经理小班,其中被盗伐柞树 6 株,核立木蓄积 0.2597 立方米;白桦树 8 株,核立木蓄积 3.0716 立方米;黑桦树 4 株,核立木蓄积 0.6306 立方米,合计盗伐林木 18 株,核立木蓄积 3.9619 立方米。被告人张某某已主动赔偿木材变价款、育林费等 3076 元。张某某于 2016 年 3 月 25 日被公安机关传唤到案。

被告人张某某对起诉书指控的犯罪事实没有异议,无辩解;对量刑建议无异议。

另查,案发后公安机关扣押了桦树、柞树木桦(长 40~50 厘米)约 3 立方米,已返还林场。

法院判决及其理由

被告人张某某为自家储备柴烧,以非法占有为目的,盗伐国有林木数量较大的行为,已构成盗伐林木罪,公诉机关指控的罪名成立。被告人张某某自愿认罪,如实供述犯罪事实,自愿赔偿林业局的经济损失,且主动交纳罚金,应视为有悔罪表现。经张某某所在地司法局评估认为对其适用缓刑,不致危害社会,无再犯罪的可能。根据被告人张某某犯罪的事实、性质、情节及社会危害程度,对其依法和酌情从轻处罚,可适用缓刑。依照《刑法》第三百四十五条第一款,第七十二条第一、三款,第七十三条第二、三款,第五十二条,第六十四条,最高人民法院《关于审理破坏森林资源刑事案件若干问题的解释》第四条的规定,判决如下。

① 被告人张某某犯盗伐林木罪,判处有期徒刑 6 个月,缓刑 1 年;并处罚金人民币 5000 元。

② 被告人张某某的作案工具油锯 1 台,依法予以没收。

案例评析

(1)"盗伐":指以非法占有为目的,擅自砍伐森林或者其他林木的行为。

① 如果以毁坏为目的的砍伐国家、集体或者他人的林木的,应认定为故意毁坏财物罪。

② 盗伐林木行为的同时触犯盗窃罪的,属于想象竞合犯,从一重罪论处。盗伐林木,为窝藏赃物,抗拒抓捕或者毁灭罪证而当场使用暴力或者以暴力相威胁的,由于盗伐林木的行为符合盗窃罪的构成要件,故应适用《刑法》第二百六十九条,认定为事后抢劫。

(2)本罪在客观方面表现为违反保护森林法规,盗伐国家、集体和个人所有的森林及其他林木,数量较大的行为。具体表现为,以非法占有为目的,擅自砍伐国家、集体所有的林木的；擅自砍伐他人依法承包经营管理的国家、集体所有的林木的；擅自砍伐本人承包经营管理的国家或集体所有的林木的；违反林业行政主管部门及法律规定的其他主管部门核发的采伐许可证的规定，采伐国家、集体及他人自留山上的或他人经营管理的森林或其他林木的；国有企事业单位擅自采伐其他单位管理或所有的林木的；集体组织擅自采伐国家或其他集体组织所有的林木数额巨大的。

根据司法解释，以非法占有为目的，哄抢国家、集体或他人所有的上述林木，情节严重的，也应以盗伐林木罪惩处。决定盗伐的性质，不仅在于非经合法批准而秘密砍伐，而且还在于，行为人以非法占有为目的，侵犯了国家、集体或个人对林木的所有权。明知林木权属不清，在争议未解决前擅自砍伐林木，情节严重的，应确定林木权属，分别根据具体情况，按盗伐林木罪或滥伐林木罪追究刑事责任，林木权属难以确定的，按滥伐林木罪惩处。

只有被盗伐的林木数量较大的，才能构成犯罪，根据 1987 年 9 月 5 日最高人民法院、最高人民检察院《关于办理盗伐、滥伐林木案件应用法律的几个问题的解释》中的规定："数量较大"的起点，在林区，盗伐一般可掌握在 2～5 立方米或幼树 100～250 株；在非林区，盗伐一般可掌握在 1～2.5 立方米或幼树 50～125 株；关于数额的起点数量，各省、自治区、直辖市人民法院、人民检察院可以在两高规定的数量幅度以内掌握，也可以参照上述数量，根据本地区实际情况，规定认定本地区盗伐林木罪数量的适当标准。盗伐林木接近上述规定的数量，而且具有下列情形之一的，应按上述规定的标准定罪量刑：①为首组织、筹划、煽动盗伐林木，或者破坏植被面积较大，致使森林资源遭受损失的。②盗伐防护林、经济林、特种用途林的。③一贯盗伐或屡教不改的。④盗伐林木不听劝阻，或威胁护林人员的。⑤其他盗窃，情节严重的。

（3）盗伐林木罪与滥伐林木罪的区别是盗伐往往是盗伐国家、集体或者是他人所有、经营的林木，而滥伐通常是乱伐自己的所有或者经管的林木，主要表现为不按规定采伐。但是，对于国家集体林木的承包者擅自砍伐承包林木、据为己有的应该认为是盗伐。因为林木的所有权是国家集体的，不是承包人个人的。

本案中，张某某为了满足一己私利，以非法占有为目的，合计盗伐林木 18 株，核立木蓄积 3.9619 立方米，已达到了刑事立案的标准，构成盗伐林木罪。由于本案中被告人张某某自愿认罪，如实供述犯罪事实，自愿赔偿林业局的经济损失，且主动交纳罚金，视为有悔罪表现，酌情从轻处罚，判处有期徒刑六个月，根据《刑法》第七十二条的规定，犯罪分子被判处三年以下有期徒刑且确有悔改表现，适用缓刑确实不致再危害社会，因此本案中，被告人张某某可以适用缓刑。

三、崔某犯滥伐林木罪

案号：（2016）鲁 0521 刑初 89 号

案情简介及控辩主张

被告人崔某在未经林业主管部门批准并颁发采伐许可证的情况下，于 2016 年 1 月 12 日至 16 日，采伐苟某丁种植的位于东营市垦利区胜坨镇某村公墓附近的林木。经国家林业局森林公安司法鉴定中心东营分中心鉴定，被砍伐林木共计 367 株、立木蓄积共计 73.1855 立方米。

被告人崔某供述，证实 2016 年 1 月 9 日，他通过苟某戊（音）介绍以 26 万元的价格购买了苟某丁所有的位于某村村南约 0.5 公里的树木。1 月 10 日他与苟某丁签订了一份购树协议，其中该份协议约定"采伐证的办理由购伐树人与村党委班子协调办理，与苟某丁无关"，他、苟某丁、苟某乙均在该协议上签字。后他以每吨 100～110 元的价格雇用邓某和王某伐树。1 月 12 日邓某和王某分别带领各自的伐树工人开始伐树。他们先砍伐的水库北边树木，后又砍伐的东边水渠上的树木。1 月 14 日上午，他听苟某乙说林业局工作人员到现场阻止他们继续伐树。1 月 10 日，他与苟某丁签订协议后，他就问过苟某乙林木采伐许可证什么时候能办好，苟某乙带他到村委看了一个落款日期为 2015 年 12 月 16 日，四至范围为东至某村南路、西至小巴家村前、南至七排路、北至三排路的采伐公示，但这次公示内容的采伐许可证林业局未核发。1 月 11 日，他又问苟某乙采伐证是否办好，苟某乙说村书记到林业局去拿了，当日下午他又问，苟某乙说采伐证还没拿出来。1 月 12 日上午伐树之前，他又问苟某乙，苟某乙答复说一会儿就去林业局拿采伐证，之后他也就采伐许可证的办理情况问过苟某乙多次，但苟某乙都说快办好了。他让邓某、王某等人砍伐的树木分为两部分，分别位于某村公墓东西两侧，大部分是杨树，还有少部分槐树和榆树，共计砍伐了 300 多棵。他将树枝卖给一个陶姓老板的木片加工厂，共卖了两次，约 3100 多元。因他与苟某丁约定伐树之前先给付 10 万元定金，但他只在 1 月 11 日交给苟某丁 5 万元，苟某丁就阻止他们砍树并报警。他一直没见到林木采伐许可证。

被告人崔某提出的辩解意见是，砍伐证不是他办理的，他只是给村里帮忙联系伐树的人，只起到中介的作用，他的行为不构成犯罪。

辩护人提出的辩护意见是，林木采伐许可证的申请人是胜坨镇某村委，采伐主体也是某村委，崔某的行为不构成犯罪。

法院判决及其理由

被告人崔某违反《中华人民共和国森林法》的规定,未经林业主管部门批准并颁发采伐许可证而采伐林木 73.1855 立方米,数量巨大,其行为侵犯了国家对林业资源的管理制度,已构成滥伐林木罪。公诉机关指控被告人崔某犯滥伐林木罪的罪名成立。关于被告人崔某提出"砍伐证不是他办理的,他只是给村里帮忙联系伐树的人,只起到中介的作用,他的行为不构成犯罪"、辩护人提出"林木采伐许可证的申请人是胜坨镇某村委,采伐主体也是某村委,崔某的行为不构成犯罪"的辩解、辩护意见,审理认为被告人崔某的供述及相关证人证言能够证实被告人崔某购买了苟某丁所有的林木,后在明知所要采伐的林木未经林业主管部门批准并颁发采伐许可证的情况下,雇人采伐林木 367 株,共计 73.1855 立方米,其行为符合滥伐林木罪的构成要件。故被告人崔某及其辩护人提出的上述辩护意见不能成立,不予采纳。被告人崔某在接侦查人员电话通知后自动到案,归案后如实供述犯罪事实,系自首,可以减轻处罚。鉴于被告人崔某为其可能判处的罚金刑提供了足额的财产保证,可以酌情从轻处罚。根据被告人崔某的犯罪情节及悔罪表现,依法可适用缓刑。依照《中华人民共和国刑法》第三百四十五条第二款、第六十七条第一款、第五十二条、第七十二条,最高人民法院《关于审理破坏森林资源刑事案件具体应用法律若干问题的解释》第六条、第十七条第一款之规定,判决如下。

被告人崔某犯滥伐林木罪,判处有期徒刑 1 年零 6 个月,缓刑 2 年,并处罚金人民币 3000 元。

案例评析

(1) 本罪侵犯的客体是国家保护林业资源的管理制度。林业资源是一项极其宝贵的资源,对改善人类生存环境具有十分重要的意义。因此,国家制定了成套的法规,对林业资源予以保护。任何单位与个人不得非法采伐林木。

本罪的犯罪对象与盗伐林木罪的对象相同,包括防护林、用材林、经济林、薪炭林、特种用途林等。《中华人民共和国森林法》调整范围之外的个人房前屋后种植零星树木不属于本罪的犯罪对象。

(2) 本罪在客观方面表现为违反国家保护森林法规,未经林业行政主管部门及法律规定的其他主管部门批准并核发采伐许可证,或者虽持有采伐许可证,但违背采伐证所规定的地点、数量、树种、方式而任意采伐本单位所有或管理的,以及本人自留山上的森林或者其他林木的行为。

《中华人民共和国森林法》和《中华人民共和国森林法实施细则》等法规,对森林经营管理、森林保护、森林采伐以及法律责任等作了明确规定。采伐林木必须申请采伐许可证,按许可证的规定进行采伐。国家根据用材林的消耗量低于生长量的原则,严格控制森林年采伐量。林木的所有权、使用权和采伐权相分离。不能因对林木拥有所有权、使用权而不经有关部门批准并领取采伐许可证进行采伐,或者虽领取采伐许可证,但违背采伐证所规定的地点、数量、树种、方式而任意采伐,否则,可能构成滥伐林木罪。

滥伐林木数量较大是构成滥伐林木罪的要件。根据《关于办理盗伐滥伐林木案件应用法律的几个问题的解释》,数量较大的起点,在林区,滥伐一般可掌握在 10～20 立方米或幼树 500～1200 株。在非林区,滥伐一般可掌握在 5～10 立方米,或幼树 250～600 株,或者相当于上述损失。滥伐林木接近上述规定的数量,而具有下列情形之一的,应按上述规定的标准定罪量刑:①为首组织、策划、煽动滥伐林木,或者破坏植被面积极大,致使森林资源遭受损失的。②滥伐防护林、经济林、特种用途林的。③一贯滥伐或屡教不改的。④滥伐林木不听劝阻,或威胁护林人员的。⑤其他滥伐情节严重的,如滥伐珍稀树木等。如果滥伐林木未达到数量较大的,不构成犯罪,属于一般违法行为。根据《中华人民共和国森林法》第三十四条第一款的规定,由林业主管部门责令补种滥伐株数 5 倍的树木,并处以违法所得 2～5 倍的罚款。

本案中,被告人崔某某在明知没有取得采伐许可证的情况下,私自雇用邓某和王某采伐林木 367 株,共计 73.1855 立方米,其行为符合滥发林木罪的构成要件。崔某某和辩护人的意见因为没有证据予以证实,另外根据崔某某自己的供述和其他证人证言,可知崔某某是在明知没有采伐许可证的情况下滥伐树木,构成犯罪。

四、李某甲、李某乙等人犯污染环境罪

案号:(2016)鲁 0812 刑初 192 号

案情简介及控辩主张

2016 年四五月份,被告人李某甲、李某乙、张某在未经行政机关许可的情况下,共同出资,购买炼铅设备,租用兖州区大安镇北站某某工贸有限公司场院非法炼铅,牟取暴利,共拆解废旧铅酸电池约 656.856 吨作为炼铅原料,炼铅过程中,在未采取环保措施的情况下直接将产生的含铅固体废渣 28.738 吨倾倒于地面,严重污染环境。依据《国家危险废物名录》现场拆解的铅酸电池、含铅固体废渣均为危险废物。

三名被告人在案发现场经口头传唤到案接受讯问。

被告人李某甲当庭自愿认罪,未作辩解。辩护人辩称,对指控被告人李某甲犯污染环境罪无异议,但被告人李某甲具有以下从轻处罚的情节,建议对被告人李某甲宣告缓刑:①被告人李某甲系初犯、偶犯,认罪态度好;②被告人李某甲犯罪时间短,未造成严重后果;③被告人李某甲因本案从事炼铅,已倾家荡产,对其是个深刻的教训,其也认识到自己的罪过。

被告人李某乙当庭自愿认罪,未作辩解。辩护人辩称,对指控被告人李某乙犯污染环境罪无异议,但被告人李某乙具有以下从轻、减轻处罚的情节,可对被告人李某乙适用缓刑:①三名被告人系被公安机关口头传唤主动到案,并如实供述了自己的犯罪事实,应系自首,可对被告人从轻或减轻处罚。②被告人李某乙自愿认罪,可减少基准刑的10%以下。③被告人李某乙在出资数额上最少,也不是其提议炼铅,应为从犯,应从轻处罚。④被告人李某乙系初犯、偶犯,可酌情从轻处罚。⑤被告人李某乙愿意交纳罚金,具有悔罪表现,可对其酌情从轻处罚。

被告人张某当庭自愿认罪,未作辩解。

经法院查明,济宁市兖州区环境保护局关于危险废物的认定意见证实,位于兖州区天驰门窗院内堆存的炼铅废渣属危险废物,危险特性均为 T。经过磅称重,废铅渣重量为 28.738 吨、拆散铅酸电池重量为 90.05 吨。

法院判决及其理由

被告人李某甲、李某乙、张某违反国家规定,倾倒、处置有毒物质,严重污染环境,其行为均已构成污染环境罪。济宁市兖州区人民检察院的指控成立。在犯罪过程中,三被告人共同预谋、共同出资、共同经营、分工明确,系共同犯罪,均起主要作用,均系主犯,均应按照全部犯罪处罚。三被告人均系在查获现场被传唤到案,不具备投案的主动性,不应认定为自首,但三被告人到案后,如实供述了犯罪事实,系坦白,依法可从轻处罚。三被告人均系初犯,自愿认罪,认罪态度较好,可酌情从轻处罚。三被告人犯罪时间较短,没有造成特别严重的后果,可对三被告人从轻处罚。三被告人积极交纳罚金,可对三被告人酌情从轻处罚。综合三被告人的犯罪情节和悔罪表现,三被告人没有再犯罪的危险,宣告缓刑对所居住的社区没有重大不良影响,均可宣告缓刑。辩护人的辩护意见与法院认定的事实、情节一致的,法院予以采纳,与法院认定的事实、情节不一致的,法院不予采纳。依照《刑法》第三百三十八条,第二十五条第一款,第二十六条第一、四款,第六十七条第三款,第七十二条第一款,第七十三条第二、三款,第五十二条之规定,判决如下:

① 被告人李某甲犯污染环境罪,判处有期徒刑 1 年零 3 个月,缓刑 1 年零 6 个月,并处罚金 6 万元。

② 被告人李某乙犯污染环境罪,判处有期徒刑 1 年零 3 个月,缓刑 1 年零 6 个月,并处罚金 6 万元。

③ 被告人张某犯污染环境罪,判处有期徒刑 1 年零 3 个月,缓刑 1 年零 6 个月,并处罚金 6 万元。

案例评析

(1) 本罪的对象为危险废物。具体包括放射性废物、含传染病病原体的废物、有毒物质或者其他危险废物。

(2) 本罪在客观方面表现为违反国家规定,向土地、水体、大气排放、倾倒或者处置有放射性的废物、含传染病病原体的废物、有毒物质或其他危险废物,造成环境污染,致使公私财产遭受重大损失或者人身伤亡的严重后果的行为。

① 实施本罪必须违反国家规定。违反国家规定是指违反全国人大及其常务委员会制定的有关环境保护方面的法律,以及国务院制定的相关行政法规、行政措施、发布的决定或命令。这些法律法规主要包括《中华人民共和国环境保护法》《中华人民共和国大气污染防治法》《中华人民共和国水污染防治法》《中华人民共和国海洋环境保护法》《中华人民共和国固体废物污染环境防治法》等法律,以及《放射性同位素与射线装置放射防护条例》《工业"三废"排放试行标准》等一系列专门法规。

② 实施排放、倾倒和处置行为。其中排放是指把各种危险废物排入土地、水体、大气的行为,包括泵出、溢出、泄出、喷出、倒出等,倾倒是指通过船舶、航空器、平台或者其他载运工具,向土地、水体、大气倾卸危险废物的行为;处置是指以焚烧、填埋或其他改变危险废物属性的方式处理危险废物或者将其置于特定场所或者设施并不再取回的行为。

③ 必须造成了环境污染,致使公私财产遭受重大损失或者人身伤亡的严重后果。本罪属结果犯,行为人非法排放、倾倒、处置危险废物的行为是否构成犯罪,应对其行为所造成的后果加以认定,如该行为造成严重后果,则以本罪论。否则不能以犯罪论处。至于"严重后果"的标准是什么,有待进一步作出解释。可参照国家环境保护局 1987 年 9 月 10 日发布的《报告环境污染与破坏事故的暂行办法》规定以及国务院 1989 年 3 月 29 日公布的《特别重大事故调查程序暂行规定》。

(3) 根据《最高人民检察院、公安部关于公安机关管辖的刑事案件立案追诉标准的规定(一)》第六十条的规定,违反国家规定,"向土地、水体、大气排放、倾倒或者处置有放射性的废物、含传染病病原体的废物、有毒物质或者其他危险废物,造成重大环境污

染事故,涉嫌下列情形之一,应予立案追诉:

(一)致使公私财产损失三十万元以上的;

(二)致使基本农田、防护林地、特种用途林地五亩以上,其他农用地十亩以上,其他土地二十亩以上基本功能丧失或者遭受永久性破坏的;

(三)致使森林或者其他林木死亡五十立方米以上,或者幼树死亡二千五百株以上的;

(四)致使一人以上死亡、三人以上重伤、十人以上轻伤,或者一人以上重伤并且五人以上轻伤的;

(五)致使传染病发生、流行或者人员中毒达到《国家突发公共卫生事件应急预案》中突发公共卫生事件分级Ⅲ级以上情形,严重危害人体健康的;

(六)其他致使公私财产遭受重大损失或者人身伤亡的严重后果的情形。"

本条和本规定第六十二条规定的"公私财产损失",包括污染环境直接造成的财产损毁、减少的实际价值,为防止污染扩散以及消除污染而采取的必要的、合理的措施而发生的费用。

本案中,三被告人共同出资,在未经行政机关许可的情况下,购买炼铅设备,租用场地非法炼铅,牟取暴利,共拆解废旧铅酸电池约 656.856 吨作为炼铅原料,炼铅过程中,在未采取环保措施的情况下直接将产生的含铅固体废渣 28.738 吨倾倒于地面,严重污染环境。造成严重后果,构成污染环境罪。本案中,三被告人都起了主要作用,都是本案的主犯,应当依法处罚。

五、刘某甲、刘某乙犯非法捕捞水产品罪

案号:(2016)粤 1283 刑初 160 号

案情简介及控辩主张

被告人刘某甲、刘某乙伙同刘某丙(2000 年 5 月 17 日出生)于 2015 年 5 月 5 日,在禁渔期内驾驶一艘玻璃钢质船舶,带备电鱼机、蓄电池、鱼捞等工具,到肇庆市高要区新兴江与西江交汇处南岸金沙咀江段采用电鱼的方式进行捕鱼作业。

上述事实,被告人刘某甲、刘某乙在开庭审理过程中亦无异议。

法院判决及其理由

被告人刘某甲、刘某乙无视国法,结伙在禁渔期内使用禁用的捕捞工具、方法捕捞

水产品,情节严重,其行为已触犯了《刑法》第三百四十条的规定,构成非法捕捞水产品罪。肇庆市高要区人民检察院的指控属实,法院予以支持。被告人刘某甲、刘某乙归案后能如实供述自己的罪行,依法可以从轻处罚,公诉机关提出对被告人刘某甲、刘某乙判处4个月以上6个月以下拘役的量刑建议符合法律规定,法院予以支持。鉴于被告人刘某甲、刘某乙是初犯,归案后如实供述自己的罪行,当庭表示认罪和悔罪,其请求给予改过自新的机会,法院予以采纳,对二被告人依法可以适用缓刑。广东省渔政总队高要大队扣押,现暂存公安机关的电鱼机、蓄电池、鱼捞等工具是禁用工具,依法应予没收,交由公安机关销毁处理;玻璃钢质船艇一艘,没有证据证实是违禁品或者是供本案被告人犯罪所用的本人财物,依法应予退回移送机关处理。为维护国家环境资源制度,保护水产资源不受侵犯,根据被告人犯罪的事实、犯罪的性质、情节和对于社会的危害程度,依照《刑法》第三百四十条、第六十七条第三款、第七十二条、第六十四条的规定,判决如下:

(1)被告人刘某甲犯非法捕捞水产品罪,判处拘役4个月,缓刑6个月。

(2)被告人刘某乙犯非法捕捞水产品罪,判处拘役4个月,缓刑6个月。

(3)广东省渔政总队高要大队扣押,现暂存公安机关的电鱼机、蓄电池、鱼捞等工具是禁用工具,予以没收,交由公安机关销毁处理;玻璃钢质船艇1艘,退回移送机关依法处理。

案例评析

(1)本罪侵犯的客体是国家保护水产资源的管理制度。水产资源,包括具有经济价值的水生动物和水生植物,是国家的一项宝贵财富。为了加强对水产资源的保护,国家通过立法对水产资源繁殖、养殖和捕捞等方面作了具体的规定。国家鼓励、扶持外海和远洋捕捞业的发展,合理安排内水和近海捕捞。在内水、近海从事捕捞业的单位和个人,必须按照捕捞许可证关于作业类型、场所、时限和渔具数量的规定进行作业。不得在禁渔区和禁渔期进行捕捞,不得使用禁用的渔具、捕捞方法和小于规定的最小网目尺寸的网具进行捕捞。急功近利,竭泽而渔,非法捕捞水产品,破坏国家对水产资源的管理制度,危害水产资源的存留和发展。因此,必须依法对非法捕捞水产品的犯罪予以惩罚。

(2)本罪在客观方面表现为违反保护水产资源法规,在禁渔区、禁渔期或者使用禁用的工具、方法捕捞水产品的行为。为了保护水产资源,1979年2月10日国务院公布了《水产资源繁殖保护条例》,明确规定了保护的对象,对捕捞的时间、水域、工具、方法等提出了具体要求,并作了一系列禁止性规定。1979年9月13日全国人大常务委员会通过试行的《中华人民共和国环境保护法（试行）》第十一条第二款规定："保护、发展和合理利用水生生物，禁止灭绝性的捕捞和破坏。"1986 年 1 月 20 日全国人大常委会通过并公布了《中华人民共和国渔业法》，对渔业生产的领导、管理、监督、养殖业和捕捞业的管理，渔业资源的增殖和保护以及法律责任等方面，都作了明确的规定。1987 年 10 月 14 日国务院批准发布的《中华人民共和国渔业法实施细则》进一步具体划分了近海渔场与外海渔场，强调了国家对捕捞业实行捕捞许可证制度，规定了对非法捕捞水产品的具体处罚办法。

所谓禁渔区，是指由国家法令或者地方政府规定，对某些重要鱼、虾、蟹、贝、藻等，以及其他重要水生生物的产卵场、索饵场、越冬场和洄游通道，划定一定的范围，禁止所有渔业生产作业的区域，或者禁止某种渔业生产作业的区域。

所谓禁渔期，是指对某些重要水生生物的产卵场、索饵场、越冬场和洄游通道，规定禁止渔业生产作业或者限制作业的一定期限。

所谓禁用的工具，是指禁止使用的超过国家对不同捕捞对象所分别规定的最小网目尺寸的渔具。所谓禁用的方法，是指禁止采用的损害水产资源正常繁殖、生长的方法，如炸鱼、毒鱼、电鱼等。在实践中，犯罪分子往往使用禁用的工具和方法，在禁渔区、禁渔期非法捕捞水产品，严重地破坏我国的水产资源。

故意非法捕捞水产品的行为必须达到情节严重的程度，才构成犯罪。所谓情节严重，主要是指非法捕捞水产品数量较大的，一贯或多次非法捕捞水产品的，为首组织或聚众非法捕捞水产品的，采用炸鱼、毒鱼、滥用电力等方法滥捕水产品，严重破坏水产资源的，非法捕捞、抗拒渔政管理的等。

（3）本罪的主体为一般主体，即凡是达到刑事责任年龄具有刑事责任能力的人，均可构成本罪。单位也可成为本罪的主体。

本案中，刘某甲、刘某乙无视国法，结伙在禁渔期内使用禁用的捕捞工具、方法捕捞水产品，情节严重，其行为构成非法捕捞水产品罪。

六、纪某犯非法占用农用地罪

案号：（2016）粤 1283 刑初 160 号

案情简介及控辩主张

2013 年 7 月份，被告人纪某某、焦某某（外逃）以营利为目的，未经林业主管部门批准，到蛟河市某某镇某某村某某屯西北沟郭汉南山（蛟河市某某林场辖区 2012 年林相

图 33 林班 12、20、21 小班),开垦林地 50 700 平方米,核 76.05 市亩,打成参床。开垦后,由焦某某承包给参农丁某某、李某某、郁某某(三人均另案处理)种植人参,现已林参间作,并栽植红松树苗。经确认,开垦的林地权属为国有,属于国家级重点公益林。经鉴定:林地上原有植被已经全部遭到破坏。案发后,被告人纪某某经传唤归案。

被告人纪某某的辩护人提出如下辩护意见,被告人纪某某没有犯罪故意,也没有实施犯罪行为,本案事实不清,证据不足,被告人纪某某不构成犯罪。

法院判决及其理由

被告人纪某某称没有和焦某某合伙开参地,其行为不构成非法占用农用地罪的辩解及其辩护人提出的被告人纪某某没有犯罪故意,也没有实施犯罪行为,本案事实不清,证据不足,被告人纪某某不构成犯罪的辩护意见。法院认为,被告人纪某某在公安机关的多次供述中,均供述其与焦某某是合伙关系,开垦参地的活儿都不用其管,其只提供林地,焦某某负责参地的开垦和办理开垦参地的其他相关事项,参地卖了钱其和焦某某平分。纪某某明知开垦参地需要林业部门审批,在未经审批的情况下,与焦某某合伙将林地开垦成参地,用以营利。事后为了减轻犯罪、逃避刑事责任,按照焦某某的要求找人顶名分担开垦后的林地面积,并到林业部门交纳行政罚款。上述有纪某某的供述和徐某某等人证言佐证,足以证明被告人纪某某主观上具有非法占用农用地的犯罪故意,客观上也实施了非法占用农用地的行为,符合非法占用农用地罪的构成。故对被告人纪某某的该辩解及辩护人的该辩护意见法院不予采纳。

法院认为,被告人纪某某违反土地管理法的规定,非法占用林地,改变被占用林地用途,数量较大,造成林地大量毁坏,其行为已构成非法占用农用地罪,应予惩处。被告人纪某某曾因犯非法占用农用地罪受过刑事处罚,却不知悔改,再次犯罪,此情节在量刑时酌情予以考虑。公诉机关指控被告人纪某某犯非法占用农用地罪的事实清楚,证据充分,定罪和适用法律正确,应予支持。依照《刑法》第三百四十二条、第五十二条、第五十三条、《最高人民法院关于审理破坏林地资源刑事案件具体应用法律若干问题的解释》第一条第(一)项之规定,判决如下:

被告人纪某某犯非法占用农用地罪,判处有期徒刑 2 年,并处罚金人民币22 万元。

案例评析

(1) 本罪在客观方面表现为违反土地管理法规,非法占用耕地改作他用,数量较大,造成耕地大量毁坏的行为。

违反土地管理法规,是指违反了《中华人民共和国土地管理法》《全国人大常委会关于修改〈中华人民共和国土地管理法〉的决定(2004)》《中华人民共和国土地管理法实施条例》《土地复垦规定》《关于制止农村建房用地的紧急通知》和《基本农田保护条例》《国家建设征用土地条例》《中华人民共和国水土保持法》和《中华人民共和国农业法》等与土地管理相关的法规。《中华人民共和国土地管理法》第二十条规定,各级人民政府应当采取措施,保护耕地,维护排灌工程设施,改良土壤,提高地力,防治土地沙化、盐渍化、水土流失,制止荒废和破坏耕地的行为。国家建设的乡(镇)村建设必须节约使用土地,可以利用荒地的,不得占用耕地;可以利用劣地的,不得占用好地。

非法占用耕地,是指未经法定程序审批、登记、核发证书、确认土地使用权,而占用耕地的行为。非法占有耕地行为通常表现为:其一,未经批准占用耕地,即未经国家土地管理机关审理,并报经人民政府批准,擅自占用耕地的;其二,少批多占耕地的,即部分耕地的占用是经过合法批准的,但超过批准的数量且多占耕地的数量较大的;其三,骗取批准而占用耕地的,主要是以提供虚假文件、谎报用途或借用、盗用他人的名义申请等欺骗手段取得批准手续而占用耕地,且数量较大的。

改作他用是指改变耕地的种植用途而作其他方面使用,诸如开办企业、建造住宅、筑路、采石、采矿、采土、采河,倾倒废物等。

非法占用耕地数量较大且造成耕地大量毁坏结果的,是非法占用耕地罪的必备要件。至于数量较大的具体标准,法律没有明文规定,根据《中华人民共和国土地管理法》对土地的征用或使用所作的详细规定:征用基本农田、基本农田以外的耕地超过35公顷、其他土地超过70公顷的,由国务院批准;征用上述规定以外的土地,由省、自治区、直辖市人民政府批准,并报国务院备案。如果违反上述有关土地管理的审批程序或所规定的数量而多征用、使用耕地的行为,就是违反土地管理法的非法占用耕地的行为。司法实践中也可根据当时当地耕地面积的大小、质量优劣的状况等情况综合衡量非法占用耕地的数量是否较大。"造成耕地大量毁坏",是指非法占用耕地导致耕地种植功能基本丧失,如造成土地板结、沙化、盐渍化、水土严重流失、土壤肥力消失等。

(2) 本罪的主体既可以是自然人,也可以是单位。

自然人非法占用耕地,主要是指凡年满 16 周岁,具备刑事责任能力的实施了非法占用耕地行为的自然人。根据《中华人民共和国土地管理法》第六十二条的规定,农村村民住宅用地,经乡(镇)人民政府审核,由县级人民政府批准;其中,涉及占用农用地的,由省、自治区、直辖市人民政府批准。凡违反该程序私自占用数量较大耕地的居民均可构成本罪的主体。

单位非法占用耕地，主要是指单位在国家建设用地、本单位发展建设和乡（镇）村建设用地过程中，违反土地管理法规，非法占用耕地改作他用，数量较大，造成耕地大量毁坏的行为。这里的单位，既包括国有的公司、企业、事业单位，也包括集体所有的公司、企业、事业单位以及合资或独资、私人所有的公司、企业以及国家各级权力机关、行政机关、审判机关、检察机关和人民团体和社会团体。至于土地管理机关侵权或越权审批占用耕地的，无权审批或无权发放使用证的机关批准占用耕地或有权审机关超越权限、职权批准占用耕地且数量较大的，通常视为单位构成非法批准征用、占用土地罪，而不以本罪论。

（3）非法占用农用地罪的犯罪对象包括：耕地、林地、草原等。

根据 2000 年 6 月 16 日最高人民法院《关于审理破坏土地资源刑事案件具体应用法律若干问题的解释》的规定：非法占用基本农田五亩或者非法占用基本农田以外的耕地十亩以上构成本罪。

根据 2005 年最高人民法院《关于审理破坏林地资源刑事案件具体应用法律若干问题的解释》第一条规定：

"……

（一）非法占用并毁坏防护林地、特种用途林地数量分别或合计达五亩以上；

（二）非法占用并毁坏其他林地数量达到十亩以上；

（三）非法占用并毁坏本条第（一）项、第（二）项规定的林地，数量分别达到相应规定的数量标准的百分之五十以上；

（四）非法占用并毁坏本条第（一）项、第（二）项规定的林地，其中一项数量达到相应规定的数量标准的百分之五十以上，且两项数量合计达到该项规定的数量标准。"

本案中，被告人纪某某违反土地管理法的规定，其明知开垦参地需要林业部门审批，在未经审批的情况下，与焦某某合伙将 50 700 平方米，核 76.05 市亩林地开垦成参地，用以营利，改变被占用林地用途，数量较大，造成林地大量毁坏，其行为已构成非法占用农用地罪。

第七章

走私、贩卖、运输、制造毒品罪

一、仝某、陈某甲等人犯走私、贩卖、运输、制造毒品罪

案号：(2016)晋 0602 刑初 64 号

案情简介及控辩主张

被告人仝某从朔城区豪德市场向黄某某(已判刑)购买了制造安钠咖原料咖啡因，并又购进了辅料淀粉与苯甲酸钠，在其居住的朔城区南某村小二楼家中，于2014年开始制造安钠咖片剂，并将制成的安钠咖部分出售给亲家陈某甲从中牟利。

被告人陈某甲自 2015 年 1 月份起从被告人仝某处购买毒品安钠咖"片片"，其中 6 袋贩卖于被告人赵某在朔城区北某村开设的"世宏便利店"，3 月 12 日被告人陈某甲又送到赵某处 5 袋，案发时从世宏便利店内查获尚未出售毒品共计 5 袋半，重 2.413 千克。

2015 年 3 月 12 日，朔城公安分局刑侦大队工作人员根据掌握的线索在被告人仝某家中当场将其抓获，后在仝某家中查获安钠咖片剂和疑似毒品粉末共计 111.61 千克，用于制造安钠咖添加的原料苯甲酸钠 130.1 千克。

案发后，经鉴定，本案收缴的疑似毒品中含有咖啡因成分。

被告人仝某对指控其基本犯罪事实没有异议，但辩称毒品中含有大量水分和淀粉，咖啡因含量少，称重时没有在现场。

辩护人的辩护意见如下：①起诉书指控被告人仝某贩卖毒品，没有制造毒品。②办理毒品犯罪案件，一般均应将查证属实的毒品数量认定为毒品犯罪的数量，被告

人仝某贩卖毒品的数量应以在赵某便利店查获的 5 袋半即 2.413 千克进行认定。③在被告人仝某处查获的苯甲酸钠 130.1 千克不能算作毒品；起诉书中认定从被告人仝某处查获的安纳咖片剂和疑似毒品粉末计 111.61 千克没有证据印证；涉案毒品数量计算是按袋计算，且没有当场称重。④应依据最高人民法院《关于审理若干新型毒品案件定罪量刑的指导意见》的规定对咖啡因予以折算。⑤安纳咖是一种咖啡因含量极低的毒品，没有对涉案毒品进行定量检验。⑥从被告人仝某家中查获的安纳咖片剂属于犯罪未遂，咖啡因含量低，系初犯、偶犯，认罪态度好，涉案毒品没有流向社会，应从轻处罚，原一审判处罚金 5 万元没有依据。

被告人陈某甲对指控其犯罪事实供认不讳。

被告人赵某对指控其基本犯罪事实没有异议，但辩称其只贩卖六袋安纳卡。

📖 法院判决及其理由

被告人仝某明知是毒品而予以贩卖、制造的行为，侵犯了国家对毒品的管理制度，构成贩卖、制造毒品罪；被告人陈某甲、赵某明知是毒品而予以贩卖的行为构成贩卖毒品罪。公诉机关指控三被告人的犯罪事实存在，指控罪名成立，但指控关于三被告人贩卖毒品的数量，结合被告人仝某辩护人提出的关于毒品克数认定的意见、被告人赵某的辩解，法院评判如下：在案证据证实被告人仝某分两次将共计 18 袋安纳咖"片片"卖给被告人陈某甲，后该陈将从被告人仝某处购买的"片片"分三次卖给被告人赵某 11 袋，该赵又在其开设的便利店内再向他人出售，起诉书所指控的涉案贩卖毒品事实清楚，关系明确。三被告人都曾供述所出售的"片片"每袋重一斤，但从在被告人赵某便利店查获的尚未出售的五袋半"片片"重 2.413 千克可知，以"每袋一斤"认定本案贩卖毒品的重量有失偏颇，故从维护被告人利益的角度出发，对被告人仝某贩卖、制造毒品的数量以从被告人赵某处查获的 2.413 千克安纳咖以及从其家中、车上现场查获的毒品数量累计认定，其中不包括苯甲酸钠 130.1 千克，对被告人陈某甲、赵某贩卖毒品的数量以 2.413 千克予以认定。

关于被告人仝某及其辩护人的其他意见评判如下：

（1）被告人仝某因涉嫌贩卖、制造毒品被立案侦查，后因同一事由被批准执行逮捕，起诉书虽指控被告人仝某犯贩卖毒品罪，但法庭辩论阶段公诉人已明确表明被告人仝某构成贩卖、制造毒品罪，被告人仝某对起诉书指控其犯罪事实供认不讳，且在案有充分的物证、被告人供述及视听资料等证据能够证实被告人仝某制造毒品的事实；走私、贩卖、运输、制造毒品罪是选择性罪名，凡实施其中两种以上行为的，如贩卖、制造毒品，则定为贩卖、制造毒品罪，不实行数罪并罚。本案认定被告人仝某犯贩卖、制造毒品罪,在毒品数量认定上亦不产生对被告人仝某的不利影响,故对公诉机关庭审时对被告人仝某的指控法院予以支持。

(2) 被告人仝某被抓获时,从其家中及车上现场查获大量毒品安纳咖、制毒原料及机器,公安机关对此进行一一标记、拍摄,并对查获过程进行了录制,并将抓获现场视频光盘及全部物证随案移送,被告人对以上证据均无异议。后朔州市公安局朔城分局委托专业机构对本案毒品进行称重,该称重记录对称重仪器名称及型号、检验人员、检定日期等相关内容均有明确注明,对所送检材亦分别编号、分别称重,送检疑似毒品来源及送检程序均符合法律规定,称重记录出具机构朔州市质量技术监督检验测试所在称重记录上已加盖测试专用章,检验员亦在记录上署名确认,该称重记录与在案赃物收缴登记表、指认照片、扣押物品清单等证据能相互佐证,具有证明效力,故对被告人仝某及其辩护人针对称重记录所作辩护意见不予采纳。

(3) 最高人民法院于 2015 年 5 月 18 日公布《全国法院毒品犯罪审判工作座谈会纪要》,其中规定"办理毒品犯罪案件,无论毒品纯度高低,一般均应将查证属实的毒品数量认定为毒品犯罪的数量",并据此确定适用的法定刑幅度,在案证据不能证实涉案毒品纯度明显低于同类毒品的正常纯度,故被告人仝某及其辩护人提出的咖啡因含量很低的辩护意见,不予采纳。上述纪要同时规定,走私、贩卖、运输、制造、非法持有两种以上毒品的,可以将不同种类的毒品分别折算为海洛因的数量,以折算后累加的毒品总量作为量刑的根据。本案被告人仝某只贩卖、制造一种毒品即安纳咖,且《最高人民法院关于审理毒品犯罪案件适用法律若干问题的解释》中已明确规定了关于咖啡因的定罪量刑数量标准,山西省高级人民法院亦出台了相关实施细则,故对被告人仝某的辩护人提出对涉案毒品折算为海洛因予以计算的辩护意见不予采纳。

(4) 在案证据能够证实被告人仝某利用所购原料及多台制毒工具制造毒品的规模及程度,及其将所制造的毒品向他人出售的事实,考虑到被告人仝某的主观恶性、毒品犯罪的严重社会危害性及打击毒品犯罪的现实需要,其辩护人所提出查获的毒品大部分未流入社会,故危害性较小的意见,不能成立,不予支持。

(5) 关于被告人仝某辩护人提出原一审判处被告人仝某交纳罚金 5 万元没有法律依据的意见,无法律支持,且原一审判决未生效,故对其意见法院不予采纳。

(6) 被告人仝某被查获时,从其家中同时查获大量制毒原料,针对该部分制毒原料的制毒行为尚未完成,系未遂,依法可从轻处罚,对辩护人的意见法院予以采纳。三被告人当庭认罪态度较好,可酌情从轻处罚。

据此,依照《刑法》第三百四十七条第一、三、四、七款,第二十三条,第六十一条,第六十四条,《最高人民法院关于审理毒品犯罪案件适用法律若干问题的解释》第二条之

规定,判决如下:

(1) 被告人仝某犯贩卖、制造毒品罪,判处有期徒刑 7 年,并处罚金人民币 4 万元。

(2) 被告人陈某甲犯贩卖毒品罪,判处有期徒刑 1 年,并处罚金人民币 1 万元。

(3) 被告人赵某犯贩卖毒品罪,判处有期徒刑 8 个月,并处罚金人民币 1 万元。

(4) 涉案制毒工具压片机 3 台、电子台秤 1 台、台秤 1 台、塑料盆 1 个、筛子 4 个、压片模具 1 套、塑料铲 2 个,予以没收。

案例评析

(1) 本罪侵犯的客体是国家对毒品的管理制度和人民的生命健康。由于鸦片、海洛因、甲基苯丙胺等麻醉药品和精神药品既有医用价值,又能使人形成瘾癖,使人体产生依赖性。因而,犯罪分子利用它来牟取非法利润。近几年来,国际上制毒、贩毒、走私毒品活动不断向我国渗透或假道我国向第三国运输。国内一些不法分子大肆进行制造毒品、贩卖毒品的犯罪活动,使大量毒品流入社会,严重地损害了他人的身体健康。为此国家陆续颁布了一系列的法律、法规,严格控制麻醉药品、精神药物的进出口、供应、运输、生产等活动,严禁非法走私、贩卖、运输、制造毒品活动。如《中华人民共和国药品管理法》《麻醉药品管理办法》《精神药品管理办法》《麻醉药品生产管理办法》《麻醉药品经营管理办法》等法规都对麻醉药品和精神药品的供应、运输、生产等做了具体而严格的规定,任何单位和个人违反上述法律规定,走私、贩卖、运输、制造毒品的行为,都直接侵犯了有关毒品管制法规。

(2) 本罪在客观方面上表现为行为人进行走私、贩卖、运输、制造毒品的行为。

① 走私毒品。走私毒品是指非法运输、携带、邮寄毒品进出国(边)境的行为。行为方式主要是输入毒品与输出毒品,此外对在领海、内海运输、收购、贩卖国家禁止进出口的毒品,以及直接向走私毒品的犯罪人购买毒品的,应视为走私毒品。根据本法的规定,影响走私毒品行为的危害性的因素,主要是走私毒品的数量、主体的情况(是否是首要分子、是否参与国际贩毒组织)、方式(是否武装掩护)等。这些因素无疑影响走私毒品行为的危害性,输入毒品行为,将直接危害我国公民的身心健康,危害我国的社会管理秩序;而输出毒品行为,则并不直接危害我国公民的身心健康。换言之,输入毒品行为的直接危害结果发生在我国领域内,而输出毒品行为的直接后果发生在我国领域外。前者行为的危害性显然重于后者。从国外的规定看,许多国家(如德国、日本)都是将输入毒品与输出毒品分别规定为独立的犯罪,或者将输出毒品的行为纳入运输毒品罪中,而前者的法定刑则明显重于后者,其立法宗旨也主要在于保护本国及本国公民的利益。本法虽然没有分别规定输入毒品与输出毒品的法定刑,但司法机关

在量刑时,对输入与输出两种行为应当区别对待。

② 贩卖毒品。贩卖毒品是指有偿转让毒品或者以贩卖为目的而非法收购毒品。有偿转让毒品,即行为人将毒品交付给对方,并从对方获取物质利益。贩卖方式既可以是公开的,也要能是秘密的;既可以是行为人请求对方购买,也可能是对方请求行为人转让;既可能是直接交付给对方,也可能是间接交付给对方。在间接交付的场合,如果中间人认识到是毒品而帮助转交给买方的,则该中间人的行为也是贩卖毒品;如果中间人没有认识到是毒品,则不构成贩卖毒品罪。贩卖是有偿转让,但行为人交付毒品既可能是获取金钱,也可能是获取其他物质利益;既可能在交付毒品的同时获取物质利益,也可能先交付毒品后获取利益或先获取物质利益而后交付毒品。如果是无偿转让毒品,如赠与等,则不属于贩卖毒品。毒品的来源既可能是自己制造的毒品,也可能是自己购买的毒品,还可能是通过其他方法取得的毒品。贩卖的对方没有限制,即不问对方是否达到法定年龄、是否具有辨认控制能力、是否与贩卖人具有某种关系。出于贩卖目的而非法收买毒品的,也应认定为贩卖毒品。

③ 运输毒品。运输毒品是指采用携带、邮寄、利用他人或者使用交通工具等方法在我国领域内将毒品从此地转移到彼地。运输毒品必须限制在国内,而且不是在领海、内海运输国家禁止进出口的毒品,否则便是走私毒品。运输毒品具体表现为转移毒品的所在地,如将毒品从甲地运往乙地,但应注意,从结局上看没有变更毒品所在地却使毒品的所在地曾经发生了变化的行为,也是运输毒品。例如,行为人先将毒品从甲地运往乙地,由于某种原因,又将毒品运回甲地的,属于运输毒品。

④ 制造毒品。制造通常是指使用原材料而制作成原材料以外的物。制造毒品一般是指使用毒品原植物而制作成毒品。它包括以下几种情况:一是将毒品以外的物作为原料,提取或制作成毒品,如将罂粟制成为鸦片;二是毒品的精制,即去掉毒品中的不纯物,使之成为纯毒品或纯度更高的毒品,如去除海洛因中所含的不纯物;三是使用化学方法使一种毒品变为另一种毒品。如使用化学方法将吗啡制作成海洛因;四是使用化学方法以外的方法使一种毒品变为另一种毒品。如将盐酸吗啡加入蒸馏水,使之成为注射液;五是非法按照一定的处方针对特定人的特定情况调制毒品。上述五种行为都属于制造毒品。

本罪是选择性罪名,凡实施了走私、贩卖、运输、制造毒品行为之一的,即以该行为确定罪名。凡实施了其中两种以上行为的,如运输、贩卖毒品,由定为运输、贩卖毒品罪,不实行数罪并罚。运输、贩卖同一宗毒品的,毒品数量不重复计算;不是同一宗毒品的,毒品数量累计计算。居间介绍买卖毒品的,无论是否获利,均以贩卖毒品罪的共犯论处。走私毒品,又走私其他物品构成犯罪的,按走私毒品和构成的其他走私罪分别定罪,实行数罪并罚。

对多次走私、贩卖、运输、制造毒品,未经处理的,毒品数量累计计算。所谓"未经处理"的既包括未经刑罚处理,也包括未作行政处理。但对于犯罪已过追诉时效的,则毒品数量不再累计计算。已作过处理的,应视为已经结案。

(3)本罪的主体是一般主体,即达到刑事责任年龄且具有刑事责任能力的自然人均可成为本罪主体。根据本法第十七条第二款规定:已满十四周岁未满十六周岁的未成年人贩卖毒品的,应当负刑事责任。因此,对于走私、运输、制造毒品犯罪,只有达到十六周岁才负刑事责任。对于被利用、教唆、胁迫参加贩卖毒品犯罪活动的已满十四周岁不满十六周岁的人,一般可以不追究其刑事责任。

(4)本罪在主观方面表现为故意,且是直接故意,即明知是毒品而走私、贩卖、运输、制造,过失不构成本罪。如果行为人主观上不明知是毒品,而是被人利用而实施了走私、贩卖、运输、制造的行为,就不构成犯罪。一般是以营利为目的,但也不能排除其他目的,法律没有要求构成本罪必须以营利为目的。

(5)本罪的既遂与未遂。走私、贩卖、运输、制造毒品罪有四种行为方式,其既遂与未遂的标准因行为方式而异。

① 走私毒品罪的既遂与未遂。走私毒品主要分为输入毒品与输出毒品,输入毒品分为陆路输入与海路、空路输入。陆路输入应当越国境线、使毒品进入国内领域内的时刻为既遂标准。海路、空路输入毒品,装载毒品的船舶到达本国港口或航空器到达本国领土内时为既遂,否则为未遂。

② 贩卖毒品的既遂与未遂。贩卖以毒品实际上转移给买方为既遂。转移毒品后行为人是否已经获取了利益,则并不影响既遂的成立。毒品实际上没有转移时,即使已经达成转移的协议,或者行为人已经获得了利益,也不能认为是既遂。

③ 运输毒品的既遂与未遂。行为人以将毒品从甲地运往乙地为目的,开始运输毒品时,是运输毒品罪的着手,由于行为人意志以外的原因没有到达目的地时,属于犯罪未遂;毒品到达目的地时是犯罪既遂,到达目的地后,即使由于某种原因而将毒品运回原地或者其他地方时,也是犯罪既遂。

④ 制造毒品罪的既遂与未遂。制造毒品罪应以实际上制造罪品为既遂标准,至于制造出来的毒品数量多少、纯度高低等,都不影响既遂的成立。着手制造毒品后,没有实际上制造出毒品的,则是制造毒品未遂。

本案中,被告人仝某购买了制造安钠咖原料咖啡因,并又购进了辅料淀粉与苯甲酸钠,在其居住的家中,于2014年开始制造安钠咖片剂,并将制成的安钠咖部分出售给亲家陈某甲从中牟利,根据《刑法》有关规定,成立贩卖、制造毒品罪,不实行数罪并罚。被告人陈某甲从被告人仝某处购买毒品安钠咖"片片",其中6袋贩卖于被告人赵某在朔城区北某村开设的"世宏便利店",3月12日被告人陈某甲又送到赵某处5袋,赵某进而贩卖,两者都是有偿转让毒品,构成贩卖毒品罪。毒品数量的计算,法院在判决理由中的阐述十分清楚,这里不再说明。

二、严某犯非法持有毒品罪

案号:(2016)云28刑初153号

案情简介及控辩主张

2015年7月17日7时许,景洪市公安局江北派出所民警在被告人严某租住的景洪市江北曼斗新村×××号附×号A×××室进行检查时,现场从房间的窗台、床下及灶台下查获毒品可疑物340克,遂将被告人严某抓获。经刑事科学技术鉴定:被查获的毒品可疑物系毒品甲基苯丙胺片剂。

被告人严某对起诉书指控的事实无异议。其辩护人辩称严某受朋友李某的指使非法持有毒品,如实供述嫌疑人李某的情况,认罪态度较好,请求从轻处罚。

法院判决及其理由

被告人严某违反我国对毒品的管制规定,明知是毒品而非法持有,其行为已触犯我国刑法,构成非法持有毒品罪。公诉机关指控被告人严某犯非法持有毒品罪的事实清楚,证据确实、充分,罪名成立,法院予以支持。被告人严某的辩护人辩称严某如实供述犯罪事实,认罪态度较好的意见与查明的事实相符,法院予以采纳;提出受他人指使而非法持有毒品的意见与查明的事实不符,且无证据证实,法院不予采纳。

综上所述,法院根据被告人严某犯罪的事实、性质、情节以及对社会的危害程度,依照《刑法》第三百四十八条、第六十四条之规定,判决如下:

(1)被告人严某犯非法持有毒品罪,判处有期徒刑7年,并处罚金人民币3万元。

(2)查获的毒品甲基苯丙胺片剂343克,依法没收。

案例评析

(1)本罪侵犯的客体,是国家对毒品的管制和他人的身体健康。国家禁止任何人非法持有毒品,为此颁布了一系列的法律、法规。我国先后颁布了《中华人民共和国药品管理法》《麻醉药品管理法》和《精神药品管理法》。这几个法规对毒品种植、制造、运输、使用、管理都作了明确、严格的规定,禁止任何人非法持有使用,任何单位和个人未经主管部门批准或许可,持有、保存毒品的行为均违反了国家对毒品管理的规定,而且行为人非法持有的毒品,随时可能流入社会,危害他人的健康。为此,为了维护国家对毒品的管制,保护人民群众的身体健康,对非法持有毒品的行为,必须予以惩处。

行为人将假毒品误认为是真毒品而加以收藏、保存,行为人主观上明知是毒品,而故意违反国家毒品管制,实施非法持有的行为,这属于刑法理论上的对象认识错误。对象认识错误,不影响定罪,仍构成非法持有毒品罪。

(2)本罪客观方面表现为非法持有毒品数量较大的毒品。

所谓持有毒品,是指行为人持有毒品时,没有合法的根据;或者说,行为人持有毒品,不是基于法律、法令、法规的规定或允许。如果行为人合法持有毒品,则不构成犯罪。即依法生产、使用、研究毒品的人持有毒品时,是正当行为,不构成犯罪。如医生因病人病情的需要,为使用毒品而持有毒品的,经过有权机关批准从事毒品管理职业的,经过有权机关批准制造毒品后持有毒品或依法运输毒品的,都是合法行为,不构成非法持有毒品罪。

所谓持有毒品,也就是行为人对毒品的事实上的支配。持有具体表现为占有、携带、藏有或者以其他方法持有支配毒品。持有不要求物理上的握有,不要求行为人时时刻刻将毒品握在手中、放在身上和装在口袋里,只要行为人认识到它的存在,能够对之进行管理或者支配,就是持有。持有时并不要求行为人对毒品具有所有权,所有权虽属他人,但事实上置于行为人支配之下时,行为人即持有毒品;行为人是否知道自己具有所有权、所有权人是谁,都不影响持有的成立。此外,持有并不要求直接持有,即介入第三者时,也不影响持有的成立。如行为人认为自己管理毒品不安全,将毒品委托给第三人保管时,行为人与第三者均持有该毒品。持有是一种持续行为,只有当毒品在一定时间内由行为人支配时,才构成持有,至于时间的长短,则并不影响持有的成立,只是一种量刑情节,但如果时间过短,不足以说明行为人事实上支配着毒品时,则不能认为是持有。

非法持有毒品达到一定数量才构成犯罪。即非法持有鸦片 200 克以上、海洛因或者甲基苯丙胺 10 克以上或者其他毒品数量大的。

(3)本罪的主体是一般主体。即任何达到刑事责任年龄且具有刑事责任能力的自然人均可成为本罪主体。

(4)本罪在主观方面表现为故意。即行为人明知是国家禁止非法持有的毒品而故意持有。如果行为人确实不知道自己持有的是毒品,则不构成本罪。非法持有毒品行为人的动机、目的多种多样,因此故意的具体内容不限。有人认为非法持有毒品的行为人主观上必须具有走私、贩卖、运输、制造毒品的意图才构成犯罪。一般认为非法持有毒品罪是针对那些当场查获非法持有数量较大的毒品,行为人既不说明持有毒品的目的、来源,又没有足够证据证明其犯有走私、贩卖、运输、制造毒品的行为或窝藏毒品的行为,而以非法持有毒品罪定罪量刑,如果司法机关能够查明行为人具有走私、贩卖、运输、制造毒品的目的,则其构成走私、贩卖、运输、制造毒品罪。

本案中,被告人严某在租住的房屋内藏匿甲基苯丙胺片剂340克,毒品在其实际控制之下,甲基苯丙胺片剂的数量已经大大超过了法律规定构成犯罪的10克,因此,被告人严某已构成非法持有毒品罪。

三、王某峻、黄某春犯非法生产、买卖、运输制毒物品罪

案号:(2016)鄂 0984 刑初 363 号

案情简介及控辩主张

2015年10月中旬,被告人王某峻、黄某春伙同王某、汪某(均另案处理)等人在大悟县某某医药化工有限公司内租用生产车间,非法生产制毒物品"α-溴代苯丙酮"(又名1-苯基-2-溴-1-丙酮)28吨,向杨某(另案处理)、冯某斌(在逃)进行销售,从中牟利。

2015年11月下旬至12月中旬,被告人王某峻、黄某春伙同王某、汪某等人在应城市东马坊某某化工科技有限公司内租用生产车间,非法生产制毒物品"α-溴代苯丙酮"103吨,向杨某、冯某斌进行销售,从中牟利。

2015年11月上旬,被告人王某峻伙同王某等人在江西省上高县工业园某某医药化工有限公司内租用生产车间,非法生产制毒物品"α-溴代苯丙酮"30余吨,向杨某、冯某斌进行销售,从中牟利。

2016年2月底到4月7日,被告人王某峻伙同王某等人再次在江西省上高县工业园某某医药化工有限公司内租用生产车间,非法生产制毒物品"α-溴代苯丙酮"112.5吨,向杨某、冯某斌进行销售,从中牟利。

2016年4月2日至7日,被告人王某峻、黄某春伙同汪某等人在汉川市沉湖镇某某医药化工有限公司内租用生产车间,非法生产制毒物品。"α-溴代苯丙酮"17.7吨,分两次向杨某进行销售11吨从中牟利,办案民警于4月7日在王某峻等人进行生产的化工厂车间内扣押红盖蓝桶的产品19桶(经鉴定,内含"α-溴代苯丙酮"成分,重4748.2千克),白盖蓝桶的产品8桶(经鉴定,内含"α-溴代苯丙酮"成分,重1998.9千克)。

另查明,案发后,公安机关依法扣押二被告人生产的制毒物品原材料、半成品、成品若干(详见扣押清单);扣押被告人王某峻违法所得现金 25 969 元;冻结被告人王某峻违法所得存于中国农业银行股份有限公司汉川市支行其个人账户内的银行存款 199 995.47 元。被告人黄某春于 2016 年 4 月 8 日自动到公安机关投案,并如实供述了犯罪事实。

被告人王某峻的辩护人陈某华在庭审中提出如下辩护意见:①对本案的定性没有异议。②被告人王某峻系主动认罪,被告人基于真诚悔罪,对起诉书指控的内容予以了完全确认,体现了被告人主观上已认罪服法。③被告人王某峻愿意将侦查机关扣押的违法所得上交国家。④被告人王某峻经口头传唤后主动到公安机关并如实供述自己的罪行,系自首。根据最高人民法院《关于处理自首和立功具体应用法律若干问题的解释》第一条规定,犯罪嫌疑人虽被发觉,但其尚未受到讯问、未被采取强制措施时,主动、直接向公安机关投案的属于自动投案。口头传唤显然不属于强制措施,经口头传唤到案的应当属于自动投案。被告人王某峻自动投案又如实供述自己的罪行,系自首。综上,建议对被告人王某峻从轻、减轻处罚。

被告人黄某春的辩护人姚某贤、徐某华在庭审中共同提出如下辩护意见:①被告人黄某春有非法生产国家管制的化学产品的行为,但是其不明知产品的具体工艺及名称,不具备非法生产制毒物品的主观故意,应当以非法经营罪定罪量刑。②被告人黄某春主动到公安机关投案,并如实供述犯罪事实,应当认定为自首。③被告人黄某春只实施了生产的行为,没有参与买卖和运输,属于从犯。综上,建议对被告人黄某春从轻、减轻处罚。

法院判决及其理由

法院认为,被告人王某峻、黄某春违反国家规定,非法生产、买卖、运输用于制造毒品的原料、配剂,情节特别严重,其行为已构成非法生产、买卖、运输制毒物品罪。公诉机关的指控成立。被告人王某峻、黄某春在共同犯罪中均起主要作用,系主犯,应当依其在共同犯罪中的地位、作用处罚。被告人王某峻如实供述犯罪事实,可以从轻处罚。被告人黄某春具有自首情节,可以从轻、减轻处罚。案发后,公安机关扣押、冻结了被告人王某峻部分违法所得,可酌情对被告人黄某春从轻处罚。依照《刑法》第三百五十条,第五十二条,第五十六条,第六十四条,第二十五条第一款,第二十六条第一、四款,第六十七条第一、三款,最高人民法院、最高人民检察院《关于审理毒品案件适用法律若干问题的解释》第八条第二款第(一)项的规定,判决如下:

(1) 被告人王某峻犯非法生产、买卖、运输制毒物品罪,判处有期徒刑 12 年,并处罚金 8 万元,剥夺政治权利 3 年。

(2) 被告人黄某春犯非法生产、买卖、运输制毒物品罪,判处有期徒刑 10 年,并处罚金 5 万元,剥夺政治权利 3 年。

(3) 对公安机关依法扣押、冻结的被告人王某峻违法所得共 225 964.47 元予以追缴。对公安机关依法扣押二被告人生产制毒物品的原材料、半成品、成品予以没收。

案例评析

(1) 非法生产、买卖、运输制毒物品、走私制毒物品罪,本罪属于选择性罪名。

明知他人制造毒品而为其生产、买卖、运输制毒物品的,以制造毒品罪的共犯论处,该规定属于注意规定,而非法律拟制。

(2) 犯罪构成。**主体**:一类为一般主体,即凡是达到刑事责任年龄具有刑事责任能力,实施了非法买卖制毒物品的人,均可构成本罪。单位也可成为本罪的主体;一类是单位。

主观方面:故意。行为人明知是国家管制的用于制造毒品的原料或者配剂,而具有的非法生产、买卖、运输、走私的主观心理态度。

客体:侵犯的客体是国家对制毒物品的管制和国家对外贸易管制的管理制度。

客观方面:表现为违反国家规定,非法生产、买卖、运输醋酸酐、乙醚、三氯甲烷或者其他用于制造毒品的原料、配剂,或者携带上述物品进出境,情节较重的行为。

(3) 量刑。《最高人民法院关于审理毒品案件定罪量刑标准有关问题的解释》第四条:"违反国家规定,非法运输、携带进出境或在境内非法买卖醋酸酐、乙醚、三氯甲烷或者其他用于制造毒品的原料或者配剂达到下列数量标准的,依照刑法第三百五十条第一款的规定定罪处罚:

(一) 麻黄碱、伪麻黄碱及其盐类和单方制剂五千克以上不满五十千克;麻黄浸膏、麻黄浸膏粉一百千克以上不满一千千克;

(二) 醋酸酐、三氯甲烷二百千克以上不满二千千克;

(三) 乙醚四百千克以上不满三千千克;

(四) 上述原料或者配剂以外其他相当数量的用于制造毒品的原料或者配剂。

违反国家规定,非法运输、携带进出境或者在境内非法买卖用于制造毒品的原料或者配剂,超过前款所列数量标准的,应当认定为刑法第三百五十条第一款规定的'数量大'。"

本案中,关于被告人黄某春的辩护人姚某贤、徐某华共同提出的上述第一点辩护意见。经查,被告人王某峻证明:被告人黄某春在明知生产的是"α-溴代苯丙酮"后聘请其为技术指导人员；被告人黄某春、王某峻及证人王某、汪某均证实生产上述涉案产品"利润可观"；被告人黄某春、王某峻等人在大悟县某某医药化工有限公司生产车间内生产其他化工产品，因环评不达标而被当地环保部门叫停并强行断电，但被告人黄某春、王某峻等人因生产上述涉案产品利润可观，私接民用电，偷偷非法生产上述制毒物品 28 吨（即第一笔犯罪事实）；生产车间的所有员工均证实二被告人均不告知生产上述物品为何种产品，故意隐瞒产品名称；被告人黄某春、王某峻等人将上述生产的所有制毒物品在装罐后，另外用木箱进行加装，在外包装上均印制与产品毫不相干的字样，且均在夜间神秘发货销售，以防止犯罪行为暴露及逃避检查；被告人黄某春在侦查阶段曾经供述，其怀疑生产上述涉案物品是某种违禁品。依据最高人民法院、最高人民检察院、公安部《关于办理制毒物品犯罪案件适用法律若干问题的意见》[公通字(2009)33 号]第二条第一项的规定，对于走私、买卖制毒物品行为，查获了易制毒化学品，且改变产品形状、包装或者使用虚假标签、商标等产品标志的，可以认定嫌疑人、被告人系"明知"。综合本案上述具体事实，应当认定被告人黄某春在主观上对于非法生产、买卖、运输上述制毒物品系"明知"。本案被告人黄某春的行为具备非法生产、买卖、运输制毒物品罪的所有犯罪构成要件，应当以非法生产、买卖、运输制毒物品罪定罪处罚。辩护人姚某贤、徐某华的该辩护意见不能成立。关于辩护人姚某贤、徐某华的第二点辩护意见。经查属实，法院予以采信。关于辩护人姚某贤、徐某华的第三点辩护意见。被告人在参与的上述非法生产、买卖、运输制毒物品犯罪中，与被告人王某峻及同伙王某系合伙关系，共同投资，共同分赃，且担任制毒"药厂"的"老板"，在共同犯罪中起主要作用，应当认定为主犯。辩护人姚某贤、徐某华的该辩护意见不能成立。

四、蔡某德犯包庇毒品犯罪分子罪

案号：(2015)汕陆法刑初字第 333 号

案情简介及控辩主张

被告人蔡某德明知其丈夫同案人与李某吉(另案处理)等人在住宅制造毒品而予以包庇。2015 年 6 月 4 日 0 时许，公安机关接群众举报对被告人蔡某德的住宅进行清查时，在该住宅二楼的铁皮房内现场查获疑似毒品结晶状物、液体及煤气炉、漏斗、三水合一酸钠等物品，现场抓获被告人蔡某德。经汕尾市公安司法鉴定中心鉴定，缴获的结晶状物和液体均检出甲基苯丙胺成分。重计 12 083.02 克，其中结晶状物28.83 克，液体 12 054.19 克。

被告人蔡某德称其是家庭妇女,没有参与制造毒品,全部不知情。要求判其无罪。

辩护人提出的辩护意见是:指控被告人制造毒品事实不清,证据不足,指控罪名不成立。一是被告人没有参与制造毒品主观故意,仅凭在被告人家中查获毒品便认定被告人参与制毒不成立。在被告人的家中查获毒品是在被告人家中二楼铁皮房内查获,根据被告人供述,查获毒品的铁皮房是平时放置物品的,被告人十多天才去打扫一次,被告人去时没有看到毒品,煤气炉是坏的,对查扣的物品是否属于制毒工具不知情。案发当晚,被告人是12点多才回家,不知道证人林某蔬、林某森二人去二楼,被告人没有上去二楼,不清楚李某吉、林某蔬、林某森是否制造毒品。根据证人林某蔬、林某森证言,他们去被告人家时,前1次被告人在客厅看电视,案发当晚他们去时,被告人不在家,他们均没有看到被告人去二楼,更没有看到被告人制造毒品,与被告人供述辩解相符,被告人不清楚毒品情况,也没有参与制造毒品。二是客观方面。从DNA鉴定来看,只有一支牙刷与被告人DNA一致,其他在二楼提取的物品均没有被告人DNA,也就说被告人没有直接接触其他物品,根据现场勘查笔录,与被告人DNA一致的牙刷是在一楼洗手间旁提取,并不是二楼铁皮房提取,被告人在一楼使用牙刷符合日常生活情况,在二楼提取的物品均没有被告人DNA,被告人也没有吸毒,足予证明:被告人没有接触二楼铁皮房内物品,对铁皮房内的毒品不知情,充分证明被告人没有参与吸毒,更没有制造毒品。制造毒品必须有加热、冷却结晶过程,需要多种工具,制毒过程中会产生气味,从现场勘查、扣押清单来看,查获的物品有煤气炉、漏斗、塑料瓶,从相片可见煤气炉是坏的,已经不能用,没有风扇、空调,没有桶、盆用于冷却,查获的物品是不具备制造毒品条件,查扣的物品充其量只是符合证人林某蔬、林某森的证言,即只是几个人在吸食冰毒,是吸食毒品工具,不是制毒工具。本案除查获毒品之外,没有任何证据证明存在制毒行为,更没有证据证明被告人参与制毒。综上,指控罪名不成立,应当宣告被告人无罪。

法院判决及其理由

对被告人的辩解及其辩护人的辩护意见,综合评析如下:

(1)公诉机关指控被告人蔡某德犯制造毒品罪,并出示了如下证据予以质证:现场勘验笔录、提取痕迹、物证登记表、现场平面图5张、相片41张、扣押清单7份证实公安机关于2015年6月4日0时许,在被告人蔡某德家二楼铁皮房内查获疑似液体毒品及结晶状物、煤气炉、冰箱、漏斗等物品,有一楼洗手间提取的牙刷等物品;汕尾市公安司法鉴定中心刑事化验检验报告、法医学DNA检验鉴定书、公安机关的说明,证实现场缴获的疑似毒品液体及结晶检出甲基苯丙胺成分,重计12 083.02克,其中结晶状物 28.83 克,液体 12 054.19 克。证人李某坚、李某杰证言证实案发当日公安机关在被告人蔡某德家查获上述物品的事实;吸毒者林某蔬、林某森供述曾去过被告人蔡某德家找其丈夫李某吉购买毒品并在其住宅吸食的事实;被告人蔡某德在公安机关的供述:"楼上的小铁皮房是我老公李某吉在用,我不知道他在那里做什么,我不知道他在制造冰毒。""公安机关去我家的时候,我在做消夜,家里搜出的冰毒和制毒工具我不清楚是哪里来的,我听说过是我老公在海上捡到的。大概在被抓前十天,我在家里洗菜,听到我老公跟别人说的。我进去过那间铁皮房,我是把渔网放在里面,最近一次进去是在被抓前的十几天前。这间铁皮房都是我老公李某吉在使用,我不清楚他在做什么。以前是我儿子在里面住,后来因为太小,就不住了,之后就是我老公一直在用,我隔一段时间会去里面打扫卫生。具体时间不一定,大概十几天才会去打扫一次。还有我女儿李某燕进去过。铁皮房里面除了渔网,还有一台冰箱、一个煤气罐和煤气灶,但是煤气罐和煤气灶是之前用坏的,大概在被抓的一个星期前我搬进去的。我打开过冰箱,里面没有东西。"在庭审中蔡某德又辩称其是家庭妇女,没有参与制造毒品,全部不知情。要求判其无罪。

(2) 综合全案证据,公安机关在被告人蔡某德的家内二楼的铁皮房现场缴获毒品甲基苯丙胺的液体、结晶状物及制毒工具、制毒原料一批,即该制毒现场在被告人蔡某德家二楼铁皮房内,且被告人蔡某德供述其平时进过该铁皮房并知道房内有煤气罐、煤气灶、冰箱等物品,亦供述其家里搜出的冰毒和制毒工具曾听说是其丈夫在海上捡到的。可认定其主观上明知丈夫李某吉等人在家里进行制造毒品的犯罪活动,但仍予以包庇,其行为已构成包庇毒品犯罪分子罪。对辩护人提出被告人蔡某德犯制造毒品罪事实不清,证据不足的意见予以采纳。

法院认为:被告人蔡某德包庇制造毒品的犯罪分子,其行为已构成包庇毒品犯罪分子罪,依法应予惩处。公诉机关指控被告人蔡某德犯制造毒品罪的罪名不能成立。

根据被告人的犯罪事实、性质、情节、悔罪表现和对社会的危害程度,经法院审判委员会讨论决定,依照《刑法》第三百四十九条之规定,判决如下。

被告人蔡某德犯包庇毒品犯罪分子罪,判处有期徒刑 3 年。

案例评析

(1) 本罪侵犯的客体是司法机关同毒品犯罪分子做斗争的正常活动。包庇毒品犯罪分子的社会危害性就在于不仅妨碍了司法机关对毒品犯罪分子的及时惩办,而且这种行为帮助毒品犯罪分子逍遥法外,逃避法律的制裁、继续作恶,危害社会,因此,对包庇毒品犯罪分子的犯罪予以惩处是十分必要的。

（2）本罪在客观方面表现为行为人必须具有对走私、贩卖、运输、制造毒品罪的犯罪分子给予保护，使其逃避法律制裁的行为。这些犯罪分子既包括尚未被抓获而潜逃在外的犯罪分子，也包括已被抓获的已决犯和未决犯，所谓"包庇"是指向司法机关作假证明掩盖走私、贩卖、运输、制造毒品的犯罪分子罪行，或者帮助其毁灭罪证，以使其逃避法律制裁的行为。实践中，如果明知其人是公安机关正在追捕的走私、贩卖、运输、制造毒品的案犯，而仍向其提供资助或者交通工具，帮助该案犯潜逃的，或者帮助毒品犯罪分子毁灭罪迹，隐匿、转移、销毁罪证等，也都是包庇毒品犯罪分子的行为。尽管包庇毒品犯罪分子手段多种多样，但目的只有一个，是帮助毒品犯罪分子逃避法律的制裁。另外包庇毒品犯罪分子的行为，只能发生在被包庇者实施犯罪之后，并且事先没有通谋，如果事前通谋，事后又包庇的，则属于帮助犯，以共同犯罪论处。事中通谋也属于事先通谋，也应以共同犯罪论处。

窝藏走私、贩卖、运输、制造毒品犯罪分子的，也应当按照本罪处罚。

（3）本罪的主体为一般主体，即凡是达到刑事责任年龄具有刑事责任能力，实施了包庇毒品犯罪分子的人，均可构成本罪。国家机关工作人员包庇毒品犯罪分子的应从重处罚。

（4）本罪在主观方面表现为故意，过失不构成犯罪。行为人的动机多种多样，有的是出于亲友之情，有的是出于哥们义气，有的是出于贪图钱财等，无论出于何种动机，只要明知是走私、贩卖、运输、制造毒品的犯罪而予以包庇的，均构成本罪。

（5）本罪与非罪的界限。对包庇毒品犯罪分子的犯罪应综合全案各种情况，如果被包庇的毒品犯罪分子所进行的毒品犯罪情节轻微，毒品数量很小，受刑罚处罚较轻，或不需要追究刑事责任，而且包庇毒品犯罪分子的主观恶性也比较小，那么包庇行为本身社会危害性就小，一般不作为犯罪处罚。在实践中要注意正确区分本罪与知情不举行为的界限。"知情不举"是指明知是毒品犯罪分子，而不向司法机关检举揭发，也没有向司法机关作虚假证明，对犯罪分子也不提供积极帮助，表现为消极不作为，这种消极不作为，由于我国法律没有规定知情不举罪，因此不构成包庇毒品犯罪分子罪。

本案中，蔡某德向司法机关作假证明掩盖其丈夫制造毒品的犯罪罪行，以使其逃避法律制裁的行为已经构成了包庇毒品犯罪分子罪。尽管其声称自己无罪，但根据公安机关的现场侦查，证人证言，以及蔡某德自己前后供述的矛盾之处可知，被告人蔡某德包庇制造毒品的犯罪分子，其行为已构成包庇毒品犯罪分子罪，依法应予惩处。

五、王某宾犯窝藏、转移、隐瞒毒品、毒赃罪

案号：(2016)皖 1221 刑初 271 号

案情简介及控辩主张

2005 年 4 月 8 日晚 22 时许，被告人王某宾在临泉县姜寨镇某小学的路边接到陈某、王某、孙某(均已判)三人送来的毒品。陈某让王某宾帮助销售毒品，王某宾将该毒品带回家后，对陈某谎称毒品质量问题未能找到买主。两天后，王某宾将纸箱中的 13 包毒品放入一个编织袋中，并用青菜掩盖进行伪装，交给孙某带回阜阳，孙某又将毒品交给陈某。同年 4 月 11 日，陈某带着有王某宾伪装的毒品前往临泉销售，途径原临泉县收费站时被阜阳市公安局当场抓获。经当面称量，被查毒品重 6431 克。经阜阳市公安局刑事科学技术检验，被查获毒品中检出吗啡成分。

另查明：2016 年 5 月 24 日，被告人王某宾主动到临泉县公安局投案。

法院判决及其理由

被告人王某宾明知是毒品而窝藏，情节严重，其行为已构成窝藏罪。公诉机关指控的犯罪事实和罪名成立。辩护人提出被告人王某宾当庭自愿认罪，具有自首情节，且窝藏时间较短，可对其从轻处罚的辩护意见，与法院查明的事实相符，法院予以采信。经法院审判委员会讨论决定，依照《刑法》第三百四十九条第一款、第六十七条第一款的规定，判决如下：

被告人王某宾犯窝藏毒品罪，判处有期徒刑 4 年，并处罚金 2 万元。

案例评析

(1) 本罪侵犯的客体是国家对毒品的管制和国家司法机关的正常活动。窝藏毒品、毒赃的行为，不仅帮助犯罪分子隐匿罪证，妨害司法机关的调查取证，使犯罪分子逃避法律的制裁，而且为毒品犯罪分子继续犯罪提供了物质条件。这些毒品可以随时流入社会，危害他人的身心健康。因此，窝藏、转移、隐瞒毒品、毒赃的犯罪行为具有严重的社会危害性，应依法予以惩处。

本罪的犯罪对象是犯罪分子用作犯罪的毒品、毒赃，所谓毒品是指鸦片、海洛因、甲基苯丙胺、吗啡、大麻、可卡因以及国务院规定管制的其他能够使人形成瘾癖的麻醉药品和精神药品。所谓毒赃，是指犯罪分子进行毒品犯罪所得财物，以及由非法所得

获取的收益。非法所得获取的收益,是指利用毒品违法犯罪所得的财物从事孳息或者经营活动所获取的财物,以及有关财产方面的利益。包括金钱、物品、股票、利息、股息、红利、用毒品犯罪所得购置的房地产、经营的工厂、公司等。这些财物必须是毒品犯罪分子进行毒品犯罪所得,如果是其他犯罪所得,可构成窝赃罪。

(2) 本罪在客观方面表现为行为人为走私、贩卖、运输、制造毒品的犯罪分子窝藏、转移、隐瞒毒品、毒赃的行为。窝藏是指将犯罪分子的毒品、毒赃窝藏在自己的住所或者其他隐蔽的场所,以逃避司法机关的追查。所谓"转移"主要是指将犯罪分子的毒品、毒赃从一地转移到另一地,以抗拒司法机关对毒品、毒赃的追缴,帮助犯罪分子逃避法律的制裁,或者便于犯罪分子进行毒品交易等犯罪活动。所谓"隐瞒"是指在司法机关询问调查有关犯罪分子的情况时,自己明知犯罪分子的毒品、毒赃藏在何处,而有意对司法机关进行隐瞒。只要行为人实施了其中任一行为,就构成本罪。窝藏的毒品、毒赃,必须是走私、贩卖、运输、制造毒品的犯罪分子的毒品、毒赃。

(3) 本罪的主体为一般主体,即凡是达到刑事责任年龄、具有刑事责任能力,实施了窝藏、转移、隐瞒毒品、毒赃的人,均可构成本罪。

(4) 本罪在主观方面表现为故意。即行为人明知是用于走私、贩卖、运输、制造的毒品、毒赃而故意予以窝藏、转移、隐瞒,这是区分罪与非罪的标志之一。如果事前有通谋的,属于共同犯罪中的帮助犯,以共犯论处。

(5) 本罪与非罪的界限。本条对本罪没有"数额"和"情节严重"的具体规定,从原则上说,窝藏、转移、隐瞒毒品、毒赃的行为都可构成犯罪,但司法实践中,要综合全案情况,具体分析,不能把一切窝藏、转移、隐瞒的行为都认定为犯罪,如果窝藏、转移、隐瞒毒品、毒赃的数量很小,又是初犯、偶犯等,主观恶性较小,一般不作为犯罪处罚。

(6) 本罪与窝赃罪的界限。窝赃罪是指明知是犯罪所得的赃款而予以窝藏的行为。本罪保留了窝赃罪的基本性质,所不同的是,本罪的对象是特定的,仅限于毒品和毒赃。而窝赃罪的对象的范围广泛,包括除毒品犯罪以外的所有的刑事犯罪所得的赃款、赃物。其次,本罪的法定刑要比窝赃罪的法定刑高,体现了从严打击毒品犯罪的目的。

(7) 本罪与非法持有毒品罪的界限:①犯罪动机不同。非法持有毒品罪的主观故意是明知是毒品而非法持有,窝藏、转移、隐瞒毒品、毒赃罪的主观故意是故意为毒品犯罪分子窝藏、转移、隐瞒毒品、毒赃,达到逃避司法机关法律制裁的目的。②窝藏、转移、隐瞒毒品、毒赃罪没有数额规定,而非法持有毒品罪规定了数额。

窝藏、转移、隐瞒毒品的犯罪分子主要为毒品罪犯窝藏、转移、隐瞒毒品,当然必须先有非法持有毒品的行为,对此,一般认为,如窝藏、转移、隐瞒毒品犯罪人持有的毒品数量达到追究非法持有毒品罪数量的,应以非法持有毒品罪处罚,未达到数量的,可认定为本罪。

六、杨某生犯非法种植毒品原植物罪

案号:(2016)川 04 刑终 146 号

案情简介及控辩主张

原判认定,2015 年 10 月的一天,被告人杨某生到云南省永仁县赶集时,看见有人在卖罂粟果,遂购买了两个罂粟果实带回家中。2015 年 11 月,被告人杨某生将罂粟果实种子播种到自家果树地里,以便以后将罂粟苗用于治疗牲畜疾病等。2016 年 3 月 14 日,攀枝花市公安局仁和区分局的民警在平地镇巡查过程中,查获被告人杨某生种植于其果树地里的疑似罂粟植株,植株高约 10～80 厘米不等,部分已开花。在该村村干部李某某、该社社长杨某乙的见证下,经现场清点共计 1250 株。公安机关对罂粟苗予以铲除后扣押,并当场抽取其中部分植株,送中国科学院昆明植物研究所标本馆鉴定。经该标本馆鉴定,被告人杨某生所种植植物均为罂粟科罂粟属植物罂粟。

案发当日,公安民警查获被告人杨某生所种植的罂粟苗植株后,要求村社干部通知其到场。被告人杨某生到场后承认所查获的罂粟系其种植。公安民警遂口头传唤被告人杨某生接受调查,其如实交代了本案事实。

二审法院经审理查明,二审查明上诉人(原审被告人)杨某生犯非法种植毒品原植物罪的事实和证据与原判认定的事实和证据一致。法院予以确认。

宣判后,原审被告人杨某生不服,提出"系初犯,有自首情节;平时表现较好,其身体有病,家庭生活困难,原判量刑过重,请求二审从轻判处缓刑"的上诉理由,其辩护人亦以相同理由发表辩护意见。

法院判决及其理由

原判认为,被告人杨某生非法种植罂粟 1250 株,其行为构成非法种植毒品原植物罪。被告人杨某生经公安机关口头传唤到案,并如实供述本案事实,系自首,依法可从轻处罚。被告人杨某生无犯罪前科,系初犯,量刑时予以考虑。依照《刑法》第三百五十一条第一款第一项、第六十七条第一款、第六十一条的规定,判决:被告人杨某生犯非法种植毒品原植物罪,从轻判处有期徒刑 1 年,并处罚金 2000 元。

二审法院认为,上诉人(原审被告人)杨某生非法种植罂粟毒品原植物 1250 株,其行为已构成非法种植毒品原植物罪,依法应当判处五年以下有期徒刑、拘役或者管制,并处罚金的刑罚。上诉人(原审被告人)杨某生经公安机关口头传唤即到案,并如实供述自己的犯罪事实,系自首,依法可以从轻处罚。

上诉人(原审被告人)杨某生及辩护人提出"系初犯,有自首情节"的上诉理由和辩护意见,原判已经认定,且予以从轻判处,二审不再重复评价。至于"平时表现较好,其身体有病,家庭生活困难"不是从轻判处的法定理由。

原判认定事实和适用法律正确,审判程序合法,量刑适当。依照《中华人民共和国刑事诉讼法》第二百二十五条第一款第(一)项之规定,判决如下:

驳回上诉,维持原判。

案例评析

(1) 本罪侵犯的客体是国家对毒品原植物种植的管制。国家历来对非法种植罂粟、大麻等毒品原植物严厉禁止,并先后发布了一系列的法规、法令和通知。

本罪的对象是毒品原植物,即用来提炼、加工成鸦片、海洛因、甲基苯丙胺、吗啡、可卡因等麻醉药品和精神药品的原植物。我国非法种植毒品原植物的情况,主要是罂粟,少数地区也种植大麻。

(2) 本罪在客观方面表现为行为人实施了违反国家有关法规,非法种植毒品原植物数量较大的,或经公安机关处理后又种植以及抗拒铲除的行为。所谓种植,是指播种、施肥、灌溉、割取津液、收取种子等,不论行为人实施了上述全部行为还是只实施了一种行为,都可视为种植。只要有证据证明行为人确实有种植的行为,即使没有成苗,从面积上估算,达到法条所规定数量的,也构成此罪,具体如下。

① 种植数量较大,按照《刑法》规定,种植罂粟 500 株以上不满 3000 株即为数量较大。其他毒品原植物数量较大,按照一定比例来认定,一般情况下,大麻 250 株相当于罂粟 500 株,大麻 1500 株相当于罂粟 3000 株,大麻数量较大按 250 株以上不满 1500 株为标准。各地可根据本地的实际情况来确定适合本地的标准。

② 经公安机关处理后又种植的,是指行为人在公安机关予以治安处罚或强制铲除后,又非法种植毒品原植物的,原则上都应以犯罪论处。如再次种植的数量很小,也可以不作为犯罪论处,构成犯罪的情况下,对以前已作过行政处理的毒品原植物的株数不再累计计算。

③ 抗拒铲除,是指非法种植毒品原植物的行为人,采取暴力、暴力相威胁、胁迫或者其他强制手段足以妨碍主管机关铲除毒品原植物的行为,如果采用轻微的抗拒行为,软磨硬泡、言语谩骂等方式不足以妨碍主管机关铲除的,应采用行政处罚的方式,

而不应以本罪论处。采用暴力抗拒铲除的行为实质上是妨害公务的行为,一般认为采用暴力、胁迫等其他抗拒方法抗拒铲除,既触犯妨害公务罪,又触犯非法种植毒品原植物罪,属于刑法理论上的牵连犯,从一重罪而断,应按非法种植毒品原植物罪处罚,而不适用数罪并罚。如果使用暴力杀人、重伤的应数罪并罚。

（3）本罪的主体为一般主体,即凡是达到刑事责任年龄具有刑事责任能力,实施了非法种植毒品原植物的人,均可构成本罪。

（4）本罪在主观方面表现为故意,过失不构成本罪。即行为人明知是制造毒品的原植物而非法种植,不论其目的是营利还是满足个人享用,均构成本罪。

本案中,被告人杨某生将罂粟果实种子播种到自家果树地里,攀枝花市公安局仁和区分局的民警查获被告人杨某生种植于其果树地里的罂粟植株,植株高约10～80厘米不等,部分已开花。在该村村干部李某某、该社社长杨某乙的见证下,经现场清点共计1250株。按照《刑法》第三百五十一条第一款的规定,已经算数量较大,构成非法种植毒品原植物罪。被告人杨某生在上诉中称"平时表现较好,其身体有病,家庭生活困难"不是刑罚所考量的因素之一,不能作为量刑情节之一。

七、王某犯引诱、教唆、欺骗他人吸毒罪

案号：（2016）冀 0306 刑初 169 号

案情简介及控辩主张

被告人王某于 2008 年 7 月 15 日至 2015 年 12 月 31 日在秦皇岛市公安局抚宁分局交通警察大队任辅警期间,2014 年冬天的一天晚上,在秦皇岛市抚宁区抚宁镇南望庄其住处,向傅某宣扬吸毒可以减肥,并当场示范吸食毒品的方法,唆使傅某当场吸食毒品；2015 年夏天的一天晚上,在秦皇岛市抚宁区抚宁镇某安防器材商店内,向孙某宣扬吸毒可以醒酒,唆使孙某当场吸食毒品。

被告人王某供认其教唆傅某吸食毒品的事实,辩称其没有教唆孙某吸食毒品。其系秦皇岛市抚宁区某保安服务有限公司劳务派遣人员,不属于国家工作人员。

王某的辩护人主要提出公诉机关指控被告人王某教唆孙某吸食毒品证据不足,被告人王某系秦皇岛市抚宁区某保安服务有限公司劳务派遣人员,其教唆他人吸食毒品是在工作期间以外,故不应认定为国家工作人员教唆他人吸毒,不属情节严重。被告人王某能自愿认罪,无前科劣迹。综上,建议对被告人王某从轻处罚。

法院判决及其理由

被告人王某唆使他人吸食毒品,其行为已构成教唆他人吸毒罪。故公诉机关指控的罪名成立。公诉机关对被告人王某教唆孙某吸食毒品的指控,仅提交了被害人孙某的陈述,被告人王某予以否认,且无其他证据相佐证,故法院不予支持。公诉机关指控被告人王某教唆他人吸毒属情节严重,经查,被告人王某系秦皇岛市抚宁区某保安服务有限公司的劳务派遣人员,而非在国家机关中从事公务的人员,不属于国家工作人员的范畴,故不符合《最高人民法院关于审理毒品犯罪案件适用法律若干问题的解释》规定的"情节严重"的情形。被告人王某的辩解及辩护人的观点,法院均予以采纳。根据本案的事实及情节,依照《刑法》第三百五十三条第一款的规定,判决如下:

被告人王某犯教唆他人吸毒罪,判处有期徒刑 1 年,并处罚金人民币 5000 元。

案例评析

引诱、教唆、欺骗他人吸食、注射毒品的,是本罪的实行行为,而非帮助行为。

(1) 本罪侵犯的客体是复杂客体,不仅侵犯社会治安管理秩序,而且侵犯了他人的身心健康。吸食、注射毒品对人的健康所造成的危害众所周知,并引发诸多社会问题,严重危害社会治安。

本罪的对象是未染上吸毒恶习或者虽染上吸毒恶习但已经戒除的人。

(2) 本罪在客观方面表现为行为人通过向他人宣扬吸食、注射毒品后的感觉等方法,非法实施引诱、教唆、欺骗他人吸食、注射毒品的行为。所谓"引诱",是指以金钱、物质及其他利益诱导、拉拢原本没有意愿吸毒的人吸食、注射毒品的行为;所谓"教唆",是指以劝说、授意、怂恿等手段,鼓动、唆使原本没有吸毒意愿的人吸食、注射毒品的行为;所谓"欺骗",是指用隐瞒事实真相或者制造假象等方法,使原本没有吸毒意愿的人上当吸食、注射毒品。如暗地里在香烟中掺入毒品,或在药品中掺入毒品。供人吸食和使用,使他人在不知不觉中染上毒瘾。无论采用了什么手段,只要实施了上述行为,就构成本罪,至于被引诱、教唆、欺骗者是否因此成瘾,不是构成本罪的必要条件,但可以作为量刑情节予以考虑。

吸食、注射毒品,是指用口吸、鼻吸、吞服、饮用、皮下注射或静脉注射等方法使用毒品。

本罪是选择性罪名,三种行为并不要求同时具备,只要行为人实施其中之一的,即可构成本罪。

(3) 本罪的主体为一般主体,即凡是达到刑事责任年龄、具有刑事责任能力的人,均可构成本罪。

（4）本罪在主观方面表现为故意，过失不构成本罪。目的和动机多种多样，有的是为了贩卖推销毒品，有的是为了报复或者逃避法律制裁的目的，诱使一些干部子弟吸毒，有的出于控制他人的目的，如犯罪团伙中，吸毒者一旦上瘾，便心甘情愿地受人指使，成为违法犯罪的帮凶，有的是为了长期奸淫妇女，而使其吸毒，以达到长期控制的目的等，不论行为人出于何种动机和目的，都可构成本罪。

（5）本罪与一般教唆犯罪的界限：①侵犯的客体不同。前者侵犯的客体是复杂客体，既侵害了社会治安管理秩序，又侵害了他人的身体健康。而后者侵犯的客体，则取决于所教唆犯罪的客体，如教唆杀人罪侵犯的客体是他人的生命权利。②罪名不同。前者是一个独立罪名，吸毒行为法律上没有规定为犯罪，而教唆他人吸毒的行为，法律上规定为独立犯罪。而后者则不是独立罪名，对于教唆犯，要按照他所教唆的罪来确定罪名，教唆犯属于共同犯罪。

（6）犯本罪致人重伤、死亡的处理。实践中此类案件较多，对此定性认识不一，一般认为，如果具有故意杀人或者故意伤害的故意，那么就是故意杀人罪和故意伤害罪，而引诱、教唆、欺骗他人吸食、注射毒品的行为仅是杀人和伤害的手段而已。如果致人死亡、伤残的，能够查明没有故意杀人或者故意伤害的心理，而对死亡和重伤仅有过失的，应构成过失致人死亡罪、过失重伤罪和引诱、教唆、欺骗他人吸毒罪的数罪，应择一重罪处罚。

本案中，被告人王某向傅某宣扬吸毒可以减肥，并当场示范吸食毒品的方法，唆使傅某当场吸食毒品；在秦皇岛市抚宁区抚宁镇某安防器材商店内，向孙某宣扬吸毒可以醒酒，唆使孙某当场吸食毒品。属于以劝说、授意、怂恿等手段，鼓动、唆使原本没有吸毒意愿的人吸食、注射毒品的教唆行为，构成教唆他人吸毒罪。

八、宋某犯强迫他人吸毒罪

案号：（2016）津 0118 刑初 286 号

案情简介及控辩主张

被害人刘某通过微信与张某某（女，2001 年 8 月 28 日出生）相识。2015 年 12 月 29 日 4 时许，刘某与张某某在某市静海区某旅馆 12 号房间第一次相见，见面后，刘某便对张某某进行搂抱。后张某某电话通知王二某（另案处理）、崔某某（男，2000 年 5 月 27 日出生），王二某又电话通知被告人宋某驾车赶到该旅馆。被告人宋某与张某某等人将刘某带至其驾驶的汽车上,后带至静海开发区附近,宋某采取对刘某殴打、威胁等方式强迫刘某吸食冰毒,并用手机对其进行录像。后宋某以刘某吸毒、对张某某进行搂抱为由,向刘某索要赔偿,后将其放回。经尿液检验,宋某、刘某检测结果甲基苯丙胺均呈阳性。同日,刘某在同事陪同下报警。同日16时许,被告人宋某到公安机关投案,但其未能如实供述其强迫他人吸毒的犯罪事实。

2016年4月24日,宋某家属赔偿刘某经济损失人民币5000元,刘某表示谅解宋某。

被告人宋某承认公诉机关的指控。辩护人对公诉机关的指控亦无异议。同时认为,被告人具有自首情节;赔偿了被害人损失,取得了被害人谅解;系初犯;犯罪后果并不严重。建议法庭对被告人宋某减轻处罚。

📖 法院判决及其理由

被告人宋某强迫他人吸食毒品,其行为触犯刑律,应以强迫他人吸毒罪追究其刑事责任。公诉机关指控事实清楚,证据确实充分,罪名成立。案发后,被告人宋某虽主动投案,但其并未如实供述强迫他人吸毒的犯罪事实,依法不能认定自首,其辩护人关于此节的辩护意见,法院不予采纳。庭审中,被告人宋某自愿认罪;被告人亲属赔偿了被害人经济损失,取得了被害人的谅解。对以上情节,量刑时酌情予以考虑。法院为打击犯罪,保护公民的人身权利不受侵犯,依照《刑法》第三百五十三条第二款、第六十七条第一款之规定,判决如下:

被告人宋某犯强迫他人吸毒罪,判处有期徒刑3年,并处罚金人民币3000元。

📚 案例评析

(1)本罪侵犯的客体是社会治安管理秩序和他人的身体健康,属于复杂客体。强迫他人吸毒,往往使人染上毒瘾,成为吸毒者,而吸毒成瘾严重损害身心健康,使吸毒者身体虚弱、智能减退、人格扭曲,而且吸毒还是艾滋病传播的途径之一。同时,吸毒会诱发盗窃、抢劫、赌博、卖淫等其他犯罪活动,因此,对强迫他人吸毒的犯罪分子予以惩处是十分必要的。

(2)本罪在客观方面表现为行为违背他人的意志,使用暴力、胁迫或者其他强制手段迫使他人吸食、注射毒品的行为。所谓"暴力"是指犯罪分子对被害人身体实施强制,排除被害人的抵抗,迫使其违背自己的意志吸食、注射毒品。所谓"胁迫"是指犯罪分子以实施暴力相威胁,实行精神强制,使被害人产生恐惧不敢抗拒而吸食、注射毒品。所谓"其他强制方法"是指除了暴力或胁迫方法以外,以暴力、胁迫方法相当的,如酒醉、麻醉药麻醉等方法,使被害人不知抗拒而吸食和注射毒品的行为。强迫他人吸毒的手段多种多样,但无论采取什么手段,客观上行为人只要实施了强迫他人吸毒的行为,就构成本罪,至于被强迫者是否因此成瘾,不是构成本罪的必要条件。对于强迫未成年人吸毒的,从重处罚。

如果行为人以单纯故意杀人或者伤害为目的而强迫他人吸毒,构成故意杀人罪或故意伤害罪,强迫他人吸毒仅是杀人或伤害的手段而已。

如果行为人在强迫他人吸毒后,为灭口而杀人,这样行为人就有了两个犯罪故意,两个犯罪行为,符合两个犯罪构成,应以故意杀人罪与强迫他人吸毒罪实行数罪并罚。

行为人强迫他人吸毒,采用暴力手段,如果致人轻伤的,按强迫他人吸毒罪从重处罚。如果使用暴力行为致人重伤或死亡,行为人对重伤或死亡采取的是一种故意放任的心理态度,应按故意杀人罪(故意伤害罪)从重处罚。

如果行为人强迫他人吸毒后,由于毒量过大,致使被害人重伤或死亡,对被害人重伤或死亡,行为人是一种过失的心理态度,应构成过失致人死亡罪或过失重伤罪与强迫他人吸毒罪的想象数罪,应择一重罪处罚。

(3)本罪的主体为一般主体,即凡是达到刑事责任年龄、具有刑事责任能力的人,均可构成本罪。

(4)本罪在主观方面表现为故意,过失不构成本罪。即行为人明知是毒品,而故意强迫他人吸毒。强迫他人吸毒的动机多种多样,有的是为了牟利而强迫他人吸毒,有的出于报复。不论行为人的动机如何,只要故意实施了强迫他人吸毒的行为,就可构成犯罪。

(5)本罪与非罪的界限。本条对此罪没有规定"情节严重"作为必要要件,也就是说,只要实施了强迫他人吸毒的行为,原则上就构成本罪。而不论被害人是否吸食、注射毒品或吸食、注射毒品成瘾。但实践中并不是任何强迫他人吸毒的行为都构成犯罪,应综合全案的各种情况,根据本法的规定,如果情节显著轻微,危害不大的,不认为是犯罪,可给予行政治安处罚。

(6)本罪与引诱、教唆、欺骗他人吸毒罪的界限。强迫他人吸毒与引诱、教唆、欺骗他人吸毒在主体、客体、主观方面不同,所明显的区别在于客观表现上的不同,前者为采取暴力、胁迫等强制性的手段,后者则是用引诱、教唆、欺骗等手段。此外,从犯罪对象上看,前者在暴力、胁迫下违心地吸毒,后者在引诱、教唆、欺骗下,由不愿到情愿吸毒。二者在法定刑上是不同的,要严格加以区分,不能造成重罪轻判或轻罪重判的问题。

如果行为人对同一个人同时实施了强迫、引诱、教唆、欺骗的手段,造成他人吸毒的后果,一般认为应择一重罪处罚,定强迫他人吸毒罪。如果行为人对不同的人分别采取上述手段,促使他人吸毒,则分别构成两个罪名,应予以数罪并罚。

本案中,被告人宋某与张某某等人将刘某带至其驾驶的汽车上,后带至静海开发区附近,宋某采取对刘某殴打、威胁等方式强迫刘某吸食冰毒,并用手机对其进行录像。符合违背他人的意志,使用暴力、胁迫或者其他强制手段迫使他人吸食、注射毒品的行为,构成强迫他人吸毒罪。

九、吴某健犯容留他人吸毒罪

案号:(2016)07 刑终 50 号

案情简介及控辩主张

原判认定:被告人廖某、吴某健为非法牟利,事先商量共同出资购买冰毒转售,获利平分。2014 年 5、6 月的一天,两人各出资人民币 1700 元,至福建省宁德市以人民币 3400 元的价格购得冰毒 20 克。同年 7 月的一天,被告人廖某在义乌市宾王商贸区四街 22 号某美甲店门前以人民币 1000 元的价格将 1 克左右冰毒出售给陈某(已行政处罚),后被告人廖某将其中的人民币 500 元分给被告人吴某健。

同年 11 月初,被告人廖某欲购入冰毒转售获利,被告人吴某健遂帮助联系老乡张某(另案处理)并约定以人民币 3000 元的价格购买冰毒。同年 11 月 16 日,两人各出资人民币 1500 元,由被告人吴某健将人民币 3000 元汇入张某银行账户,后张某将冰毒 13 克送至义乌完成交易。同年 11 月 24 日 16 时许,被告人廖某在义乌市宾王商贸区四街 22 号某美甲店前以人民币 4700 元的价格将一包重约 10 克的冰毒出售给陈某。后被告人廖某将其中的人民币 2000 元分给被告人吴某健。

同年 12 月 4 日 14 时许,陈某联系被告人廖某要求购买人民币 2000 元的冰毒,后被告人廖某至义乌市宾王商贸区四街 22 号某美甲店前进行交易时被当场抓获,从其手中查获一包毒品疑似物。经义乌市公安局理化检验:上述毒品疑似物净重 4.5 克,从中检出甲基苯丙胺成分。

2014 年 12 月 4 日,被告人廖某协助公安机关在义乌市工人北路某网吧抓获同案犯吴某健。

二审法院经审理查明,原判认定原审被告人廖某、吴某健贩卖毒品的犯罪事实,有被告人廖某、吴某健的供述,证人张某、陈某、王某、孟某的证言,辨认笔录,抓获经过,扣押物品清单,毒品上缴清单,理化检验报告,立功表现认定意见书,身份证明等证据证实。原判认定原审被告人吴某健犯容留他人吸毒的犯罪事实,有旅馆内宾基本情况表,现场辨认笔录,照片辨认笔录,证人张某、廖某的证言,被告人吴某健的供述等证据证实。上述证据,均经一审法院开庭出示、质证,并已在一审判决书中分项列述,法院审查后予以确认。

关于上诉理由,经查:①廖某、吴某健系以贩卖为目的买入毒品,并有贩卖事实,廖某、吴某健虽辩称部分毒品用于吸食,依法仍应以其二人购买的毒品数量认定其贩卖毒品的数量,廖某及吴某健的相关上诉理由不能成立,法院不予采纳。②廖某辩称第二起贩卖毒品事实中的毒品系其赠送给陈某,但陈某的证言证实其系和王某共同出资向廖某购买毒品,该事实亦得到了王某及其女友程某丽的证实,因此廖某的相关辩解与事实不符,法院不予采纳。③同案犯廖某及毒品上家张某的供述均证实吴某健伙同廖某一起购买毒品用于贩卖,吴某健本人亦不否认其明知廖某贩卖毒品仍与其一起购买毒品的事实,依法应认定吴某健与廖某构成共同犯罪,吴某健的相关上诉理由不能成立,法院不予采纳。

上诉人廖某上诉提出,其与吴某健向张某购买了13克冰毒,但事后就吸食了一部分,只有剩余的三分之一的冰毒送给了"阿朵",并未收钱。请求二审法院查明事实,依法改判。

上诉人吴某健上诉提出:①其只与廖某一起购买过冰毒,但并未参与贩卖,其行为不构成贩卖毒品罪,而应构成非法持有毒品罪。②原判认定其向张某购买13克冰毒用于贩卖证据不足,该冰毒系廖某购买,主要用于吸食,只有少部分用于贩卖。综上,请求二审法院查明事实,依法改判。

法院判决及其理由

原判依照《刑法》第三百四十七条第一、三款,第三百五十四条,第二十五条第一款,第六十七条第三款,第六十八条,第五十二条,第五十三条,第六十九条之规定,判决:①被告人廖某犯贩卖毒品罪,判处有期徒刑7年,并处罚金人民币1万元。②被告人吴某健犯贩卖毒品罪,判处有期徒刑7年零6个月,并处罚金人民币1万元,犯容留他人吸毒罪,判处拘役5个月,并处罚金人民币2千元,数罪并罚,决定执行有期徒刑7年零6个月,并处罚金人民币1.2万元。

二审法院认为,上诉人廖某、吴某健贩卖毒品,其行为均已构成贩卖毒品罪,系共同犯罪。吴某健容留他人吸毒,其行为构成容留他人吸毒罪。上诉人廖某协助公安机关抓获同案犯吴某健,构成立功,依法从轻处罚。上诉人吴某健一人犯数罪,依法应当数罪并罚。原判认定事实清楚,证据确实、充分,定罪准确,量刑适当,审判程序合法。上诉人廖某、吴某健提出的上诉理由不能成立,法院不予采纳。上诉人廖某申请撤回上诉的请求,符合法律规定,予以准许。依照《中华人民共和国刑事诉讼法》第二百二十五条第一款第(一)项,《最高人民法院关于适用〈中华人民共和国刑事诉讼法〉的解释》第三百零五条第一款、第三百零八条之规定,判决如下:

(1) 驳回上诉人吴某健的上诉,维持原判。

(2) 准许上诉人廖某撤回上诉。

案例评析

(1) 本罪侵犯的客体是社会的正常管理秩序和人们的身心健康。容留他人吸毒,主要指的是人们通常所说的开设地下烟馆或变相烟馆的行为。但近几年来,某些宾馆、饭店、舞厅也成为吸毒的场所,导致吸毒人数上升,因此,必须对为他人吸毒提供场所的行为予以严厉惩处。

(2) 本罪在客观方面表现为行为人实施了容留他人吸毒的行为,所谓容留他人吸毒,是指给吸毒者提供吸毒的场所。既可以是行为人主动提供,也可以是在吸毒者的要求或主动前来时被动提供。既可以是有偿提供,也可以是无偿提供。提供的地点,既可以是自己的住所,也可以是其亲戚朋友或由其指定的其他隐藏的场所,一般则是行为人专门为吸毒者准备的某种比较固定的场所,如利用住宅、居所或租赁他人房屋让他人吸毒,饭店、宾馆、咖啡馆、酒吧、舞厅等营业性场所的经营、服务人员利用经营性场所容留他人吸毒;航空器、轮船、火车、汽车的司机管理人员利用交通工具让他人吸毒;等等。至于为他人提供吸毒场所的次数、人数以及提供时间的长短,均对本罪的构成毫无影响,即不论容留几人,也不论容留了几次,以及多长时间,都可构成本罪。

(3) 本罪的主体为一般主体,即凡是达到刑事责任年龄、具有刑事责任能力的人,均可构成本罪。

(4) 本罪在主观方面表现为故意,过失不构成本罪。构成本罪,一般应以牟利为目的作为主观上的必要要件。

(5) 本罪与他罪的界限如下。

① 区别容留他人吸毒罪与贩卖毒品罪。贩卖毒品罪的本质特征在于其毒品交易的牟利性,这是与容留他人吸毒罪的根本区别。行为人无论是提供场所、吸毒器具,还是提供毒品,只要是与其他吸毒人员之间没有毒品交易行为,就不构成贩卖毒品罪,否则就应当以容留他人吸毒罪与贩卖毒品罪数罪并罚。

② 区别容留他人吸毒罪与引诱、教唆、欺骗他人吸食、注射毒品罪。容留他人吸毒罪是行为人为自愿吸食、注射毒品的人提供场所,而后者是行为人通过引诱、教唆、欺骗的手段使原本没有吸食、注射毒品意愿的人产生吸毒念头并吸食毒品。

第八章

组织、强迫、引诱、容留、介绍卖淫罪

一、施某犯组织卖淫罪、许某犯协助组织卖淫罪

案号：(2016)皖 0706 刑初 30 号

案情简介及控辩主张

2015 年 10 月份，被告人施某招募、容留邸某、尚某，阿莲(绰号)等多名妇女在其租赁的铜陵县某小区一号楼从事卖淫活动，卖淫所得收入施某与卖淫妇女五五分账或者四六分账。被告人施某利用出租车驾驶员招揽嫖客，同时雇用被告人许某在卖淫场所从事接听电话、收钱、记账、打扫卫生等服务。2015 年 10 月 16 日，公安机关在某小区一号楼检查时，当场抓获被告人施某，及正在发生性关系的卖淫嫖娼人员尚某和魏某，准备进行卖淫嫖娼活动的邸某、王某甲，并且将已结束嫖娼活动的李某、刘某甲抓获。

2015 年 10 月 21 日被告人许某经公安机关电话通知后到案接受调查。

庭审中，被告人施某对起诉书指控的主要犯罪事实无异议，辩称未利用出租车驾驶员招揽客源。

其辩护律师提出的辩护意见认为：对起诉书指控的基本犯罪事实没有异议，但是对定性有异议：第一，根据法律规定，组织卖淫一是要建立卖淫组织，二是管理卖淫人员，三

是组织安排卖淫活动,这三个要求是同时存在,结合本案法庭调查中查明的犯罪事实,辩护人认为被告人施某的行为均不符合这三个条件;第二,被告人主观恶性不深,无前科,本次犯罪系初犯、偶犯,虽然之前施某有过行政处罚,但是从犯罪来看本次犯罪系初犯;第三,本案犯罪手段和情节相对一般,社会危害后果相对不大,场所比较隐蔽,从事色情服务时间很短,次数不多,服务人员当场抓获的只有 2 个,社会危害性不大;第四,施某到案后能够认罪、悔罪,对所涉及的犯罪事实如实供述。综上建议法庭对施某从轻处罚。

法院判决及其理由

法院认为,被告人施某为谋取非法利益,采取招募、容留等方式组织多名妇女从事卖淫活动,其行为已构成组织卖淫罪,被告人许某明知他人组织卖淫,仍提供帮助,其行为已构成协助组织卖淫罪。应依法追究二被告人的刑事责任,公诉机关指控罪名成立,法院予以确认。

被告人施某因容留卖淫被行政处罚后,不思悔改,又从事犯罪活动,主观恶性较深,酌情从重处罚。被告人施某被抓获归案后,如实交代犯罪事实,系坦白;被告人许某系主动投案,且能如实供述自己的罪行,有自首情节,依法对上述二被告人从轻处罚。被告人许某犯罪情节较轻,自愿预交罚金,有悔罪表现,依法可适用缓刑。辩护人上述关于被告人法定或者酌定从轻情节的辩护意见有理,法院予以采纳。

据此,依照《刑法》第三百五十八条第一款及第三款、第六十七条第一款及第三款、第七十二条第一款、第三条之规定,判决如下。

(1) 被告人施某犯组织卖淫罪,判处有期徒刑 5 年零 6 个月;并处罚金人民币 1 万元。

(2) 被告人许某犯协助组织卖淫罪,判处有期徒刑 1 年,缓刑 3 年;并处罚金人民币 5 千元。

案例评析

(1) 侵犯的客体是社会治安管理秩序、他人的人身权利和社会道德风尚。卖淫、嫖娼是旧社会遗留下来的丑恶现象,法律一贯予以禁止。组织他人卖淫的犯罪行为比一般的犯罪行为具有更为严重的社会危害性,它直接促使卖淫、嫖娼活动的蔓延,严重损害或威胁人们的身心健康,败坏社会风气,严重破坏社会主义精神文明建设,危害社会治安管理秩序。组织卖淫的犯罪对象是"他人",不是指一个人,而是指多人。

根据我国有关法律的规定,"他人"主要指妇女,但同时还包括不满十四周岁的幼女以及男性,有人认为组织他人卖淫罪的犯罪对象不包括男性,这显然不符合立法原意,而且在实践中一些地方已出现了男子卖淫的现象,国外多数立法并不排斥男性可以成为卖淫对象这一现象。

(2)本罪在客观方面表现为行为人实施了组织、策划、指挥他人卖淫的行为。

组织,是指发起、建立卖淫集团或卖淫窝点,将分散的卖淫行为进行集中和控制,并在其中起组织作用的行为。例如,将分散的卖淫人员串联组合成一个比较固定的卖淫集团,将咖啡厅、歌舞厅、饭店、旅店、出租汽车等组织成为卖淫或者变相卖淫的场所等,即属于比较常见的组织卖淫行为。

策划,是指为组织卖淫活动进行谋划布置、制订计划的行为。如为组织卖淫集团制订计划、拟订具体方案、物色卖淫妇女的行为,以及为建立卖淫窝点而进行的选择时间、地点、设计伪装现场等行为。策划行为是为组织犯的重要参谋决策行为,对于完成特定的犯罪具有重要的作用,因而是一种重要的、广义的组织行为。

指挥,是指行为人在实施组织他人卖淫活动中起领导、指挥作用,如实际指挥、命令、调度卖淫活动的具体实施等。指挥是直接实施策划方案、执行组织者意图的实行行为,对于具体施行组织卖淫活动往往具有直接的决定作用。

上述组织、策划、指挥三种行为,都是组织卖淫的行为,都具有明显的组织性,行为人只要具备其中一种或者数种行为,就可认定其实施了组织卖淫行为。

组织他人卖淫的具体手段,主要是招募、雇佣、强迫、引诱、容留等手段。招募,是指将自愿卖淫者召集或者募集到卖淫集团或者其他卖淫组织之内进行卖淫活动的行为。雇佣,是指以出资为条件雇用自愿卖淫者参加卖淫集团或者其他有组织的卖淫活动。强迫,是指以暴力、胁迫或者其他方法,强制或者迫使不愿卖淫者或者不愿参加卖淫组织者而使其参加卖淫集团以及其他卖淫组织,强迫不愿卖淫者进行有组织的卖淫活动。引诱,是指以金钱、财物、色相等为诱饵,诱使他人参加卖淫集团或者其他卖淫组织,或者诱使他人参加其他有组织的卖淫活动。容留,是指容纳、收留自愿卖淫者参加卖淫集团或者其他卖淫组织,或者参加有组织的卖淫活动。

上述五种具体的手段,可以是同时交叉使用,也可以是只使用其中一种或者数种,都不影响本罪的成立。

(3)本罪的主体为一般主体,即凡达到刑事责任年龄,具有刑事责任能力的自然人均可构成本罪。但构成本罪,必须是卖淫的组织者,即俗称的"老鸨""窝主"。卖淫的组织者可以是一个人,也可以是一个团伙。是否是组织者,关键是看其在卖淫活动中是否起组织者的作用。有些被组织的卖淫者,同时又积极参与组织他人卖淫,对此,应按组织卖淫罪的共犯处理。

（4）本罪在主观方面表现为具有组织他人卖淫的"组织故意"，即行为人明知自己是在实施组织他人进行卖淫活动的行为，并且明知这种组织行为会造成危害社会的结果，而希望或者放任这种结果的发生。

至于行为人组织他人卖淫的目的，在实践中，多数是为了通过组织他人卖淫从中牟取暴利，也有的人不是为了牟利，而是出于别的目的，如有些饭店或宾馆等单位为了招揽生意，有些企业组织妇女卖淫以达到推销产品、兜揽业务的目的，也有的是出于玩弄妇女以满足其精神空虚的心理要求和追求腐朽、糜烂生活方式的精神需求。不管行为人出于何种动机，并不影响本罪的构成。

（5）罪与罪的界限如下。

① 是否有组织他人卖淫的故意。根据刑法规定，本罪只处罚组织者，对于一般参与卖淫者则不以犯罪论处，而通常按照违反治安管理处罚条例来处理。如果数个卖淫者为了赚取更多钱财，结伙卖淫，相互传递信息、互相提供方便，互为掩护，共同从事卖淫活动的，由于她们都是卖淫者，没有主从之分，也没有较为固定的组织策划者，因此对其一般不应以犯罪论处，而应处以治安管理处罚。但是，如果行为人既自己参与卖淫，又组织他人卖淫的，则构成组织卖淫罪。

② 是否实施了组织他人卖淫的行为。如果没有组织他人卖淫的故意或者没有实施组织他人卖淫的行为，不构成犯罪。如有些饭店、酒店等服务人员卖淫，其负责人虽有放松管理的行为，但只要不具有组织他人卖淫的故意，也没有组织他人卖淫的行为，不能认为其构成犯罪。

（6）与强迫卖淫罪的区别如下。

① 侵犯的客体不同。组织卖淫罪侵犯的是社会道德风尚及社会治安管理秩序；而强迫卖淫罪除侵犯社会道德风尚及社会治安管理秩序外，还包括他人的人身权利。

② 实施行为的内容不同。组织卖淫的行为，是指以招募、雇佣、引诱、容留的手段，控制多人从事卖淫活动，不违背受害人意志；而强迫卖淫罪的行为人采用暴力、胁迫等强制手段，违背卖淫者的意志。

③ 故意的内容不同。组织卖淫罪的行为人主观上具有组织多人卖淫的故意；而强迫卖淫罪行为人主观上是强迫他人卖淫的故意。

本案中，被告人施某及许某的辩护人提出案件定性不准确的辩护意见。被告人施某设置卖淫场所，通过招募、容留等手段，组织多名卖淫妇女进行卖淫活动，并对卖淫活动进行管理，从中牟利，其行为符合《刑法》关于组织卖淫罪的规定。被告人许某明知他人组织卖淫，仍为卖淫活动提供记账、收账、接听交易电话等帮助，其行为符合刑法关于协助组织卖淫罪的规定。被告人是否获利不影响定性,故辩护人关于案件定性有误的辩护意见理由不充分,法院不予采纳是正确的。

二、李某清、潘某片、叶某犯强迫卖淫罪

案号:(2015)龙新刑初字第 1091 号

案情简介及控辩主张

2015 年 3 月以来,被告人李某清、潘某片、叶某经事先预谋欲将被害人杨某某(未成年)、潘某某二人骗至龙岩市新罗区从事卖淫活动,并从中牟利。2015 年 4 月 7 日,被告人李某清、叶某将被害人杨某某、潘某某从广东省广州市带至龙岩市新罗区,并由被告人潘某片安排暂住在龙岩市新罗区西城某旅馆。之后,被告人李某清、潘某片、叶某与叶某采取殴打、威胁、看管等方法,强迫被害人杨某某、潘某某在龙岩市某区西城西桥南巷 78 号、123 号从事卖淫活动。2015 年 4 月 10 日 6 时许,被害人杨某某、潘某某从其暂住的闽东旅馆逃出,后到龙岩市公安局中城派出所报案。同日 10 时许,被告人潘某片在寻找被害人杨某某、潘某某至龙岩市公安局中城派出所门口时被公安人员抓获。被告人潘某片经龙岩市第三医院司法鉴定室鉴定,听力障碍,目前未发现明显性精神病症状,案发当时辨认、控制能力正常,具完全刑事责任能力。

2015 年 6 月 23 日,被告人李某清、叶某到龙岩市公安局西城派出所投案。

被告人李某清对起诉书指控的犯罪事实和定性均无异议。辩护人提出如下辩护意见:①被告人李某清具有自首情节;②被害人来龙岩的目的是骗李某清等人的钱;③被告人李某清社会危害性小;建议对被告人李某清判处三年以下有期徒刑。

被告人潘某片辩称其什么都不知情,不构成强迫卖淫罪。

被告人叶某辩称其是来龙岩看亲戚的,未强迫他人卖淫,不构成强迫卖淫罪。

法院判决及其理由

法院认为,被告人李某清、潘某片、叶某伙同他人,采用暴力、胁迫等方法强迫他人卖淫,其行为均已构成强迫卖淫罪。公诉机关指控的罪名成立,予以采纳。三被告人强迫未成年人卖淫,酌情予以从重处罚;被告人李某清当庭自愿认罪,酌情予以从轻处罚;被告人叶某在共同犯罪中作用相对较小,酌情予以从轻处罚。虽然被告人李某清主动投案,但在第一次接受讯问及庭审中故意避重隐瞒其在共同犯罪中的作用,且未如实供述同案犯的犯罪事实,依法不能认定为自首。被告人潘某片、叶某辩称其什么

都不知情,不构成强迫卖淫罪,与所查事实不符,不予采纳。被告人李某清的辩护人提出被害人主观上有骗取被告人李某清财物的目的,具有过错,建议对被告人从轻处罚的辩护意见,法院认为此过错与被告人强迫他人卖淫不具有法律意义上的关联性,故该辩护意见理由不成立,不予采纳;提出被告人属自首的辩护意见理由不成立,不予采纳;建议对被告人判处三年以下有期徒刑的意见,与被告人所犯罪行不相适应,不予采纳。依照《刑法》第三百五十八条第一款、第二十五条第一款、第六十一条、第六十二条、第四十五条、第四十七条、第五十二条、第五十三条第一款之规定,判决如下:

（1）被告人李某清犯强迫卖淫罪,判处有期徒刑5年零9个月,并处罚金人民币10 000元。

（2）被告人潘某片犯强迫卖淫罪,判处有期徒刑5年零6个月,并处罚金人民币8000元。

（3）被告人叶某犯强迫卖淫罪,判处有期徒刑5年零3个月,并处罚金人民币5000元。

案例评析

（1）本罪侵犯的客体是他人的人身权利和性的不可侵犯的权利,犯罪的对象是"他人",这里的"他人"主要是指妇女,但也包括不满十四周岁的幼女和男性。

（2）本罪在客观方面表现为违背他人意志,用暴力、胁迫或者其他方法迫使他人卖淫。关于用何种方法强迫他人卖淫,法律上没有限制,实践中主要用暴力、胁迫的方法,如采用对他人殴打、虐待、捆绑或以实施杀害、伤害、揭发隐私、断绝生活来源相威胁,或利用他人走投无路的情况下采用挟持的方法迫使他人卖淫。如果仅仅是采用物质引诱、暗示、鼓动他人卖淫,没有违背他人意志的,不能构成本罪。

（3）本罪的主体是一般主体,即凡达到刑事责任年龄,具有刑事责任能力的自然人均可构成本罪。

（4）本罪在主观方面表现为故意,且为直接故意。法律上没有要求行为人主观上必须具有营利的目的,只要故意强迫他人卖淫就可构成本罪。

（5）本罪与非罪的界限如下:①是否有组织他人卖淫的故意。②是否实施了组织他人卖淫的行为。如果没有组织他人卖淫的故意或者没有实施组织他人卖淫的行为,不构成犯罪。如有些饭店、酒店等服务人员卖淫,其负责人虽有放松管理的行为,但只要不具有组织他人卖淫的故意,也没有组织他人卖淫的行为,不能认为其构成犯罪。

（6）本罪与犯罪集团界限如下:在组织他人卖淫的犯罪活动中,组织者与被组织者合在一起,通常组成一个相对稳定的团体,这一点与犯罪集团比较相似,但两者有本质的区别:①犯罪集团是共同犯罪的一种形式,不是罪名,只是量刑的一个情节;组织卖淫罪是一个独立的罪名,不是犯罪情节。②在组织他人卖淫的活动中,只有组织者、协助组织者构成犯罪,被组织者不构成犯罪,而犯罪集团的成员,无论是组织犯、实行犯、帮助犯、教唆犯,还是实施共同犯罪的行为,都构成犯罪。③犯罪集团一般有固定的组织形式,并长期或多次进行一种或多种犯罪活动。而组织卖淫罪不以是否具有固定的组织形式及犯罪活动的时间、次数为构成要件。

本案中,被告人李某清、叶某将被害人杨某某、潘某某从广东省广州市带至龙岩市新罗区,并由被告人潘某片安排暂住在龙岩市新罗区西城某旅馆。之后,被告人李某清、潘某片、叶某采取殴打、威胁、看管等方法,强迫被害人杨某某、潘某某在龙岩市新罗区西城西桥南巷 78 号、123 号从事卖淫活动,构成强迫卖淫罪,且属于共同犯罪,对构成强迫卖淫罪都起了主要作用,是本案的主犯。

三、欧阳某某犯协助组织卖淫罪

案号:(2016)赣 0730 刑初 94 号

案情简介及控辩主张

被告人欧阳某某经人介绍,2015 年 4 月初到某县城锦绣泉城宾馆"雅典娜休闲会所"卖淫,二十天后回家就不想再去该会所卖淫。该会所老板周某某(另案处理)为诱惑欧阳某某回去,承诺由欧阳某某做卖淫女的师姐,享受每个月 3000 元的固定工资及对其名下的卖淫女每卖淫一次提成 30 元的待遇,并提高欧阳某某卖淫所得的分成比例。2015 年 5 月中旬,被告人欧阳某某又回到"雅典娜休闲会所"卖淫,并从 7 月 1 日开始担任该会所卖淫女的师姐。被告人欧阳某某在会所内对卖淫女进行"莞式"卖淫服务培训,并负责将会所印制好的服务流程卡、工作包等物品发放给新来的卖淫女。2015 年 7 月 21 日,宁都县公安局在锦绣泉城宾馆"雅典娜休闲会所"当场查获 21 名正在卖淫嫖娼人员而案发。

被告人欧阳某某归案后如实供述了其犯罪事实。

法院判决及其理由

法院认为,某县锦绣泉城宾馆"雅典娜休闲会所"是以色情服务刺激消费,是有偿陪侍组织卖淫活动的场所。被告人欧阳某某为他人组织卖淫活动提供帮助,其行为已构成协助组织卖淫罪,依法应予惩处,公诉机关的指控成立。鉴于被告人欧阳某某在归案后能如实供述其犯罪事实,系坦白,现又在怀孕期间,故综合本案犯罪事实和量刑情节,依法对被告人予以从轻处罚,并适用缓刑。依照《刑法》第三百五十八条第四款、第六十七条第三款、第七十二条第一款之规定,判决如下:

被告人欧阳某某犯协助组织卖淫罪,判处有期徒刑 1 年,缓刑 1 年,并处罚金人民币 10 000 元。

案例评析

协助组织卖淫罪(《刑法》第三百五十八条第三款),是指协助他人组织妇女包括男性卖淫,即为他人实施组织卖淫的犯罪活动提供方便、创造条件、排除障碍的行为。

(1) 本罪侵犯的客体是社会治安管理秩序。组织卖淫罪是一种严重的犯罪行为,而协助组织卖淫虽不是组织他人卖淫,但却在组织他人卖淫的犯罪活动中起了重要作用。特别是有些协助者的行为手段恶劣,造成的后果特别严重。因而对协助组织他人卖淫的行为予以惩处,有利于震慑这类犯罪分子,维护社会治安。

(2) 本罪在客观方面表现为实施了对组织他人卖淫犯罪活动起协助作用的犯罪行为。

首先,行为人是在协助他人实施组织卖淫犯罪。被协助的人是实施犯罪行为的人,如果被协助人的行为不构成犯罪,则为其提供帮助的人也不应构成犯罪。协助行为从属于犯罪实行行为;同时,行为人协助他人实施的是组织卖淫罪。如果行为人帮助他人实施的是其他犯罪,则不构成协助组织卖淫罪,而可能构成其他犯罪的共犯。

其次,协助组织卖淫罪的行为人实施的是组织卖淫罪的帮助行为。所谓组织卖淫罪的帮助行为是指在多人共同实施组织卖淫犯罪活动中,为实行犯顺利地实行犯罪创造条件的行为,比如为组织卖淫犯罪行为人充当打手、保镖、管账人员等。司法实践中认定协助组织卖淫的犯罪即组织卖淫罪的帮助犯时,一定要注意将其与在其同犯罪中起次要作用的从犯相区别。起帮助作用的从犯和起次要作用的从犯在共同犯罪中的地位与主犯相比都是次要、从属的地位。但是,起次要作用的从犯是具体参与实施了本法分则规定的构成要件客观方面的实行行为的人员,只是参与程度、对犯罪完成所起的作用、直接造成的危害等比主犯轻;而帮助犯是没有具体参与实施本法分则规定的构成要件客观方面的实行行为的人员,在组织卖淫犯罪中,构成要件的实行行为是指以招募、雇佣、引诱、容留等手段,控制多人从事卖淫的行为。组织卖淫罪中的帮助犯即协助组织卖淫的人员,是指没有具体参与实施上述行为而只是为他人实施上述行为提供物质上的、体力上的或者精神上帮助的行为人员,如充当爪牙、望风放哨等行为就是典型的协助组织卖淫行为。与之不同的是,组织卖淫罪共犯中起次要作用的从犯是指那些遵照首要分子或其他主犯的组织、策划、指挥,在一定程度上参与了实行行为但危害相对较轻的人员,比如组织卖淫集团中实施"拉皮条"、网罗卖淫人员等行为,但次数较少、危害较轻的人员就属于从犯。对于组织卖淫犯罪中的从犯,由于法律并没有将之单独规定为一罪,因此应根据本法总则的规定,以组织卖淫罪定罪处刑,但应当从轻、减轻处罚或者免除处罚。

(3)本罪的主体是一般主体,即凡达到刑事责任年龄、具有刑事责任能力的自然人均可构成本罪,可以是一个人,也可以是很多人。

(4)本罪在主观方面表现为具有协助组织他人卖淫的"协助故意"。即行为人明知自己是在进行协助组织他人卖淫的犯罪活动,而为组织他人卖淫犯罪提供帮助,创造条件,并希望或放任危害结果的发生。动机如何不影响本罪构成。

(5)本罪与非罪的界限。在组织他人卖淫的犯罪中,除组织者以外,其他成员非常复杂,他们的行为是否构成协助组织他人卖淫罪,有时很难掌握。一般认为,实践中可以从以下几方面把握协助组织卖淫罪与非罪的界限。

① 行为人主观上是否明知自己是在实施协助组织他人卖淫的行为。本罪是故意犯罪,如果行为人受他人蒙骗,根本不知自己的行为是在协助组织他人卖淫,则不能构成犯罪。

② 行为人客观上是否实施了协助组织他人卖淫的行为。如果行为人实施了协助组织他人卖淫的行为,如充当打手、保镖等,则其行为构成协助组织卖淫罪。如果行为人所实施的行为不是协助组织他人卖淫的行为,例如为组织卖淫者充当杂役,提供个人生活服务,危害不大,不应视为协助组织卖淫的行为,不认为是犯罪。

本案中,被告人欧阳某某在会所内对卖淫女进行"莞式"卖淫服务培训,并负责将会所印制好的服务流程卡、工作包等物品发放给新来的卖淫女。明知老板周某某组织卖淫活动,仍然为其组织卖淫提供帮助,成立协助组织卖淫罪。此外,被告人欧阳某某构成坦白,法院依法对被告人予以从轻处罚,并适用缓刑也并无不当。

四、钟某辉、肖某友犯容留、介绍卖淫罪

案号:(2016)川 0121 刑初 496 号

案情简介及控辩主张

被告人钟某辉在 2012 年 9 月因容留卖淫被判处刑罚后,继续租用金堂县某水电

设备厂斜对面的一幢三层楼居民住房从事容留卖淫活动,并自 2013 年 5 月开始聘请被告人肖某友在此协助管理。2014 年 10 月至 2016 年 4 月,被告人肖某友在钟某辉服刑期间,继续管理经营该场所并从事介绍卖淫活动。2016 年 8 月 16 日 21 时许,金堂县公安局民警对该场所进行检查时,挡获被告人钟某辉、肖某友,以及经两人容留、介绍后进行性交易的违法人员(两男两女)。

被告人钟某辉曾因犯容留卖淫罪被处以有期徒刑以上刑罚,刑罚执行完毕以后,在五年内又犯应当判处有期徒刑以上刑罚之罪,根据《刑法》第六十五条之规定,系累犯,应当从重处罚。

被告人钟某辉当庭自愿认罪,但辩称 2016 年 8 月 16 日 21 时许,其仅容留一男一女从事卖淫、嫖娼活动,民警现场挡获的廖姓男子是为上厕所出现在现场,并未与蒲姓卖淫女发生性行为。被告人肖某友对公诉机关指控事实无异议,当庭自愿认罪。

被告人钟某辉的辩护人对公诉机关指控事实、罪名定性无异议,以被告人钟某辉归案后如实供述自己的罪行,庭审中自愿认罪,从事容留、介绍卖淫的时间较短等为由,请求人民法院对其从轻处罚。

📖 法院判决及其理由

法院认为,被告人钟某辉、肖某友为他人卖淫提供场所、并介绍他人卖淫,其行为均已构成容留、介绍卖淫罪,且系共同犯罪。公诉机关指控被告人钟某辉、肖某友容留、介绍卖淫犯罪事实、罪名成立,法院予以确认。被告人肖某友的供述,证人周某某、林某某、蒲某某、廖某某等人的证言均能证实被告人钟某辉、肖某友于案发当晚容留两男、两女进行性交易的事实,故法院对被告人钟某辉关于案发时其仅容留一男、一女从事卖淫、嫖娼活动的辩解不予采纳。被告人钟某辉执行完毕有期徒刑以上刑罚以后,在五年以内再犯应当判处有期徒刑以上刑罚之罪,系累犯,依法应当从重处罚。被告人钟某辉归案后,对自己犯罪行为的供述避重就轻,不能认定为如实供述自己的犯罪行为,但其在庭审中自愿认罪,依法可以酌情从轻处罚;被告人肖某友归案后如实供述自己的罪行,庭审中自愿认罪,依法可以从轻处罚。法院综合被告人钟某辉的主观恶性、社会危险性、容留、介绍他人从事卖淫、嫖娼活动的时间等,不予采纳辩护人关于请求人民法院对被告人钟某辉从轻处罚的辩护意见。综上,为维护社会管理秩序,法院依照《刑法》第三百五十九条第一款、第二十五条、第六十五条、第六十七条第三款、第五十二条、第五十三条之规定,判决如下:

(1)被告人钟某辉犯容留、介绍卖淫罪,判处有期徒刑 1 年零 3 个月,并处罚金人民币 5000 元。

（2）被告人肖某友犯容留、介绍卖淫罪，判处有期徒刑 10 个月，并处罚金人民币 3000 元。

案例评析

引诱、容留、介绍卖淫罪，是指利用金钱、物质等手段诱使他人卖淫，为他人卖淫提供场所，以及在卖淫者和嫖客之间牵线搭桥的行为。

（1）本罪侵犯的客体是社会治安管理秩序。引诱、容留、介绍卖淫罪促使了卖淫嫖娼活动的泛滥，因而具有严重的社会危害性。

本罪的犯罪对象是"他人"，这里的"他人"主要是指妇女，但也包括了男子。"他人"可以是单个人，也可以是多人，介绍对象的数量和介绍次数不影响本罪的构成。

（2）本罪在客观方面表现为引诱、容留、介绍他人卖淫的行为。

引诱，是指行为人利用金钱、物质利益或非物质利益作诱饵，或者采取其他手段，拉拢、勾引、劝导、怂恿、诱惑、唆使他人从事卖淫活动。这里的物质利益，是指除金钱以外的具有财产价值的物品，如金银首饰、珠宝古玩、家电房产等。这里的非物质利益，是指金钱、物质利益以外的其他利益，如提供招工指标、安排城市户口、调换优越工作、给予出国机会等。这里的其他手段，是指向他人宣传腐朽生活方式，灌输"性解放"、"卖淫光荣"等腐朽思想，或者允诺向他人提供毒品等。至于行为人的引诱行为是以言语、文字、举动、图画或者其他方式实施，与本罪的成立无关，引诱者允诺的内容有无实现，由谁实现，也不影响本罪的成立。

容留，是指行为人为他人卖淫提供场所或者其他便利条件的行为。这里所说的提供场所，是指行为人安排专供他人卖淫的处所或者其他指定的地方。比如在行为人的长期居住地、暂时租住的房屋或者采取欺骗手段借得的亲朋好友的住居以及其他地点和处所。需要特别注意的是，这里的场所，不仅仅限于房屋，其他诸如汽车、船舶等交通工具亦可作为提供的场所。将自己所有或者经营、使用的交通工具，尤其是出租汽车提供给他人作卖淫场所之用，是当前这方面犯罪的一个新的特点。这种手段更为隐蔽，更为狡猾。这里的提供其他便利，是指行为人为他人卖淫提供需要的物品、用具及其他一些条件，如为他人卖淫把风望哨等。为他人卖淫提供场所以外的其他便利条件，也是促成他人卖淫活动得以实现、容留他人卖淫的一种表现，因而不能仅仅将本罪的容留狭窄地理解为是指为他人卖淫提供场所。至于行为人的容留行为是主动实施，还是应卖淫者或嫖客之请实施，不影响本罪的成立；容留的时限长短，有无获利，也非本罪的成立条件。

介绍，是指在卖淫者和嫖客之间牵线搭桥、沟通撮合，使他人的卖淫活动得以实现的行为，俗称"拉皮条"。由此不难看出，介绍行为有其自身质的规定性。既不同于引诱,又与容留有异。在实践中,介绍的方式多表现为双向介绍,如将卖淫者引见给嫖客,或将嫖客领到卖淫者住处当面撮合,但也不排斥单向介绍,如单纯地向卖淫者提供信息,由卖淫者自行去勾搭嫖客。

引诱、容留、介绍卖淫罪是一个选择性罪名。引诱、容留、介绍他人卖淫这三种行为,不论是同时实施还是只实施其中一种行为,均构成本罪。如:介绍他人卖淫的,定介绍卖淫罪,兼有引诱、容留、介绍他人卖淫三种行为的,定引诱、容留、介绍卖淫罪,不实行数罪并罚。

(3) 本罪的主体为一般主体,即任何达到刑事责任年龄、具有刑事责任能力的自然人实施了引诱、容留、介绍他人卖淫行为的,都可构成本罪。

(4) 本罪在主观方面表现为故意。过失不构成本罪。即行为人明知自己是在实施引诱、容留、介绍他人卖淫的行为,并且明知这种行为会造成危害社会的结果,而希望或追求这种结果的发生。引诱、容留、介绍他人卖淫的行为人,一般是以营利为目的,但也不排除不以营利为目的的存在,是否具有营利目的,不影响本罪的构成。

(5) 介绍卖淫罪与组织卖淫罪的界限。

司法实践中,两者有时很难区分,因为介绍卖淫往往是组织卖淫罪的方法、手段行为,实践中,主要从以下两个方面把握二者的区别。

① 犯罪的主观故意不同。介绍卖淫罪中行为人的主观故意是为卖淫人员寻找卖淫对象,即嫖客;组织卖淫罪中行为人的主观故意是组织多名卖淫者从事卖淫活动。

② 犯罪的客观表现不同。介绍卖淫罪在客观方面表现为在卖淫人员与嫖客之间进行引见、撮合,促进卖淫、嫖娼的实行;组织卖淫罪中行为人的客观方面是组织多名卖淫者从事卖淫活动。

(6) 介绍卖淫罪与强迫卖淫罪的界限如下。

介绍卖淫和强迫卖淫从形式上看都是使他人卖淫,但两者有着以下本质区别。

① 犯罪的对象不同。介绍卖淫罪的犯罪对象是那些愿意卖淫的人员,强迫卖淫罪的犯罪对象是那些不愿出卖肉体的人员。

② 犯罪的主观故意不同。介绍卖淫罪的主观故意是为卖淫者联系卖淫对象;强迫卖淫罪的主观故意是意图迫使他人出卖肉体从事卖淫活动。

③ 犯罪的客观表现不同。介绍卖淫罪在客观上表现为在卖淫人员和嫖客之间进行引见、撮合等介绍行为;强迫卖淫罪在客观上表现为采取暴力、胁迫、虐待等强制性手段,使被害人被迫卖淫。

(7) 据《最高人民检察院、公安部关于公安机关管辖的刑事案件立案追诉标准的规定(一)》第七十八条:"引诱、容留、介绍他人卖淫,涉嫌下列情形之一的,应予立案追诉：

(一) 引诱、容留、介绍二人次以上卖淫的；

(二) 引诱、容留、介绍已满十四周岁未满十八周岁的未成年人卖淫的；

(三) 被引诱、容留、介绍卖淫的人患有艾滋病或者患有梅毒、淋病等严重性病的；

(四) 其他引诱、容留、介绍卖淫应予追究刑事责任的情形。"

本案中，被告人钟某辉租用金堂县某水电设备厂斜对面的一幢三层楼居民住房从事容留卖淫活动，并自 2013 年 5 月开始聘请被告人肖某友在此协助管理。2014 年 10 月至 2016 年 4 月，被告人肖某友在钟某辉服刑期间，继续管理经营该场所并从事介绍卖淫活动。此外，根据公安机关查明案发当晚两被告容留两男、两女进行性交易的事实，依法应当立案追诉，两人构成共同犯罪，且都属于容留、介绍卖淫罪的主犯。

五、杜某某、彭某某犯引诱幼女卖淫罪

案号：(2014)秦刑终字第 50 号

案情简介及控辩主张

2013 年 6 月份的一天晚上，被告人杜某某伙同被告人彭某某、李某甲(另行处理) 以给予钱物等手段，诱使卢龙县陈官屯乡某村的殷某(2000 年 8 月 16 日出生)在昌黎县某大厦宾馆一房间内与张某发生性关系。后张某给付现金四千余元，杜某某给殷某 300 元。2013 年 6 月份的一天晚上，被告人杜某某伙同被告人彭某某、李某甲以给予财物的手段，诱使殷某在昌黎县某大厦宾馆门前李某丙的车内与李某丙发生性关系。后李某丙给付现金两千多元，被杜某某据为己有。2013 年 6 月份的一天下午，被告人杜某某以给殷某买衣服为由，诱使殷某在青龙满族自治县某大楼宾馆一房间内与李某乙发生性关系。后李某乙给付现金四千余元，被杜某某据为己有。另查明，被告人杜某某因犯抢劫罪，2011 年 6 月 23 日被河北省张家口市公安局抓获并羁押，2011 年 6 月 24 日被秦皇岛市公安局海港分局刑事拘留，同年 7 月 23 日被逮捕。2012 年 5 月 28 日秦皇岛市海港区人民法院以(2012)海刑初字第 154 号刑事判决书对被告人杜某某犯抢劫罪，判处有期徒刑三年，缓刑五年，并处罚金一万元(已交纳)。并于 2012 年 5 月 28 日释放。缓刑考验期限自 2012 年 6 月 8 日起至 2017 年 6 月 7 日止。

二审法院经审理查明，二审查明的事实与一审一致，据以定案的证据均经原审法院庭审时举证、质证，具有法律效力，二审法院予以确认。

原审被告人杜某某上诉主要提出，自己在引诱被害人卖淫时，并不知道其为幼女，应构成引诱卖淫罪而非引诱幼女卖淫罪，原判适用法律错误。

原审被告人彭某某上诉主要提出，自己在本案中属于从属地位，应认定为从犯，且不知道被害人不满 14 周岁，原判量刑重。

法院判决及其理由

原审法院认为，被告人杜某某伙同被告人彭某某，以给予钱物的手段，引诱不满十四周岁的幼女卖淫，其行为已分别构成引诱幼女卖淫罪，且属共同犯罪。卢龙县人民检察院指控的事实和罪名成立，应依法追究二被告人的刑事责任。在共同犯罪中，被告人彭某某作用相对较小，可以依法从轻处罚。被告人杜某某在缓刑考验期限内又犯新罪，应当撤销缓刑，对新犯的罪作出判决，把前罪和后罪所判处的刑罚，依照《刑法》第六十九条的规定，决定执行的刑罚。被告人杜某某及其辩护人提出不知道被害人不满十四周岁，应以引诱卖淫罪追究被告人刑事责任的辩护意见，理据不足，不予支持。被告人杜某某否认公诉机关的指控，辩称不认识被害人，没得到钱的意见，经查，被告人杜某某在公安机关有多次供述参与引诱殷某卖淫，且有同案被告人杜某某的供述，被害人殷某的陈述，证人李某甲、耿某的证言予以佐证，故其辩解意见，不予采信。对被告人杜某某依据《刑法》第三百五十九条第二款、第二十五条、第六十九条、第七十七条的规定，对被告人彭某某依据《刑法》第三百五十九条第二款、第二十五条的规定，判决如下：

（1）撤销河北省秦皇岛市海港区人民法院（2012）海刑初字第 154 号刑事判决中对被告人杜某某宣告缓刑 5 年的执行部分。

（2）被告人杜某某犯引诱幼女卖淫罪，判处有期徒刑 7 年，并处罚金人民币 10 000 元，与前罪犯抢劫罪判处有期徒刑 3 年，并处罚金人民币 10 000 元，数罪并罚，决定执行有期徒刑 9 年，并处罚金人民币 20 000 元。

（3）被告人彭某某犯引诱幼女卖淫罪，判处有期徒刑 5 年，并处罚金人民币 10 000 元。

二审法院认为，上诉人杜某某伙同上诉人彭某某，以给予钱物的手段，诱使不满十四周岁的幼女卖淫，其行为均已构成引诱幼女卖淫罪。有被害人殷某的陈述和辨认笔录及其户籍证明，有证人李某甲、李某乙、张某、李某丙、耿某的证言等在卷证实，足以认定。原判事实清楚，证据确实充分，定罪量刑无不当，审判程序合法。对上诉人彭某某在共同犯罪中作用较小之情节，一审时已予充分考虑。上诉人杜某某、彭某某的上诉理由，法院不予支持。依照《中华人民共和国刑事诉讼法》第二百二十五条第一款第（一）项之规定，判决如下：

驳回上诉,维持原判。

案例评析

引诱幼女卖淫罪(《刑法》第三百五十九条第二款),是指利用金钱、物质等手段诱使不满十四周岁的幼女卖淫的行为。

(1) 本罪侵犯的客体是社会治安管理秩序。引诱幼女卖淫罪促使了卖淫嫖娼活动的泛滥,因而具有严重的社会危害性,不但破坏社会风尚,而且严重破坏了社会治安管理秩序,同时也严重摧残了幼女的身心健康。

本罪的犯罪对象是幼女,幼女是指不满十四周岁的少女。

(2) 本罪在客观方面表现为引诱幼女卖淫的行为。所谓引诱,是指行为人利用金钱或其他物质或非物质性利益作诱饵,或者采取灌输腐朽思想等其他手段,勾引、诱惑、劝导、怂恿幼女从事卖淫活动。所谓卖淫,是指为牟利,与不特定的他人进行性交或者其他性行为。行为人手段系引诱幼女向他人卖淫,才能构成本罪,若是引诱幼女与自己发生性关系,则应依具体案情以强奸罪或嫖宿幼女罪论处。行为人的行为方式仅限于引诱,若是组织、强迫、容留、介绍幼女卖淫的,则应分别以组织卖淫罪、强迫卖淫罪和容留、介绍卖淫罪论处。

(3) 本罪的主体为一般主体,即任何达到刑事责任年龄、具有刑事责任能力的自然人实施了引诱幼女卖淫行为的,都可构成本罪。

(4) 本罪在主观方面表现为故意。过失不构成本罪。即行为人明知自己是在实施引诱幼女卖淫的行为,并且明知这种行为会造成危害社会的结果,而希望或追求这种结果的发生。一般是以营利为目的,但也不排除不以营利为目的的存在,是否具有营利目的,不影响本罪的构成。

(5) 引诱幼女卖淫罪认定。首先,应该是明知被引诱的女孩是未满十四周岁的幼女。所谓引诱,是指行为人利用金钱或其他物质或非物质性利益作诱饵,或者采取灌输腐朽思想等其他手段,勾引、诱惑、劝导、怂恿幼女从事卖淫活动。所谓卖淫,是指为谋利,与不特定的他人进行性交或者其他性行为。行为人手段系引诱幼女向他人卖淫,才能构成本罪,若是引诱幼女与自己发生性关系,则应依具体案情以强奸罪论处。行为人的行为方式仅限于引诱,若是组织、强迫、容留、介绍幼女卖淫的,则应分别以组织卖淫罪、强迫卖淫罪和容留、介绍卖淫罪论处。

如果只是容留、介绍幼女卖淫,则不成立本罪,仅成立容留、介绍卖淫罪。引诱幼女卖淫,同时又容留、介绍卖淫的,应分别认定为引诱幼女卖淫罪与容留、介绍卖淫罪,实行数罪并罚。

旅馆业、饮食服务业、文化娱乐业、出租汽车业等单位的主要负责人,利用本单位的条件,引诱幼女卖淫的,从重处罚。

本案中,被告人杜某某、彭某某以营利为目的,明知自己是在实施引诱幼女卖淫的行为,并且明知这种行为会造成危害社会的结果,而希望或追求这种结果的发生,两者构成共同犯罪,构成引诱幼女卖淫罪,且由于杜某某在此犯罪活动中起了主要作用,应认定为主犯,彭某某在此犯罪活动中起帮助作用,是本案的从犯,另外由于杜某某在缓刑考验期限内又犯新罪,应当撤销缓刑,对新犯的罪作出判决,把前罪和后罪所判处的刑罚,依照《刑法》第六十九条的规定,决定执行的刑罚。

六、周某犯传播性病罪

案号:(2016)01 刑终 174 号

案情简介及控辩主张

被告人周某因卖淫分别于 2014 年 3 月 11 日、2015 年 2 月 23 日被公安机关查获,公安机关安排医院对被告人周某进行血清检测,结果均为 RPR(梅毒)呈阳性。公安机关将该结果告知被告人周某,并禁止被告人周某从事该类服务性活动。被告人周某得知自己患有梅毒后,仍继续从事卖淫活动。2015 年 10 月 26 日上午 8 时许,被告人周某在浏阳市城区罗家坝某旅社内与浏阳市老年人王某进行性交易时被公安机关当场查获。随后,经在浏阳市妇幼保健院进行血清检测,被告人周某 RPR 仍呈阳性。

二审查明认定的事实和认定事实的依据均与原审法院一致。本案证据确实、充分,证据之间得以相互印证,足以认定本案事实。

一审判决后,原审被告人周某不服,提出上诉称:原审判决量刑过重,请求从轻处罚。

法院判决及其理由

一审法院认为,被告人周某明知自己患有××梅毒而进行卖淫活动,其行为已构成传播性病罪。被告人周某到案后,如实供述自己的罪行,可以从轻处罚。但被告人周某有劣迹,可以酌情从重处罚。依照《刑法》第三百六十条、第六十七条第三款之规定,判决:被告人周某犯传播性病罪,判处有期徒刑 8 个月,并处罚金人民币3000 元。

二审法院认为,上诉人周某明知自己患有××梅毒而进行卖淫活动,其行为构成传播性病罪。其归案后能如实供述自己的罪行,可以从轻处罚。上诉人周某提出上诉称,原审判决量刑过重,请求从轻处罚。经查,原审判决综合考虑其犯罪和量刑情节,处刑适当,其上诉理由不能成立,法院不予采纳。原审判决认定事实清楚,证据确实、充分,定罪准确,量刑适当,审判程序合法。依照《中华人民共和国刑事诉讼法》第二百二十五条第一款第一项之规定,判决如下:

驳回上诉,维持原判。

案例评析

传播性病罪,是指明知自己患有梅毒、淋病等严重性病而又卖淫、嫖娼的行为。

(1) 本罪侵犯的客体是双重客体,即他人的身体健康和社会治安治理秩序。卖淫、嫖娼是国家法律严肃禁止的行为。行为人为了赚取钱财,满足自己非法的性欲,或者为了报复社会,置国家法律于不顾,仍旧进行卖淫、嫖娼活动,严重扰乱社会秩序。行为人在明知自己患有梅毒、淋病等严重性病的情况下,仍旧进行卖淫、嫖娼活动,其行为将直接传播性病,对他人的身体健康造成危害。

(2) 本罪在客观方面表现为严重性病患者实施卖淫嫖娼的行为。卖淫、嫖娼是相对应的行为,卖淫是指以营利为动机,与不特定的异性发生性交或从事其他淫乱活动,嫖娼则是指以交付金钱或其他财物为代价与卖淫者发生性交或从事其他淫乱活动。

即性病患者与他人从事性交以外的淫乱活动时,也轻易将性病传染给对方。因此,其他淫乱活动与以性交为内容的卖淫、嫖娼具有相同的社会危害性。既然刑法规定性病患者卖淫、嫖娼罪的意图之一是防止性病的传播,就应禁止这种行为,否则不利于实现刑事立法的意图。

本罪是行为犯,只要行为人在明知自己患有严重性病的情况下,故意实施了卖淫、嫖娼行为,即构成犯罪。至于实际上是否已造成将性病传染给他人的结果,不影响本罪的成立。当然,假如行为人的卖淫嫖娼行为确已引起他人染上性病的后果,可以作为量刑的情节予以考虑。

(3) 本罪的主体是特别主体,即已满十六周岁、具有刑事责任能力,且患有梅毒、淋病等严重性病的人。

(4) 本罪在主观方面表现为故意,过失不构成本罪。即行为人明知自己患有严重性病,而出于某种动机或为达到某种目的,仍然向他人卖淫或嫖娼。行为人的"明知"可以是确切知道自己患有某种严重性病,也可以是其知道可能患有某种严重性病。

假如行为人未被确诊为患有严重性病,但根据其知识、阅历能证实其明知可能患有严重性病的,也应视为"明知"。至于行为人对可能发生的将性病传染给他人的危害结果是持希望或放任态度,不影响本罪成立。

"明知"的标准:①有证据证实曾到医院就医,被诊断为患有严重性病的;②通过其他方法能够证明被告是"明知"的。如果行为人确实不知道自己患有严重性病而卖淫、嫖娼的,则不认为构成犯罪。

(5)本罪与非罪的界限。根据本条规定,司法实践中应主要从以下几方面区分。

① 行为人是否患有严重性病。现在,国际公认的性传播疾病有二十多种,我国卫生部门提供的材料中认定为性病的有十多种。其中属于严重性病的性病有艾滋病、梅毒、淋病等。卖淫、嫖娼者只有患有严重性病,才有可能构成传播性病罪。患有性病,若不属于严重性病,也不能构成传播性病罪。

② 行为人客观上是否实施了卖淫、嫖娼行为。如果行为人实施了将自己的肉体提供给他人淫乐以换取钱财,或交付钱财换取他人肉体供自己淫乱的行为,则有可能构成传播性病罪;如果行为人是在夫妻性生活或通奸、恋爱等非法性关系中将性病传染给他人,由于客观上不存在卖淫、嫖娼行为,不构成传播性病罪。

③ 行为人主观上是否明知自己患有严重性病。如果行为人不明知自己患有严重性病,即使实施了卖淫、嫖娼行为,也不构成传播性病罪。

④ 行为人是否自愿实施了卖淫、嫖娼行为。行为人虽患有严重性病,也实施了卖淫、嫖娼行为,但不是出于自愿,而是被强迫的,由于主观上没有犯罪故意,也不构成传播性病罪。

本案中,公安机关将其患有梅毒结果告知被告人周某,并禁止被告人周某从事该类服务性活动。被告人周某在明知自己患有梅毒后,仍自愿继续从事卖淫活动。被告人在明知自己患有梅毒、淋病等严重性病的情况下,置国家法律于不顾,仍旧进行卖淫、嫖娼活动,其行为将直接传播性病,对他人的身体健康造成危害。理应受到刑事处罚。

第九章

制作、贩卖、传播淫秽物品罪

一、周某甲犯复制、贩卖淫秽物品牟利罪

案号：（2016）粤 0183 刑初 293 号

案情简介及控辩主张

被告人周某甲在广州市增城区永宁街某市场凤市西路 4 号门口附近，摆摊经营服装、影片下载等生意，从 2015 年 4 月开始在该处利用计算机为顾客复制、贩卖淫秽视频牟利。2015 年 11 月 30 日 16 时，被告人周某甲在其经营的摊档处用计算机为一名男子复制 60 部淫秽视频时被民警当场抓获，缴获作案工具计算机、移动硬盘等物。经鉴定，缴获的移动硬盘内有 247 个视频，均属于淫秽物品。

法院判决及其理由

被告人周某甲无视国家法律，以牟利为目的，复制、贩卖淫秽物品，其行为已构成复制、贩卖淫秽物品牟利罪。公诉机关指控被告人周某甲犯复制、贩卖淫秽物品牟利罪的事实清楚，证据确实、充分，罪名成立，法院予以支持。被告人周某甲因意志以外的原因而犯罪未能得逞，是犯罪未遂，可比照既遂犯从轻处罚。鉴于被告人的犯罪情节、认罪态度和悔罪表现，对其适用缓刑确实不致再危害社会，决定对其宣告缓刑。公诉机关提出的量刑建议与被告人的罪责相适应，法院予以采纳。依照《刑法》第三百六十三条第一款、第二十三条、第五十二条、第五十三条、第七十二条、第七十三条、第六十四条，《最高人民法院关于审理非法出版物刑事案件具体应用法律若干问题的

解释》第八条和《最高人民法院关于适用财产刑若干问题的解释》第一条、第五条之规定，判决如下：

（1）被告人周某甲犯复制、贩卖淫秽物品牟利罪，判处有期徒刑 6 个月，缓刑 1 年，并处罚金人民币 5000 元。

（2）缴获的作案工具计算机、硬盘，予以没收、上缴国库。

案例评析

制作、复制、出版、贩卖、传播淫秽物品牟利罪（《刑法》第三百六十三条第一款），是指以牟利为目的，制作、复制、出版、贩卖、传播淫秽物品的行为。

（1）本罪侵犯的客体是国家对文化娱乐制品的管理，其犯罪对象是淫秽物品。所谓淫秽物品主要是指具体描绘性行为或露骨宣扬色情的诲淫性的书刊、影响、录像带、录音带、图片及其他淫秽物品，有关人体生理、医学知识的科学著作不是淫秽物品，包含有色情内容的有艺术价值的文学、艺术作品也不能视为淫秽物品。

（2）本罪在客观方面表现为行为人实施了制作、复制、出版、贩卖、传播淫秽物品的行为。

制作，即制造。制作淫秽物品，是指通过某种方式利用某种有形形式带有创作性的导致淫秽物品产生乃至可见之于世的行为。制作淫秽物品的行为有以下四个要素。一是行为带有创作性或原创性。淫秽物品可以看作行为人的作品，行为人将一定的想法、观念或情感通过构思、取舍、选择、安排、设计或组合在淫秽物品中表现出来。因而淫秽物品所具有的特征"诲淫性"，即是行为人在制作中的主观见之于客观的过程，是一种严重违背社会道德、破坏社会管理秩序的创作行为。二是通过某种方式，利用某种手段，例如编写、摄制、绘制、雕刻、研制、设计等手段，制作不同的淫秽物品会因其载体不同或物质形式不同而有其特殊的手段。如制作淫具，就可能有设计、研制、试验、组装、生产等一系列行为方式；制作淫药，就可能有采集原料、配制、实验、生产等一系列行为方式。三是利用某种有形形式，即要有一定的载体或某种淫秽物品是一种实物。有形形式包括：文字形式，如书刊、报纸以及剧本等；绘画形式，如图片；音像形式，如电影；摄影形式，如照片、电视、录像、录音，国际互联网也可看作这一形式；实物形式，如雕塑、淫具、淫药等。淫秽物品具有有形形式，使之与非有形形式的淫秽行为（如表演），宣扬淫秽内容的口头作品区分开来，这也有利于正确界定罪与非罪以及和其他罪的界限。四是制作行为能够产生一定的结果，即淫秽物品可能的或现实的被产生出来，见之于世，这也是行为人制作行为所追求的，因而也就与单纯的停留在意识活动范畴的构思、揣摩区分开来,对于后者是不能认为是犯罪的。

　　所谓复制,指以印刷、复印、临摹、拓印、录像、翻录、翻拍等方式将某一物品制作多份的行为。复制淫秽物品,指对已有的淫秽物品进行仿造或重复制作,使之再现。其特征表现为:一是复制行为没有原创性或创作性。即行为人是对已有的淫秽物品进行仿造,而该淫秽物品可能是别人创作出来的或行为人已经创作出来的。例如翻录淫秽录像,就是利用一定的设备将已有的淫秽内容转录下来,行为没有原创性或创作性是复制行为的最显著的特征,从而将其与本罪中的制作淫秽物品的行为区分开来;二是复制行为往往具有重复性。即行为人利用同一种的方式(有时可能运用几种方式)将已有的淫秽物品仿造为多个。这也是复制行为危险性的集中体现,行为人利用某种复制手段将淫秽物品的数量增多,为其广泛散播创造了可能。

　　出版,指将作品编辑加工后,经过复制向公众发行。出版淫秽物品的行为,是指出版单位以合法名义编辑、印刷、发行淫秽书刊、图片和音像制品。其特征主要为以下三个方面。一是行为主体是出版单位,即经国家出版管理部门审批登记,经所在地工商行政管理机关注册并领取了营业执照的出版单位,如各类出版社、杂志社、报社、音像出版社等。在我国,除国家批准的出版单位外,任何单位和个人不得出版在社会上公开发行的图书、报刊、图像出版物。因此,如果不是出版单位的其他单位、个人制作、发行淫秽书刊和音像制品,则应区分不同情形视为制作行为或复制行为。二是出版淫秽物品须以合法名义。出版单位在社会上公开发行出版物,是国家正式批准的,即享有合法的行政许可,因而其出版淫秽物品形式上是合法的,如具有国家统一的书号,其发行、流传也是公开的。当然,并不能因为其出版行为具有合法名义而否认其实质的违法,因而以合法名义出版的某些个人印刷、发行淫秽出版物的行为没有什么本质上的不同,即都是为国家法律所禁止的。三是出版的淫秽物品限于出版物。即限于文字型、绘画型、摄影型、音像型淫秽物品,而对实物型淫秽物品则无所谓"出版"的。例如,淫秽的雕塑可能由制作工艺美术品的单位制作、复制,但其将之推向社会则不能认为是出版。

　　贩卖淫秽物品的行为,指向特定的人或不特定的人有偿转让淫秽物品的行为。主要包括出售和交换两种方式。其特征有二:一是贩卖淫秽物品行为的对象是特定的或不特定的人。对特定的人的贩卖行为,表现为行为人与该特定人具有较为固定的或长期的交易关系,如批发淫秽物品;对不特定人的贩卖行为,表现为行为人非固定性地向他人有偿转让淫秽物品,如零售淫秽物品。显然后者较前者具有更强的直接和扩散性;二是贩卖淫秽的行为,直接以获得现实的对价为目的。

　　(3) 本罪主体是一般主体。即凡年满16周岁,有刑事责任能力的自然人和单位只要实施了制作、复制、出版、贩卖、传播淫秽物品的行为,都构成本罪的主体。企业、事业单位、国家机关、社会团体如果实施了制作、复制、出版、贩卖、传播淫秽物品的行为,亦构成本罪的主体。对单位犯本罪的,对其直接负责的主管人员和其他直接责任人员,依照本条的规定处罚,并对单位判处罚金。

(4) 本罪在主观方面表现为直接故意,即行为人知道或者应当知道是淫秽物品而进行制作、复制、出版、贩卖、传播,同时行为人在实施本罪的犯罪行为时还必须具有以牟利为目的,这是本罪不可缺少的主观因素,只要有此目的,无论是否获利、获利多少均不影响本罪。

本案中,被告人周某甲从 2015 年 4 月开始在广州市增城区永宁街某市场凤市西路 4 号门口处利用计算机为顾客复制、贩卖淫秽视频牟利。被告人周某甲利用同一的方式将已有的淫秽物品仿造为多个,这是复制行为危险性的集中体现,被告人利用某种复制手段将淫秽物品的数量增多,为其广泛散播创造了可能,此外,被告人周某甲还向不特定的对象出售该复制品,构成贩卖淫秽物品牟利罪。综上,被告人构成复制、贩卖淫秽物品牟利罪。

二、陈某刚犯传播淫秽物品牟利罪

案号:(2016)黑 0882 刑初 120 号

📖 案情简介及控辩主张

2016 年 1 月至 4 日份,被告人陈某刚为了用微信传播淫秽视频牟利,用自己的三部手机分别注册了"随缘""米乐""优优"三个微信号,并在三个微信号里先后创建了 5 个微信群,在收取微信好友 1～15 元不等的红包后将微信好友加入上述 5 个群内,之后陈某刚通过手机微信向上述 5 个群内发送淫秽视频文件。截至案发,以上 5 个群共加入成员 446 人,收取微信红包 1714 元,共向 5 个群内发送视频文件 137 部,经佳木斯市公安局鉴定其中有 110 部视频文件属于淫秽视频。

被告人陈某刚于 2016 年 4 月 7 日在富锦市被公安机关抓获,到案后被告人如实供述犯罪事实。

📖 法院判决及其理由

被告人陈某刚为牟取非法利益,利用微信群传播淫秽视频,情节严重,其行为已构成传播淫秽物品牟利罪。公诉机关指控被告人陈某刚犯传播淫秽物品牟利罪,指控的事实和罪名成立。被告人到案后能如实供述犯罪事实，系坦白，对其可予以从轻处罚。鉴于被告人陈某刚没有前科劣迹，适用缓刑没有再犯罪的危险，对其可依法宣告缓刑。依照《刑法》第三百六十三条第一款，第六十七条第三款，第五十二条，第五十三条，第七十二条第一款，第七十三条第二、三款，第六十四条之规定，判决如下：

（1）被告人陈某刚犯传播淫秽物品牟利罪，判处有期徒刑 3 年，缓刑 5 年，并处罚金人民币 5000 元。

（2）被告人陈某刚退出的违法所得 1714 元，予以没收，上缴国库。

案例评析

传播淫秽物品。这里的传播，是指播放、放映、出租、出借、承运、邮寄等。

（1）侵犯的客体为国家对文化出版物品的管理秩序和社会的善良风俗。本罪的犯罪对象仅限于淫秽物品。《刑法》第三百六十七条第一款规定："本法所称淫秽物品，是指具体描绘性行为或者露骨宣扬色情的诲淫性书刊、影片、录像带、录音带、图片及其他淫秽物品。"判断一部作品是不是淫秽物品时，应在把握淫秽物品的实质属性的前提下，坚持整体性、客观性与关联性的判断原则，要看性的描写：①是否露骨、详细。②采取的是何种描写方法。③在作品中的比重。④是否为表现作品的思想、艺术所必需。⑤是否能被作品的科学性、艺术性、思想性所缓和与淡化。

（2）传播，即广泛散布。传播淫秽物品的行为，是指以公开的或半公开的方式在一定范围内广泛散布淫秽物品的行为。其特征为：一是相对公开性，即在一定范围内不加隐蔽地向多数人散布；二是扩散性，即行为人利用同一个或同一种淫秽物品反复、多次地向多数人散布；三是广泛性，即传播行为作用范围的是很广泛的，尤其本罪中行为人是以牟利为目的，其为牟利必然尽可能扩大传播面以赚取高额利润；四是方式的多样性。具体方式包括播放、出租、出借、承运、邮寄、携带等。播放，一般是指对音像型淫秽物品的传播，例如播放淫秽录像；出租，指收取一定的租金，让别人暂时使用淫秽物品，例如出租淫秽书刊、出租淫秽录像带或激光色盘；出借，指将淫秽物品借出以换取相应的对价，例如出租淫具；承运，即代为运输；邮寄，指通过邮电部门传递；携带，指随身持有淫秽物品。近年来随着国际互联网的普及，一些不法分子利用互联网传播淫秽物品，其社会危害性更大且犯罪手段隐蔽，是一种新的传播方式。

（3）本罪主体是一般主体。即凡年满 16 周岁，有刑事责任能力的自然人和单位只要实施了制作、复制、出版、贩卖、传播淫秽物品的行为，都构成本罪的主体。企业、事业单位、国家机关、社会团体如果实施了制作、复制、出版、贩卖、传播淫秽物品的行为，亦构成本罪的主体。对单位犯本罪的，对其直接负责的主管人员和其他直接责任人员,依照本条的规定处罚,并对单位判处罚金。

（4）本罪在主观方面表现为直接故意,即行为人知道或者应当知道是淫秽物品而进行制作、复制、出版、贩卖、传播,同时行为人在实施本罪的犯罪行为时还必须具有以牟利为目的,这是本罪不可缺少的主观因素,只要有此目的,无论是否获利、获利多少均不影响本罪。

本案中,被告人陈某刚为了用微信传播淫秽视频牟利,用自己的三部手机分别注册了"随缘""米乐""优优"三个微信号,并在三个微信号里先后创建了5个微信群,在收取微信好友1～15元不等的红包后将微信好友加入上述5个群内,之后陈某刚通过手机微信向上述5个群内发送淫秽视频文件。被告人利用互联网反复、多次的向多数人散布淫秽物品,其社会危害性更大且犯罪手段隐蔽,是一种新的传播方式,构成传播淫秽物品牟利罪。

三、孙某犯传播淫秽物品罪

案号：（2016）京03刑终586号

案情简介及控辩主张

北京市朝阳区人民法院刑事判决认定：

被告人孙某于2015年9月至2016年3月,在其位于北京市朝阳区的家中登录×××论坛,多次向该论坛上传视频文件供他人观看和下载,其中含有具体描绘不满18周岁未成年人性行为的内容。经鉴定,孙某上传的视频文件中有40部属于淫秽物品。孙某于2016年3月13日被查获归案。

孙某的上诉理由是：原判认定事实不清、证据不足,且量刑过重,请求对其减轻处罚。

辩护人的主要辩护意见是：原判认定事实不清、证据不足,且量刑过重;孙某有立功表现,可对其从轻、减轻处罚。此外,辩护人还申请法庭对涉案的淫秽物品进行重新鉴定或者勘验,并将本案进行开庭审理。

北京市第三中级人民法院认定：法院经审理查明的事实和证据与原判相同。经审核,原判列举确认的各项证据经庭审质证属实,且证据来源及形式合法,证据内容具有客观性,证据与待证事实之间具有关联性,能够证明案件事实,法院均予以确认。

关于辩护人所提本案需要重新鉴定或者勘验,以及需要在二审阶段开庭审理的相关申请,经查,侦查机关在侦查阶段提取涉及远程勘验等相关证据的活动,有侦查视频和《执法情况说明》等在案予以佐证或说明,符合最高人民法院《关于办理刑事案件收集提取和审查判断电子数据若干问题的规定》的规定,证据的来源和取证过程合法,相关勘验类证据可以作为刑事诉讼证据使用;在案关于淫秽物品数量的鉴定,亦在形式、内容和依据方面符合法律的规定;根据法律和相关司法解释的规定,本案在讯问上诉人和听取辩护人的辩护意见之后,可以不开庭审理,故辩护人所提上述申请均缺乏法律依据,法院予以驳回。

关于上诉人所提原判事实不清、证据不足的上诉理由,以及辩护人的相关辩护意见,经查,在案有被告人供述、证人证言、审查鉴定书等证据,能够证明孙某在到案前长达半年的时间里,利用互联网平台,多次传播淫秽物品,且涉案的淫秽物品涉及未成年人性行为,其数量已达到《最高人民法院、最高人民检察院关于办理利用互联网、移动通讯终端、声讯台制作、复制、出版、贩卖、传播淫秽电子信息刑事案件具体应用法律若干问题的解释》规定的相关标准,应当依法认定孙某构成犯罪,故原判在事实认定、证据采信方面符合法律的规定,传播淫秽物品罪名成立,因上诉人的该项上诉理由以及辩护人所提相关辩护意见缺乏事实和法律依据,法院不予采纳。

关于辩护人所提孙某具有立功情节的辩护意见,经查,孙某在到案后曾试图检举揭发他人犯罪,但经工作核实,孙某所述内容,要么属于侦查机关在孙某到案前就已掌握的线索,要么属于孙某本应依法如实供述的内容,并且,孙某没有就侦查机关抓捕其他犯罪嫌疑人进行切实、有效的帮助,没有节约和减少相关司法成本,不符合依法认定立功情节的条件,故对辩护人所提该项辩护意见,法院不予采纳。

关于上诉人孙某所提原判量刑过重、希望对其减轻处罚的上诉理由及辩护人的相关辩护意见,经查,在孙某利用互联网传播的淫秽物品中,有相当数量的内容涉及未成年人性行为,根据《最高人民法院、最高人民检察院关于办理利用互联网、移动通讯终端、声讯台制作、复制、出版、贩卖、传播淫秽电子信息刑事案件具体应用法律若干问题的解释》的规定,应依法对孙某从重处罚;此外,原判已考虑孙某具有如实供述等从轻处罚情节,对其作了从轻处罚的考虑,原判的量刑结果亦是在法定幅度以内,不存在量刑过重的问题,故上诉人孙某所提该项上诉理由以及辩护人的相关辩护意见缺乏事实和法律依据,不能成立,法院不予采纳。

📖 法院判决及其理由

北京市朝阳区人民法院认为,被告人孙某无视国法,利用互联网传播淫秽物品,情节严重,其行为已构成传播淫秽物品罪,依法应予惩处。被告人孙某在网络上传播具体描绘不满十八周岁未成年人性行为的淫秽电子信息,依法应当从重处罚。鉴于被告人孙某能够如实供述所犯罪行,对其予以从轻处罚。故判决:被告人孙某犯传播淫秽物品罪,判处有期徒刑一年零六个月。

北京市第三中级人民法院认为:上诉人孙某利用互联网传播淫秽物品,情节严重,其行为已构成传播淫秽物品罪,依法应予惩处。孙某在互联网上传播非法淫秽内容,涉及描述未成年人性行为,对其应依法从重处罚。鉴于孙某在到案后如实供述其所犯罪行,可对其从轻处罚。一审法院根据孙某犯罪的事实,犯罪的性质、情节和对于社会的危害程度所作的判决,事实清楚,证据确实、充分,定罪和适用法律正确,量刑适当,审判程序合法,应予维持。据此,法院依照《中华人民共和国刑事诉讼法》第二百二十五条第一款第(一)项之规定,判决如下:

驳回孙某的上诉,维持原判。

案例评析

传播淫秽物品罪(《刑法》第三百六十四条第一款),是指不以牟利为目的,在社会上传播淫秽的书刊、影片、录像带、录音带、图片或者其他淫秽物品,情节严重的行为。

(1) 本罪侵犯的客体是国家对淫秽物品的管理秩序。在社会上传播淫秽物品对于人民特别是青少年的身心健康会造成危害,也极易诱发违法犯罪活动。依法打击在社会上传播淫秽物品的犯罪行为,对于维护社会治安,净化社会环境,保护人民的身心健康,促进精神文明,无疑具有重要意义。

本罪的对象包括各种淫秽物品,如各种淫秽的书刊、报纸、画片、影片、录像带、录音带、淫秽玩具、娱乐用品以及印刷、雕刻有淫秽文字、图案的生活用品等。传播方式既可以是直接传播赤裸裸的淫秽物品,也可以改头换面,在艺术品中故意加入淫秽情节,或者在小说中故意加入淫秽描写等。

(2) 本罪在客观方面表现为:传播淫秽的书刊、影片、录像带、录音带、图片或者其他淫秽物品,情节严重的行为。

传播,即广泛散布。应该注意本罪的"传播"与传播淫秽物品牟利罪的"传播"在具体方式上有所不同。如出租、有偿放映等以换取一定对价为目的的使用行为不是本罪的"传播"。本罪的传播方式包括播放、出借、运输、携带、展览、发表等。

① 播放行为,一般是指对音像型淫秽物品的传播。由于本条第二款将组织播放淫秽音像制品的行为独立成罪,因而这里所指的"播放"限于非组织性的播放行为。

② 出借行为,即指出租人转移淫秽物品的占有,由借用人在一定时期内使用该淫秽物品的行为。必须是不以牟利为目的,行为人也不具有获取对价的目的。

③ 运输行为,即指用交通工具将淫秽物品从一个地方运输到另一个地方。

④ 携带行为,即指行为人随身带有一定数量的淫秽物品。如果行为人携带淫秽物品是为自用的,则不能认为是犯罪。

⑤ 展览行为,即陈列以供人观看。展览是一种静态的展示,行为人将淫秽物品较为固定地置于一定的空间内,招揽或引诱不特定的或特定的多数人前来观看。

⑥ 发表行为,即公之于众,公之于不特定的多数人。

⑦ 邮寄行为,指通过邮电部门传递淫秽物品,如利用信件夹带等。

⑧ 利用计算机网络技术的传播行为,《计算机信息网络国际联网安全保护管理办法》规定,任何单位和个人不得利用国际互联网制作、复制、查阅和传播淫秽的信息。如果行为人有这种行为,情节较轻的给予行政处罚;构成犯罪的,依法追究刑事责任。

以上八种行为,都必须是不以牟利为目的,如果以牟利为目的,则构成传播淫秽物品牟利罪。此外,必须是“情节严重”才构成此罪。主要是指,多次地、经常地传播淫秽物品;所传播的淫秽物品数量较大;虽然传播淫秽物品数量不大、次数不多,但被传播的对象人数众多,造成的后果严重;在未成年人中传播,造成严重后果的等。

(3) 本罪的主体为一般主体,即达到法定刑事责任年龄并具有刑事责任能力的自然人。单位也可构成本罪。

(4) 本罪在主观方面表现为故意,但行为人不必出于牟利目的。一定情况下,间接故意也可以构成,比如行为人自己观看淫秽物品,对于他人围观不闻不问,因而造成恶劣影响的,即可按本罪论处。行为人的动机可能是多种多样的,如为了使他人分享刺激,或者以此讨好他人或引诱他人堕落等。过失不构成本罪。如果行为人因为工作责任心不强,粗心大意误将有淫秽物内容的书刊、图片等传播出去的,不能以犯罪论处。

(5) 本罪与制作、复制、出版、贩卖、传播淫秽物品牟利罪的界限。两罪之间有着明显的区别,主要表现在:传播淫秽罪在主观上没有以牟利为目的。而后罪必须以牟利为目的。前罪作为一个新罪名而独立存在,其实际意义在于弥补后罪在主观上限制过于严格的不足。使传播淫秽物品犯罪不论主观是否存在以牟利为目的,都将受到刑罚的处罚。

本案中,被告人孙某于2015年9月至2016年3月,在其位于北京市朝阳区的家中登录×××论坛,多次向该论坛上传视频文件供他人观看和下载,其中含有具体描绘不满18周岁未成年人性行为的内容。经鉴定,孙某上传的视频文件中有40部属于淫秽物品,所传播的淫秽物品数量较大,情节严重,已构成了传播淫秽物品罪。

四、汪某犯组织播放淫秽音像制品罪

案号：(2014)中区法刑初字第 00754 号

案情简介及控辩主张

被告人汪某于 2013 年 10 月 8 日至 2014 年 1 月 8 日期间，伙同周某某(另案处理)为招揽顾客在本市渝中区上大田湾某号租赁的麻将馆内，播放淫秽影片组织顾客观看共计 89 场次。2014 年 1 月 8 日 16 时许，公安机关在该麻将馆内当场查获正在播放的淫秽影片 14 张及现场十余名观看人员。

2014 年 1 月 17 日 15 时许，被告人汪某主动到公安机关投案，并如实供述了上述犯罪事实。

上述事实，被告人汪某在开庭审理过程中亦无异议，并有书证到案经过材料、常住人口信息、扣押清单、账本、租房协议，证人周某某、陈某某、甘某某等证人的证言，涉案光碟的鉴定意见以及搜查笔录、辨认笔录等证据证实，足以认定。

法院判决及其理由

被告人汪某伙同他人聚集众多的人，用影碟机向众人播放淫秽的影碟，其行为已构成组织播放淫秽音像制品罪，依法应予惩处。重庆市渝中区人民检察院指控成立。被告人汪某犯罪后主动到公安机关投案，并如实供述自己的罪行，系自首，依法予以从轻处罚；其在审理中主动向法院交纳 5000 元作为罚金执行的保证，酌情予以从轻处罚。被告人汪某具有悔罪表现等适用缓刑的法定条件，可依法宣告缓刑。为严肃国家法律，维护社会管理秩序和社会风尚，依照《中华人民共和国刑法》第三百六十四条第二款、第二十五条第一款、第六十七条第一款、第七十二条第一款和第三款、第七十三条第二款和第三款、第五十二条、第六十四条之规定，判决如下。

(1) 被告人汪某犯组织播放淫秽音像制品罪，判处有期徒刑 6 个月，缓刑 1 年，并处罚金人民币 5000 元。

(2) 对本案所涉犯罪工具影碟机 1 部、淫秽光盘 14 张予以没收。

案例评析

组织播放淫秽音像制品罪(《刑法》第三百六十四条第二款)，是指组织召集多人观看、收听并播映淫秽的电影、录像等音像制品的行为。

（1）本罪侵犯的客体是社会管理秩序和社会风尚。组织播放淫秽音像制品罪同其他有关淫秽物品犯罪一样，都不同程度地侵害了社会的管理秩序，腐蚀人们的心灵。毒化了社会良好的道德风尚，但本罪以其音像结合的特性，使淫秽内容的传播更加直观、更具刺激性，因而社会危害性也就更大，对社会管理秩序这一客体的侵害就更为严重。

（2）本罪在客观方面表现为组织播放淫秽音像制品的行为。所谓"组织播放"是指召集多人或多次播放淫秽音像制品的行为。这种行为可以在家中实施，也可以在社会上或单位里实施。具体地讲，所谓播放，就是以放映机、放录机、录音机等机器来进行传播，但是，播放的方式并非组织播放淫秽音像制品罪所独有，在一定条件下，播放淫秽制品也可以构成传播淫秽物品罪。另外，由于本条对于本罪已明确限定是组织播放行为，因此，只向个别人播放或仅仅是参与观看等行为均不构成本罪。所谓"淫秽音像制品"，主要包括淫秽的电影、录像、幻灯片、录音带、激光唱片等。

（3）本罪的主体是一般主体，即达到法定刑事责任年龄并具有刑事责任能力的自然人。单位也可构成本罪。

（4）本罪在主观方面表现为故意，过失不构成本罪。本罪不能含有以牟利为目的，否则构成传播淫秽物品牟利罪。

（5）本罪与传播淫秽物品罪的界限如下。

① 两罪所规定的淫秽物品的范围不同。本罪规定的淫秽物品的范围只是淫秽电影、录像等音像制品。而传播淫秽物品罪所规定的范围不仅包括音像制品中，而且包括淫秽书刊、照片等其他淫秽物品。

② 两罪的犯罪行为方式不同。本罪的犯罪行为方式要求具有组织播放的行为，即要有召集众人观看的行为，而传播淫秽物品罪的犯罪行为方式较前者多，它包括出借、传阅等多种传播行为方式。

③ 两罪的犯罪标准不同。本罪是行为犯，只要行为人组织实施了播放淫秽音像制品的行为，原则上就构成本罪。而传播淫秽物品罪则只有在情节严重的情况下，才构成犯罪。

本案中，被告人汪某于2013年10月8日至2014年1月8日，伙同周某某（另案处理）为招揽顾客在本市渝中区上大田湾某号租赁的麻将馆内，播放淫秽影片组织顾客观看共计89场次。侵害了社会的管理秩序，腐蚀人们的心灵，毒化了社会良好的道德风尚，依法应予刑事处罚。

中华人民共和国刑法（节选）

第六章 妨害社会管理秩序罪[①]

第一节 扰乱公共秩序罪

第二百七十七条 【妨害公务罪】 以暴力、威胁方法阻碍国家机关工作人员依法执行职务的，处三年以下有期徒刑、拘役、管制或者罚金。

以暴力、威胁方法阻碍全国人民代表大会和地方各级人民代表大会代表依法执行代表职务的，依照前款的规定处罚。

在自然灾害和突发事件中，以暴力、威胁方法阻碍红十字会工作人员依法履行职责的，依照第一款的规定处罚。

故意阻碍国家安全机关、公安机关依法执行国家安全工作任务，未使用暴力、威胁方法，造成严重后果的，依照第一款的规定处罚。

暴力袭击正在依法执行职务的人民警察的，依照第一款的规定从重处罚。

第二百七十八条 【煽动暴力抗拒法律实施罪】 煽动群众暴力抗拒国家法律、行政法规实施的，处三年以下有期徒刑、拘役、管制或者剥夺政治权利；造成严重后果的，处三年以上七年以下有期徒刑。

第二百七十九条 【招摇撞骗罪】 冒充国家机关工作人员招摇撞骗的，处三年以下有期徒刑、拘役、管制或者剥夺政治权利；情节严重的，处三年以上十年以下有期徒刑。

---

① 注：本章内容更新至《中华人民共和国刑法修正案（九）》。

冒充人民警察招摇撞骗的,依照前款的规定从重处罚。

第二百八十条 【伪造、变造、买卖国家机关公文、证件、印章罪;盗窃、抢夺、毁灭国家机关公文、证件、印章罪;伪造公司、企业、事业单位、人民团体印章罪;伪造、变造、买卖身份证件罪】 伪造、变造、买卖或者盗窃、抢夺、毁灭国家机关的公文、证件、印章的,处三年以下有期徒刑、拘役、管制或者剥夺政治权利,并处罚金;情节严重的,处三年以上十年以下有期徒刑,并处罚金。

伪造公司、企业、事业单位、人民团体的印章的,处三年以下有期徒刑、拘役、管制或者剥夺政治权利,并处罚金。

伪造、变造、买卖居民身份证、护照、社会保障卡、驾驶证等依法可以用于证明身份的证件的,处三年以下有期徒刑、拘役、管制或者剥夺政治权利,并处罚金;情节严重的,处三年以上七年以下有期徒刑,并处罚金。

第二百八十条之一 【使用虚假身份证件、盗用身份证件罪】 在依照国家规定应当提供身份证明的活动中,使用伪造、变造的或者盗用他人的居民身份证、护照、社会保障卡、驾驶证等依法可以用于证明身份的证件,情节严重的,处拘役或者管制,并处或者单处罚金。

有前款行为,同时构成其他犯罪的,依照处罚较重的规定定罪处罚。

第二百八十一条 【非法生产、买卖警用装备罪】 非法生产、买卖人民警察制式服装、车辆号牌等专用标志、警械,情节严重的,处三年以下有期徒刑、拘役或者管制,并处或者单处罚金。

单位犯前款罪的,对单位判处罚金,并对其直接负责的主管人员和其他直接责任人员,依照前款的规定处罚。

第二百八十二条 【非法获取国家秘密罪;非法持有国家绝密、机密文件、资料、物品罪】 以窃取、刺探、收买方法,非法获取国家秘密的,处三年以下有期徒刑、拘役、管制或者剥夺政治权利;情节严重的,处三年以上七年以下有期徒刑。

非法持有属于国家绝密、机密的文件、资料或者其他物品,拒不说明来源与用途的,处三年以下有期徒刑、拘役或者管制。

第二百八十三条 【非法生产、销售专用间谍器材、窃听、窃照专用器材罪】 非法生产、销售专用间谍器材或者窃听、窃照专用器材的,处三年以下有期徒刑、拘役或者管制,并处或者单处罚金;情节严重的,处三年以上七年以下有期徒刑,并处罚金。

单位犯前款罪的,对单位判处罚金,并对其直接负责的主管人员和其他直接责任人员,依照前款的规定处罚。

第二百八十四条 【非法使用窃听、窃照专用器材罪;考试作弊罪】 非法使用窃听、窃照专用器材,造成严重后果的,处二年以下有期徒刑、拘役或者管制。

第二百八十四条之一　【组织考试作弊罪；非法出售、提供试题答案罪；代替考试罪】　在法律规定的国家考试中，组织作弊的，处三年以下有期徒刑或者拘役，并处或者单处罚金；情节严重的，处三年以上七年以下有期徒刑，并处罚金。

为他人实施前款犯罪提供作弊器材或者其他帮助的，依照前款的规定处罚。

为实施考试作弊行为，向他人非法出售或者提供第一款规定的考试的试题、答案的，依照第一款的规定处罚。

代替他人或者让他人代替自己参加第一款规定的考试的，处拘役或者管制，并处或者单处罚金。

第二百八十五条　【非法侵入计算机信息系统罪；非法获取计算机信息系统数据、非法控制计算机信息系统罪；提供侵入、非法控制计算机信息系统程序、工具罪】　违反国家规定，侵入国家事务、国防建设、尖端科学技术领域的计算机信息系统的，处三年以下有期徒刑或者拘役。

违反国家规定，侵入前款规定以外的计算机信息系统或者采用其他技术手段，获取该计算机信息系统中存储、处理或者传输的数据，或者对该计算机信息系统实施非法控制，情节严重的，处三年以下有期徒刑或者拘役，并处或者单处罚金；情节特别严重的，处三年以上七年以下有期徒刑，并处罚金。

提供专门用于侵入、非法控制计算机信息系统的程序、工具，或者明知他人实施侵入、非法控制计算机信息系统的违法犯罪行为而为其提供程序、工具，情节严重的，依照前款的规定处罚。

单位犯前三款罪的，对单位判处罚金，并对其直接负责的主管人员和其他直接责任人员，依照各该款的规定处罚。

第二百八十六条　【破坏计算机信息系统罪；网络服务渎职罪】　违反国家规定，对计算机信息系统功能进行删除、修改、增加、干扰，造成计算机信息系统不能正常运行，后果严重的，处五年以下有期徒刑或者拘役；后果特别严重的，处五年以上有期徒刑。

违反国家规定，对计算机信息系统中存储、处理或者传输的数据和应用程序进行删除、修改、增加的操作，后果严重的，依照前款的规定处罚。

故意制作、传播计算机病毒等破坏性程序，影响计算机系统正常运行，后果严重的，依照第一款的规定处罚。

单位犯前三款罪的，对单位判处罚金，并对其直接负责的主管人员和其他直接责任人员，依照第一款的规定处罚。

第二百八十六条之一　【拒不履行信息网络安全管理义务罪】　网络服务提供者不履行法律、行政法规规定的信息网络安全管理义务，经监管部门责令采取改正措施而拒不改正，有下列情形之一的，处三年以下有期徒刑、拘役或者管制，并处或者单处罚金：

（一）致使违法信息大量传播的；

（二）致使用户信息泄露，造成严重后果的；

（三）致使刑事案件证据灭失，情节严重的；

（四）有其他严重情节的。

单位犯前款罪的，对单位判处罚金，并对其直接负责的主管人员和其他直接责任人员，依照前款的规定处罚。

有前两款行为，同时构成其他犯罪的，依照处罚较重的规定定罪处罚。

第二百八十七条　【利用计算机实施犯罪的提示性规定】　利用计算机实施金融诈骗、盗窃、贪污、挪用公款、窃取国家秘密或者其他犯罪的，依照本法有关规定定罪处罚。

第二百八十七条之一　【非法利用信息网络罪】　利用信息网络实施下列行为之一，情节严重的，处三年以下有期徒刑或者拘役，并处或者单处罚金：

（一）设立用于实施诈骗、传授犯罪方法、制作或者销售违禁物品、管制物品等违法犯罪活动的网站、通讯群组的；

（二）发布有关制作或者销售毒品、枪支、淫秽物品等违禁物品、管制物品或者其他违法犯罪信息的；

（三）为实施诈骗等违法犯罪活动发布信息的。

单位犯前款罪的，对单位判处罚金，并对其直接负责的主管人员和其他直接责任人员，依照第一款的规定处罚。

有前两款行为，同时构成其他犯罪的，依照处罚较重的规定定罪处罚。

第二百八十七条之二　【帮助信息网络犯罪活动罪】　明知他人利用信息网络实施犯罪，为其犯罪提供互联网接入、服务器托管、网络存储、通讯传输等技术支持，或者提供广告推广、支付结算等帮助，情节严重的，处三年以下有期徒刑或者拘役，并处或者单处罚金。

单位犯前款罪的，对单位判处罚金，并对其直接负责的主管人员和其他直接责任人员，依照第一款的规定处罚。

有前两款行为，同时构成其他犯罪的，依照处罚较重的规定定罪处罚。

第二百八十八条　【扰乱无线电管理秩序罪】　违反国家规定，擅自设置、使用无线电台（站），或者擅自使用无线电频率，干扰无线电通讯秩序，情节严重的，处三年以下有期徒刑、拘役或者管制，并处或者单处罚金；情节特别严重的，处三年以上七年以下有期徒刑，并处罚金。

单位犯前款罪的,对单位判处罚金,并对其直接负责的主管人员和其他直接责任人员,依照前款的规定处罚。

第二百八十九条　【对聚众"打砸抢"行为的处理规定】　聚众"打砸抢",致人伤残、死亡的,依照本法第二百三十四条、第二百三十二条的规定定罪处罚。毁坏或者抢走公私财物的,除判令退赔外,对首要分子,依照本法第二百六十三条的规定定罪处罚。

第二百九十条　【聚众扰乱社会秩序罪;聚众冲击国家机关罪、扰乱国家机关工作秩序罪;组织、资助非法聚焦罪】　聚众扰乱社会秩序,情节严重,致使工作、生产、营业和教学、科研、医疗无法进行,造成严重损失的,对首要分子,处三年以上七年以下有期徒刑;对其他积极参加的,处三年以下有期徒刑、拘役、管制或者剥夺政治权利。

聚众冲击国家机关,致使国家机关工作无法进行,造成严重损失的,对首要分子,处五年以上十年以下有期徒刑;对其他积极参加的,处五年以下有期徒刑、拘役、管制或者剥夺政治权利。

多次扰乱国家机关工作秩序,经行政处罚后仍不改正,造成严重后果的,处三年以下有期徒刑、拘役或者管制。

多次组织、资助他人非法聚集,扰乱社会秩序,情节严重的,依照前款的规定处罚。

第二百九十一条　【聚众扰乱公共场所秩序、交通秩序罪;投放虚假危险物质罪;编造、故意传播虚假恐怖信息罪】　聚众扰乱车站、码头、民用航空站、商场、公园、影剧院、展览会、运动场或者其他公共场所秩序,聚众堵塞交通或者破坏交通秩序,抗拒、阻碍国家治安管理工作人员依法执行职务,情节严重的,对首要分子,处五年以下有期徒刑、拘役或者管制。

第二百九十一条之一　【第一款罪名;编造、故意传播虚假信息罪】　投放虚假的爆炸性、毒害性、放射性、传染病病原体等物质,或者编造爆炸威胁、生化威胁、放射威胁等恐怖信息,或者明知是编造的恐怖信息而故意传播,严重扰乱社会秩序的,处五年以下有期徒刑、拘役或者管制;造成严重后果的,处五年以上有期徒刑。

编造虚假的险情、疫情、灾情、警情,在信息网络或者其他媒体上传播,或者明知是上述虚假信息,故意在信息网络或者其他媒体上传播,严重扰乱社会秩序的,处三年以下有期徒刑、拘役或者管制;造成严重后果的,处三年以上七年以下有期徒刑。

第二百九十二条　【聚众斗殴罪;故意伤害罪;故意杀人罪】　聚众斗殴的,对首要分子和其他积极参加的,处三年以下有期徒刑、拘役或者管制;有下列情形之一的,对首要分子和其他积极参加的,处三年以上十年以下有期徒刑:

(一)多次聚众斗殴的;

(二)聚众斗殴人数多,规模大,社会影响恶劣的;

（三）在公共场所或者交通要道聚众斗殴，造成社会秩序严重混乱的；

（四）持械聚众斗殴的。

聚众斗殴，致人重伤、死亡的，依照本法第二百三十四条、第二百三十二条的规定定罪处罚。

第二百九十三条 【寻衅滋事罪】 有下列寻衅滋事行为之一，破坏社会秩序的，处五年以下有期徒刑、拘役或者管制：

（一）随意殴打他人，情节恶劣的；

（二）追逐、拦截、辱骂、恐吓他人，情节恶劣的；

（三）强拿硬要或者任意损毁、占用公私财物，情节严重的；

（四）在公共场所起哄闹事，造成公共场所秩序严重混乱的。

纠集他人多次实施前款行为，严重破坏社会秩序的，处五年以上十年以下有期徒刑，可以并处罚金。

第二百九十四条 【组织、领导、参加黑社会性质组织罪；入境发展黑社会组织罪；包庇、纵容黑社会性质组织罪】 组织、领导黑社会性质的组织的，处七年以上有期徒刑，并处没收财产；积极参加的，处三年以上七年以下有期徒刑，可以并处罚金或者没收财产；其他参加的，处三年以下有期徒刑、拘役、管制或者剥夺政治权利，可以并处罚金。

境外的黑社会组织的人员到中华人民共和国境内发展组织成员的，处三年以上十年以下有期徒刑。

国家机关工作人员包庇黑社会性质的组织，或者纵容黑社会性质的组织进行违法犯罪活动的，处五年以下有期徒刑；情节严重的，处五年以上有期徒刑。

犯前三款罪又有其他犯罪行为的，依照数罪并罚的规定处罚。

黑社会性质的组织应当同时具备以下特征：

（一）形成较稳定的犯罪组织，人数较多，有明确的组织者、领导者，骨干成员基本固定；

（二）有组织地通过违法犯罪活动或者其他手段获取经济利益，具有一定的经济实力，以支持该组织的活动；

（三）以暴力、威胁或者其他手段，有组织地多次进行违法犯罪活动，为非作恶，欺压、残害群众；

（四）通过实施违法犯罪活动，或者利用国家工作人员的包庇或者纵容，称霸一方，在一定区域或者行业内，形成非法控制或者重大影响，严重破坏经济、社会生活秩序。

第二百九十五条 【传授犯罪方法罪】 传授犯罪方法的，处五年以下有期徒刑、拘役或者管制；情节严重的，处五年以上十年以下有期徒刑；情节特别严重的，处十年以上有期徒刑或者无期徒刑。

第二百九十六条 【非法集会、游行示威罪】 举行集会、游行、示威,未依照法律规定申请或者申请未获许可,或者未按照主管机关许可的起止时间、地点、路线进行,又拒不服从解散命令,严重破坏社会秩序的,对集会、游行、示威的负责人和直接责任人员,处五年以下有期徒刑、拘役、管制或者剥夺政治权利。

第二百九十七条 【非法携带武器、管制刀具、爆炸物参加集会、游行、示威罪】 违反法律规定,携带武器、管制刀具或者爆炸物参加集会、游行、示威的,处三年以下有期徒刑、拘役、管制或者剥夺政治权利。

第二百九十八条 【破坏集会、游行、示威罪】 扰乱、冲击或者以其他方法破坏依法举行的集会、游行、示威,造成公共秩序混乱的,处五年以下有期徒刑、拘役、管制或者剥夺政治权利。

第二百九十九条 【侮辱国旗、国徽罪】 在公众场合故意以焚烧、毁损、涂划、玷污、践踏等方式侮辱中华人民共和国国旗、国徽的,处三年以下有期徒刑、拘役、管制或者剥夺政治权利。

第三百条 【组织、利用会道门、邪教组织、利用迷信破坏法律实施罪;组织、利用会道门、邪教组织、利用迷信致人重伤、死亡罪;强奸罪;诈骗罪】 组织、利用会道门、邪教组织或者利用迷信破坏国家法律、行政法规实施的,处三年以上七年以下有期徒刑,并处罚金;情节特别严重的,处七年以上有期徒刑或者无期徒刑,并处罚金或者没收财产;情节较轻的,处三年以下有期徒刑、拘役、管制或者剥夺政治权利,并处或者单处罚金。

组织、利用会道门、邪教组织或者利用迷信蒙骗他人,致人重伤、死亡的,依照前款的规定处罚。

犯第一款罪又有奸淫妇女、诈骗财物等犯罪行为的,依照数罪并罚的规定处罚。

第三百零一条 【聚众淫乱罪;引诱未成年人聚众淫乱罪】 聚众进行淫乱活动的,对首要分子或者多次参加的,处五年以下有期徒刑、拘役或者管制。

引诱未成年人参加聚众淫乱活动的,依照前款的规定从重处罚。

第三百零二条 【盗窃、侮辱、故意毁坏尸体、尸骨、骨灰罪】 盗窃、侮辱、故意毁坏尸体、尸骨、骨灰的,处三年以下有期徒刑、拘役或者管制。

第三百零三条 【赌博罪;开设赌场罪】 以营利为目的,聚众赌博或者以赌博为业的,处三年以下有期徒刑、拘役或者管制,并处罚金。

开设赌场的,处三年以下有期徒刑、拘役或者管制,并处罚金;情节严重的,处三年以上十年以下有期徒刑,并处罚金。

第三百零四条 【故意延误投递邮件罪】 邮政工作人员严重不负责任,故意延误投递邮件,致使公共财产、国家和人民利益遭受重大损失的,处二年以下有期徒刑或者拘役。

第二节 妨害司法罪

第三百零五条 【伪证罪】 在刑事诉讼中,证人、鉴定人、记录人、翻译人对与案件有重要关系的情节,故意作虚假证明、鉴定、记录、翻译,意图陷害他人或者隐匿罪证的,处三年以下有期徒刑或者拘役;情节严重的,处三年以上七年以下有期徒刑。

第三百零六条 【辩护人、诉讼代理人毁灭证据、伪造证据、妨害作证罪】 在刑事诉讼中,辩护人、诉讼代理人毁灭、伪造证据,帮助当事人毁灭、伪造证据,威胁、引诱证人违背事实改变证言或者作伪证的,处三年以下有期徒刑或者拘役;情节严重的,处三年以上七年以下有期徒刑。

辩护人、诉讼代理人提供、出示、引用的证人证言或者其他证据失实,不是有意伪造的,不属于伪造证据。

第三百零七条 【妨害作证罪;帮助毁灭、伪造证据罪】 以暴力、威胁、贿买等方法阻止证人作证或者指使他人作伪证的,处三年以下有期徒刑或者拘役;情节严重的,处三年以上七年以下有期徒刑。

帮助当事人毁灭、伪造证据,情节严重的,处三年以下有期徒刑或者拘役。

司法工作人员犯前两款罪的,从重处罚。

第三百零七条之一 【虚假诉讼罪】 以捏造的事实提起民事诉讼,妨害司法秩序或者严重侵害他人合法权益的,处三年以下有期徒刑、拘役或者管制,并处或者单处罚金;情节严重的,处三年以上七年以下有期徒刑,并处罚金。

单位犯前款罪的,对单位判处罚金,并对其直接负责的主管人员和其他直接责任人员,依照前款的规定处罚。

有第一款行为,非法占有他人财产或者逃避合法债务,又构成其他犯罪的,依照处罚较重的规定定罪从重处罚。

司法工作人员利用职权,与他人共同实施前三款行为的,从重处罚;同时构成其他犯罪的,依照处罚较重的规定定罪从重处罚。

第三百零八条 【打击报复证人罪;泄秘罪】 对证人进行打击报复的,处三年以下有期徒刑或者拘役;情节严重的,处三年以上七年以下有期徒刑。

第三百零八条之一 【泄露不应公开的案件信息罪;故意泄露国家秘密罪;披露、报道不应公开的案件信息罪】 司法工作人员、辩护人、诉讼代理人或者其他诉讼参与人,泄露依法不公开审理的案件中不应当公开的信息,造成信息公开传播或者其他严重后果的,处三年以下有期徒刑、拘役或者管制,并处或者单处罚金。

有前款行为,泄露国家秘密的,依照本法第三百九十八条的规定定罪处罚。

公开披露、报道第一款规定的案件信息,情节严重的,依照第一款的规定处罚。

单位犯前款罪的,对单位判处罚金,并对其直接负责的主管人员和其他直接责任人员,依照第一款的规定处罚。

第三百零九条 【扰乱法庭秩序罪】 有下列扰乱法庭秩序情形之一的,处三年以下有期徒刑、拘役、管制或者罚金:

(一)聚众哄闹、冲击法庭的;

(二)殴打司法工作人员或者诉讼参与人的;

(三)侮辱、诽谤、威胁司法工作人员或者诉讼参与人,不听法庭制止,严重扰乱法庭秩序的;

(四)有毁坏法庭设施,抢夺、损毁诉讼文书、证据等扰乱法庭秩序行为,情节严重的。

第三百一十条 【窝藏、包庇罪】 明知是犯罪的人而为其提供隐藏处所、财物,帮助其逃匿或者作假证明包庇的,处三年以下有期徒刑、拘役或者管制;情节严重的,处三年以上十年以下有期徒刑。

犯前款罪,事前通谋的,以共同犯罪论处。

第三百一十一条 【拒绝提供间谍犯罪、恐怖主义犯罪、极端主义犯罪证据罪】明知他人有间谍犯罪或者恐怖主义、极端主义犯罪行为,在司法机关向其调查有关情况、收集有关证据时,拒绝提供,情节严重的,处三年以下有期徒刑、拘役或者管制。

第三百一十二条 【掩饰、隐瞒犯罪所得、犯罪所得收益罪】 明知是犯罪所得及其产生的收益而予以窝藏、转移、收购、代为销售或者以其他方法掩饰、隐瞒的,处三年以下有期徒刑、拘役或者管制,并处或者单处罚金;情节严重的,处三年以上七年以下有期徒刑,并处罚金。

单位犯前款罪的,对单位判处罚金,并对其直接负责的主管人员和其他直接责任人员,依照前款的规定处罚。

第三百一十三条 【拒不执行判决、裁定罪】 对人民法院的判决、裁定有能力执行而拒不执行,情节严重的,处三年以下有期徒刑、拘役或者罚金;情节特别严重的,处三年以上七年以下有期徒刑,并处罚金。

单位犯前款罪的,对单位判处罚金,并对其直接负责的主管人员和其他直接责任人员,依照前款的规定处罚。

第三百一十四条 【非法处置查封、扣押、冻结的财产罪】 隐藏、转移、变卖、故意毁损已被司法机关查封、扣押、冻结的财产,情节严重的,处三年以下有期徒刑、拘役或者罚金。

第三百一十五条 【破坏监管秩序罪】 依法被关押的罪犯,有下列破坏监管秩序行为之一,情节严重的,处三年以下有期徒刑:

(一)殴打监管人员的;

(二)组织其他被监管人破坏监管秩序的;

(三)聚众闹事,扰乱正常监管秩序的;

(四)殴打、体罚或者指使他人殴打、体罚其他被监管人的。

第三百一十六条 【脱逃罪;劫夺被押解人员罪】 依法被关押的罪犯、被告人、犯罪嫌疑人脱逃的,处五年以下有期徒刑或者拘役。

劫夺押解途中的罪犯、被告人、犯罪嫌疑人的,处三年以上七年以下有期徒刑;情节严重的,处七年以上有期徒刑。

第三百一十七条 【组织越狱罪;暴动越狱罪;聚众持械劫狱罪】 组织越狱的首要分子和积极参加的,处五年以上有期徒刑;其他参加的,处五年以下有期徒刑或者拘役。

暴动越狱或者聚众持械劫狱的首要分子和积极参加的,处十年以上有期徒刑或者无期徒刑;情节特别严重的,处死刑;其他参加的,处三年以上十年以下有期徒刑。

第三节 妨害国(边)境管理罪

第三百一十八条 【组织他人偷越国(边)境罪】 组织他人偷越国(边)境的,处二年以上七年以下有期徒刑,并处罚金;有下列情形之一的,处七年以上有期徒刑或者无期徒刑,并处罚金或者没收财产:

(一)组织他人偷越国(边)境集团的首要分子;

(二)多次组织他人偷越国(边)境或者组织他人偷越国(边)境人数众多的;

(三)造成被组织人重伤、死亡的;

(四)剥夺或者限制被组织人人身自由的;

(五)以暴力、威胁方法抗拒检查的;

(六)违法所得数额巨大的;

(七)有其他特别严重情节的。

犯前款罪,对被组织人有杀害、伤害、强奸、拐卖等犯罪行为,或者对检查人员有杀害、伤害等犯罪行为的,依照数罪并罚的规定处罚。

第三百一十九条 【骗取出境证件罪】 以劳务输出、经贸往来或者其他名义,弄虚作假,骗取护照、签证等出境证件,为组织他人偷越国(边)境使用的,处三年以下有期徒刑,并处罚金;情节严重的,处三年以上十年以下有期徒刑,并处罚金。

单位犯前款罪的,对单位判处罚金,并对其直接负责的主管人员和其他直接责任人员,依照前款的规定处罚。

第三百二十条　【提供伪造、变造的出入境证件罪;出售出入境证件罪】　为他人提供伪造、变造的护照、签证等出入境证件,或者出售护照、签证等出入境证件的,处五年以下有期徒刑,并处罚金;情节严重的,处五年以上有期徒刑,并处罚金。

第三百二十一条　【运送他人偷越国(边)境罪】　运送他人偷越国(边)境的,处五年以下有期徒刑、拘役或者管制,并处罚金;有下列情形之一的,处五年以上十年以下有期徒刑,并处罚金:

(一)多次实施运送行为或者运送人数众多的;

(二)所使用的船只、车辆等交通工具不具备必要的安全条件,足以造成严重后果的;

(三)违法所得数额巨大的;

(四)有其他特别严重情节的。

在运送他人偷越国(边)境中造成被运送人重伤、死亡,或者以暴力、威胁方法抗拒检查的,处七年以上有期徒刑,并处罚金。

犯前两款罪,对被运送人有杀害、伤害、强奸、拐卖等犯罪行为,或者对检查人员有杀害、伤害等犯罪行为的,依照数罪并罚的规定处罚。

第三百二十二条　【偷越国(边)境罪】　违反国(边)境管理法规,偷越国(边)境,情节严重的,处一年以下有期徒刑、拘役或者管制,并处罚金;为参加恐怖活动组织、接受恐怖活动培训或者实施恐怖活动,偷越国(边)境的,处一年以上三年以下有期徒刑,并处罚金。

第三百二十三条　【破坏界碑、界桩罪;破坏永久性测量标志罪】　故意破坏国家边境的界碑、界桩或者永久性测量标志的,处三年以下有期徒刑或者拘役。

第四节　妨害文物管理罪

第三百二十四条　【故意损毁文物罪;故意损毁名胜古迹罪;过失损毁文物罪】　故意损毁国家保护的珍贵文物或者被确定为全国重点文物保护单位、省级文物保护单位的文物的,处三年以下有期徒刑或者拘役,并处或者单处罚金;情节严重的,处三年以上十年以下有期徒刑,并处罚金。

故意损毁国家保护的名胜古迹,情节严重的,处五年以下有期徒刑或者拘役,并处或者单处罚金。

过失损毁国家保护的珍贵文物或者被确定为全国重点文物保护单位、省级文物保护单位的文物,造成严重后果的,处三年以下有期徒刑或者拘役。

第三百二十五条 【非法向外国人出售、赠送珍贵文物罪】 违反文物保护法规,将收藏的国家禁止出口的珍贵文物私自出售或者私自赠送给外国人的,处五年以下有期徒刑或者拘役,可以并处罚金。

单位犯前款罪的,对单位判处罚金,并对其直接负责的主管人员和其他直接责任人员,依照前款的规定处罚。

第三百二十六条 【倒卖文物罪】 以牟利为目的,倒卖国家禁止经营的文物,情节严重的,处五年以下有期徒刑或者拘役,并处罚金;情节特别严重的,处五年以上十年以下有期徒刑,并处罚金。

单位犯前款罪的,对单位判处罚金,并对其直接负责的主管人员和其他直接责任人员,依照前款的规定处罚。

第三百二十七条 【非法出售、私赠文物藏品罪】 违反文物保护法规,国有博物馆、图书馆等单位将国家保护的文物藏品出售或者私自送给非国有单位或者个人的,对单位判处罚金,并对其直接负责的主管人员和其他直接责任人员,处三年以下有期徒刑或者拘役。

第三百二十八条 【盗掘古文化遗址、古墓葬罪;盗掘古人类化石、古脊椎动物化石罪】 盗掘具有历史、艺术、科学价值的古文化遗址、古墓葬的,处三年以上十年以下有期徒刑,并处罚金;情节较轻的,处三年以下有期徒刑、拘役或者管制,并处罚金;有下列情形之一的,处十年以上有期徒刑或者无期徒刑,并处罚金或者没收财产:

(一)盗掘确定为全国重点文物保护单位和省级文物保护单位的古文化遗址、古墓葬的;

(二)盗掘古文化遗址、古墓葬集团的首要分子;

(三)多次盗掘古文化遗址、古墓葬的;

(四)盗掘古文化遗址、古墓葬,并盗窃珍贵文物或者造成珍贵文物严重破坏的。

盗掘国家保护的具有科学价值的古人类化石和古脊椎动物化石的,依照前款的规定处罚。

第三百二十九条 【盗窃、抢夺国有档案罪;擅自出卖、转让国有档案罪】 抢夺、窃取国家所有的档案的,处五年以下有期徒刑或者拘役。

违反档案法的规定,擅自出卖、转让国家所有的档案,情节严重的,处三年以下有期徒刑或者拘役。

有前两款行为,同时又构成本法规定的其他犯罪的,依照处罚较重的规定定罪处罚。

第五节 危害公共卫生罪

第三百三十条 【妨害传染病防治罪】 违反传染病防治法的规定,有下列情形之一,引起甲类传染病传播或者有传播严重危险的,处三年以下有期徒刑或者拘役;后果特别严重的,处三年以上七年以下有期徒刑:

(一)供水单位供应的饮用水不符合国家规定的卫生标准的;

(二)拒绝按照卫生防疫机构提出的卫生要求,对传染病病原体污染的污水、污物、粪便进行消毒处理的;

(三)准许或者纵容传染病病人、病原携带者和疑似传染病病人从事国务院卫生行政部门规定禁止从事的易使该传染病扩散的工作的;

(四)拒绝执行卫生防疫机构依照传染病防治法提出的预防、控制措施的。

单位犯前款罪的,对单位判处罚金,并对其直接负责的主管人员和其他直接责任人员,依照前款的规定处罚。

甲类传染病的范围,依照《中华人民共和国传染病防治法》和国务院有关规定确定。

第三百三十一条 【传染病菌种、毒种扩散罪】 从事实验、保藏、携带、运输传染病菌种、毒种的人员,违反国务院卫生行政部门的有关规定,造成传染病菌种、毒种扩散,后果严重的,处三年以下有期徒刑或者拘役;后果特别严重的,处三年以上七年以下有期徒刑。

第三百三十二条 【妨害国境卫生检疫罪】 违反国境卫生检疫规定,引起检疫传染病传播或者有传播严重危险的,处三年以下有期徒刑或者拘役,并处或者单处罚金。

单位犯前款罪的,对单位判处罚金,并对其直接负责的主管人员和其他直接责任人员,依照前款的规定处罚。

第三百三十三条 【非法组织卖血罪;强迫卖血罪;故意伤害罪】 非法组织他人出卖血液的,处五年以下有期徒刑,并处罚金;以暴力、威胁方法强迫他人出卖血液的,处五年以上十年以下有期徒刑,并处罚金。

有前款行为,对他人造成伤害的,依照本法第二百三十四条的规定定罪处罚。

第三百三十四条 【非法采集、供应血液、制作、供应血液制品罪;采集、供应血液、制作、供应血液制品事故罪】 非法采集、供应血液或者制作、供应血液制品,不符合国家规定的标准,足以危害人体健康的,处五年以下有期徒刑或者拘役,并处罚金;对人体健康造成严重危害的,处五年以上十年以下有期徒刑,并处罚金;造成特别严重后果的,处十年以上有期徒刑或者无期徒刑,并处罚金或者没收财产。

经国家主管部门批准采集、供应血液或者制作、供应血液制品的部门,不依照规定进行检测或者违背其他操作规定,造成危害他人身体健康后果的,对单位判处罚金,并对其直接负责的主管人员和其他直接责任人员,处五年以下有期徒刑或者拘役。

第三百三十五条 【医疗事故罪】 医务人员由于严重不负责任,造成就诊人死亡或者严重损害就诊人身体健康的,处三年以下有期徒刑或者拘役。

第三百三十六条 【非法行医罪;非法进行节育手术罪】 未取得医生执业资格的人非法行医,情节严重的,处三年以下有期徒刑、拘役或者管制,并处或者单处罚金;严重损害就诊人身体健康的,处三年以上十年以下有期徒刑,并处罚金;造成就诊人死亡的,处十年以上有期徒刑,并处罚金。

未取得医生执业资格的人擅自为他人进行节育复通手术、假节育手术、终止妊娠手术或者摘取宫内节育器,情节严重的,处三年以下有期徒刑、拘役或者管制,并处或者单处罚金;严重损害就诊人身体健康的,处三年以上十年以下有期徒刑,并处罚金;造成就诊人死亡的,处十年以上有期徒刑,并处罚金。

第三百三十七条 【妨害动植物防疫、检疫罪】 违反有关动植物防疫、检疫的国家规定,引起重大动植物疫情的,或者有引起重大动植物疫情危险,情节严重的,处三年以下有期徒刑或者拘役,并处或者单处罚金。

单位犯前款罪的,对单位判处罚金,并对其直接负责的主管人员和其他直接责任人员,依照前款的规定处罚。

第六节　破坏环境资源保护罪

第三百三十八条 【污染环境罪】 违反国家规定,排放、倾倒或者处置有放射性的废物、含传染病病原体的废物、有毒物质或者其他有害物质,严重污染环境的,处三年以下有期徒刑或者拘役,并处或者单处罚金;后果特别严重的,处三年以上七年以下有期徒刑,并处罚金。

第三百三十九条 【非法处置进口的固体废物罪;擅自进口固体废物罪;走私固体废物罪】 违反国家规定,将境外的固体废物进境倾倒、堆放、处置的,处五年以下有期徒刑或者拘役,并处罚金;造成重大环境污染事故,致使公私财产遭受重大损失或者严重危害人体健康的,处五年以上十年以下有期徒刑,并处罚金;后果特别严重的,处十年以上有期徒刑,并处罚金。

未经国务院有关主管部门许可,擅自进口固体废物用作原料,造成重大环境污染事故,致使公私财产遭受重大损失或者严重危害人体健康的,处五年以下有期徒刑或者拘役,并处罚金;后果特别严重的,处五年以上十年以下有期徒刑,并处罚金。

以原料利用为名,进口不能用作原料的固体废物、液态废物和气态废物的,依照本法第一百五十二条第二款、第三款的规定定罪处罚。

第三百四十条 【非法捕捞水产品罪】 违反保护水产资源法规,在禁渔区、禁渔期或者使用禁用的工具、方法捕捞水产品,情节严重的,处三年以下有期徒刑、拘役、管制或者罚金。

第三百四十一条 【非法猎捕、杀害珍贵、濒危野生动物罪;非法收购、运输、出售珍贵濒危野生动物、珍贵、濒危野生动物制品罪】 非法猎捕、杀害国家重点保护的珍贵、濒危野生动物的,或者非法收购、运输、出售国家重点保护的珍贵、濒危野生动物及其制品的,处五年以下有期徒刑或者拘役,并处罚金;情节严重的,处五年以上十年以下有期徒刑,并处罚金;情节特别严重的,处十年以上有期徒刑,并处罚金或者没收财产。

违反狩猎法规,在禁猎区、禁猎期或者使用禁用的工具、方法进行狩猎,破坏野生动物资源,情节严重的,处三年以下有期徒刑、拘役、管制或者罚金。

第三百四十二条 【非法占用农用地罪】 违反土地管理法规,非法占用耕地、林地等农用地,改变被占用土地用途,数量较大,造成耕地、林地等农用地大量毁坏的,处五年以下有期徒刑或者拘役,并处或者单处罚金。

第三百四十三条 【非法采矿罪;破坏性采矿罪】 违反矿产资源法的规定,未取得采矿许可证擅自采矿,擅自进入国家规划矿区、对国民经济具有重要价值的矿区和他人矿区范围采矿,或者擅自开采国家规定实行保护性开采的特定矿种,情节严重的,处三年以下有期徒刑、拘役或者管制,并处或者单处罚金;情节特别严重的,处三年以上七年以下有期徒刑,并处罚金。

违反矿产资源法的规定,采取破坏性的开采方法开采矿产资源,造成矿产资源严重破坏的,处五年以下有期徒刑或者拘役,并处罚金。

第三百四十四条 【非法采伐、毁坏国家重点保护植物罪;非法收购、运输、加工、出售国家重点保护植物、国家重点保护植物制品罪罪】 违反国家规定,非法采伐、毁坏珍贵树木或者国家重点保护的其他植物的,或者非法收购、运输、加工、出售珍贵树木或者国家重点保护的其他植物及其制品的,处三年以下有期徒刑、拘役或者管制,并处罚金;情节严重的,处三年以上七年以下有期徒刑,并处罚金。

第三百四十五条 【盗伐林木罪;滥伐林木罪;非法收购、运输盗伐、滥伐的林木罪】 盗伐森林或者其他林木,数量较大的,处三年以下有期徒刑、拘役或者管制,并处或者单处罚金;数量巨大的,处三年以上七年以下有期徒刑,并处罚金;数量特别巨大的,处七年以上有期徒刑,并处罚金。

违反森林法的规定,滥伐森林或者其他林木,数量较大的,处三年以下有期徒刑、拘役或者管制,并处或者单处罚金;数量巨大的,处三年以上七年以下有期徒刑,并处罚金。

非法收购、运输明知是盗伐、滥伐的林木,情节严重的,处三年以下有期徒刑、拘役或者管制,并处或者单处罚金;情节特别严重的,处三年以上七年以下有期徒刑,并处罚金。

盗伐、滥伐国家级自然保护区内的森林或者其他林木的,从重处罚。

第三百四十六条 【单位犯破坏环境资源保护罪的处罚规定】 单位犯本节第三百三十八条至第三百四十五条规定之罪的,对单位判处罚金,并对其直接负责的主管人员和其他直接责任人员,依照本节各该条的规定处罚。

第七节 走私、贩卖、运输、制造毒品罪

第三百四十七条 【走私、贩卖、运输、制造毒品罪】 走私、贩卖、运输、制造毒品,无论数量多少,都应当追究刑事责任,予以刑事处罚。

走私、贩卖、运输、制造毒品,有下列情形之一的,处十五年有期徒刑、无期徒刑或者死刑,并处没收财产:

(一)走私、贩卖、运输、制造鸦片一千克以上、海洛因或者甲基苯丙胺五十克以上或者其他毒品数量大的;

(二)走私、贩卖、运输、制造毒品集团的首要分子;

(三)武装掩护走私、贩卖、运输、制造毒品的;

(四)以暴力抗拒检查、拘留、逮捕,情节严重的;

(五)参与有组织的国际贩毒活动的。

走私、贩卖、运输、制造鸦片二百克以上不满一千克、海洛因或者甲基苯丙胺十克以上不满五十克或者其他毒品数量较大的,处七年以上有期徒刑,并处罚金。

走私、贩卖、运输、制造鸦片不满二百克、海洛因或者甲基苯丙胺不满十克或者其他少量毒品的,处三年以下有期徒刑、拘役或者管制,并处罚金;情节严重的,处三年以上七年以下有期徒刑,并处罚金。

单位犯第二款、第三款、第四款罪的,对单位判处罚金,并对其直接负责的主管人员和其他直接责任人员,依照各该款的规定处罚。

利用、教唆未成年人走私、贩卖、运输、制造毒品,或者向未成年人出售毒品的,从重处罚。

对多次走私、贩卖、运输、制造毒品,未经处理的,毒品数量累计计算。

第三百四十八条 【非法持有毒品罪】 非法持有鸦片一千克以上、海洛因或者甲基苯丙胺五十克以上或者其他毒品数量大的,处七年以上有期徒刑或者无期徒刑,并处罚金;非法持有鸦片二百克以上不满一千克、海洛因或者甲基苯丙胺十克以上不满

五十克或者其他毒品数量较大的,处三年以下有期徒刑、拘役或者管制,并处罚金;情节严重的,处三年以上七年以下有期徒刑,并处罚金。

第三百四十九条　【包庇毒品犯罪分子罪;窝藏、转移、隐瞒毒品、毒赃罪】　包庇走私、贩卖、运输、制造毒品的犯罪分子的,为犯罪分子窝藏、转移、隐瞒毒品或者犯罪所得的财物的,处三年以下有期徒刑、拘役或者管制;情节严重的,处三年以上十年以下有期徒刑。

缉毒人员或者其他国家机关工作人员掩护、包庇走私、贩卖、运输、制造毒品的犯罪分子的,依照前款的规定从重处罚。

犯前两款罪,事先通谋的,以走私、贩卖、运输、制造毒品罪的共犯论处。

第三百五十条　【非法生产、买卖、运输制毒物品、走私制毒物品罪】　违反国家规定,非法生产、买卖、运输醋酸酐、乙醚、三氯甲烷或者其他用于制造毒品的原料、配剂,或者携带上述物品进出境,情节较重的,处三年以下有期徒刑、拘役或者管制,并处罚金;情节严重的,处三年以上七年以下有期徒刑,并处罚金;情节特别严重的,处七年以上有期徒刑,并处罚金或者没收财产。

明知他人制造毒品而为其生产、买卖、运输前款规定的物品的,以制造毒品罪的共犯论处。

单位犯前两款罪的,对单位判处罚金,并对其直接负责的主管人员和其他直接责任人员,依照前两款的规定处罚。

第三百五十一条　【非法种植毒品原植物罪】　非法种植罂粟、大麻等毒品原植物的,一律强制铲除。有下列情形之一的,处五年以下有期徒刑、拘役或者管制,并处罚金:

(一)种植罂粟五百株以上不满三千株或者其他毒品原植物数量较大的;

(二)经公安机关处理后又种植的;

(三)抗拒铲除的。

非法种植罂粟三千株以上或者其他毒品原植物数量大的,处五年以上有期徒刑,并处罚金或者没收财产。

非法种植罂粟或者其他毒品原植物,在收获前自动铲除的,可以免除处罚。

第三百五十二条　【非法买卖、运输、携带、持有毒品原植物种子、幼苗罪】　非法买卖、运输、携带、持有未经灭活的罂粟等毒品原植物种子或者幼苗,数量较大的,处三年以下有期徒刑、拘役或者管制,并处或者单处罚金。

第三百五十三条　【引诱、教唆、欺骗他人吸毒罪;强迫他人吸毒罪】　引诱、教唆、欺骗他人吸食、注射毒品的,处三年以下有期徒刑、拘役或者管制,并处罚金;情节严重的,处三年以上七年以下有期徒刑,并处罚金。

强迫他人吸食、注射毒品的,处三年以上十年以下有期徒刑,并处罚金。

引诱、教唆、欺骗或者强迫未成年人吸食、注射毒品的,从重处罚。

第三百五十四条 【容留他人吸毒罪】 容留他人吸食、注射毒品的,处三年以下有期徒刑、拘役或者管制,并处罚金。

第三百五十五条 【非法提供麻醉药品、精神药品罪】 依法从事生产、运输、管理、使用国家管制的麻醉药品、精神药品的人员,违反国家规定,向吸食、注射毒品的人提供国家规定管制的能够使人形成瘾癖的麻醉药品、精神药品的,处三年以下有期徒刑或者拘役,并处罚金;情节严重的,处三年以上七年以下有期徒刑,并处罚金。向走私、贩卖毒品的犯罪分子或者以牟利为目的,向吸食、注射毒品的人提供国家规定管制的能够使人形成瘾癖的麻醉药品、精神药品的,依照本法第三百四十七条的规定定罪处罚。

单位犯前款罪的,对单位判处罚金,并对其直接负责的主管人员和其他直接责任人员,依照前款的规定处罚。

第三百五十六条 【毒品犯罪的再犯】 因走私、贩卖、运输、制造、非法持有毒品罪被判过刑,又犯本节规定之罪的,从重处罚。

第三百五十七条 【毒品的范围及毒品数量的计算原则】 本法所称的毒品,是指鸦片、海洛因、甲基苯丙胺(冰毒)、吗啡、大麻、可卡因以及国家规定管制的其他能够使人形成瘾癖的麻醉药品和精神药品。

毒品的数量以查证属实的走私、贩卖、运输、制造、非法持有毒品的数量计算,不以纯度折算。

第八节 组织、强迫、引诱、容留、介绍卖淫罪

第三百五十八条 【组织卖淫罪;强迫卖淫罪;协助组织卖淫罪】 组织、强迫他人卖淫的,处五年以上十年以下有期徒刑,并处罚金;情节严重的,处十年以上有期徒刑或者无期徒刑,并处罚金或者没收财产。

组织、强迫未成年人卖淫的,依照前款的规定从重处罚。

犯前两款罪,并有杀害、伤害、强奸、绑架等犯罪行为的,依照数罪并罚的规定处罚。

为组织卖淫的人招募、运送人员或者有其他协助组织他人卖淫行为的,处五年以下有期徒刑,并处罚金;情节严重的,处五年以上十年以下有期徒刑,并处罚金。

第三百五十九条 【引诱、容留、介绍卖淫罪;引诱幼女卖淫罪】 引诱、容留、介绍他人卖淫的,处五年以下有期徒刑、拘役或者管制,并处罚金;情节严重的,处五年以上

有期徒刑,并处罚金。

引诱不满十四周岁的幼女卖淫的,处五年以上有期徒刑,并处罚金。

第三百六十条 【传播性病罪】 明知自己患有梅毒、淋病等严重性病卖淫、嫖娼的,处五年以下有期徒刑、拘役或者管制,并处罚金。

第三百六十一条 【特定单位的人员组织、强迫、引诱、容留、介绍卖淫的处理规定】 旅馆业、饮食服务业、文化娱乐业、出租汽车业等单位的人员,利用本单位的条件,组织、强迫、引诱、容留、介绍他人卖淫的,依照本法第三百五十八条、第三百五十九条的规定定罪处罚。

前款所列单位的主要负责人,犯前款罪的,从重处罚。

第三百六十二条 【包庇罪】 旅馆业、饮食服务业、文化娱乐业、出租汽车业等单位的人员,在公安机关查处卖淫、嫖娼活动时,为违法犯罪分子通风报信,情节严重的,依照本法第三百一十条的规定定罪处罚。

第九节 制作、贩卖、传播淫秽物品罪

第三百六十三条 【制作、复制、出版、贩卖、传播淫秽物品牟利罪;为他人提供书号出版淫秽书刊罪】 以牟利为目的,制作、复制、出版、贩卖、传播淫秽物品的,处三年以下有期徒刑、拘役或者管制,并处罚金;情节严重的,处三年以上十年以下有期徒刑,并处罚金;情节特别严重的,处十年以上有期徒刑或者无期徒刑,并处罚金或者没收财产。

为他人提供书号,出版淫秽书刊的,处三年以下有期徒刑、拘役或者管制,并处或者单处罚金;明知他人用于出版淫秽书刊而提供书号的,依照前款的规定处罚。

第三百六十四条 【传播淫秽物品罪;组织播放淫秽音像制品罪】 传播淫秽的书刊、影片、音像、图片或者其他淫秽物品,情节严重的,处二年以下有期徒刑、拘役或者管制。

组织播放淫秽的电影、录像等音像制品的,处三年以下有期徒刑、拘役或者管制,并处罚金;情节严重的,处三年以上十年以下有期徒刑,并处罚金。

制作、复制淫秽的电影、录像等音像制品组织播放的,依照第二款的规定从重处罚。

向不满十八周岁的未成年人传播淫秽物品的,从重处罚。

第三百六十五条 【组织淫秽表演罪】 组织进行淫秽表演的,处三年以下有期徒刑、拘役或者管制,并处罚金;情节严重的,处三年以上十年以下有期徒刑,并处罚金。

第三百六十六条 【单位犯本节规定之罪的处罚】 单位犯本节第三百六十三条、第三百六十四条、第三百六十五条规定之罪的,对单位判处罚金,并对其直接负责的主

管人员和其他直接责任人员,依照各该条的规定处罚。

第三百六十七条 【淫秽物品的范围】 本法所称淫秽物品,是指具体描绘性行为或者露骨宣扬色情的诲淫性的书刊、影片、录像带、录音带、图片及其他淫秽物品。

有关人体生理、医学知识的科学著作不是淫秽物品。

包含有色情内容的有艺术价值的文学、艺术作品不视为淫秽物品。

参 考 文 献

[1] 沈亮.妨害社会管理秩序罪[M].北京:中国民主法制出版社,2014.

[2] 李希慧.妨害社会管理秩序罪新论[M].武汉:武汉大学出版社,2001.

[3] 张明楷.刑法学(上下册)[M].5版.北京:法律出版社,2016.

[4] 张明楷.行为无价值论与结果无价值论[M].北京:北京大学出版社,2012.

[5] 周光权.刑法总论[M].2版.北京:中国人民大学出版社,2011.

[6] 最高人民法院刑事审判一至五庭.中国刑事审判指导案例(妨害社会管理秩序罪)[M].北京:法
    律出版社,2012.

[7] 刘凤科.刘凤科讲刑法[M].北京:中国政法大学出版社,2016.

[8] 汪贻飞.量刑程序研究[M].北京:北京大学出版社,2016.

[9] 中国裁判文书网,http://wenshu.court.gov.cn/.

[10] 华律网,http://www.66law.cn/.